गोंड़ जनजीवन और संस्कृति

गोंड़ जनजीवन और संस्कृति

लेखिका

डॉ. (श्रीमती) तुलसी करचाम

एम.ए., एम.फिल., पी.एच.डी.
प्रोफेसर एवं विभागाध्यक्ष
शासकीय चन्द्रविजय महाविद्यालय,
डिण्डौरी (म.प्र.)

SYNERGY

SYNERGY BOOKS INDIA
New Delhi

गोंड़ जनजीवन और संस्कृति

Gond Janjeevan aur Sanskriti

First Edition 2018

ISBN: 978-93-82059-54-7

Published by:

Synergy Books India
24/4800 Ansari Road, Darya Ganj
New Delhi-110002
Phone: 011-23268786, 23257264
Fax: 011-23281315
E-Mail: synergybooksindia@gmail.com
www.synergybooksindia.com

अनुक्रमणिका

लेखकीय

देश के सभी राज्यों में गोंड़ जनजाति निवास कर रही है। प्रस्तुत पुस्तक म.प्र. के पूर्वांचल डिण्डौरी एवं मण्डला जिले की गोंड़ जनजाति की संस्कृति के संदर्भ में लिखी गई है। जनजाति या आदिवासी शब्द अपने में असीम अनुपम और अद्‌भुत इतिहास संजोये हुए हैं। इस शब्द का उच्चारण करते ही पुरातन जातियों की एक झलक सामने आ जाती है। आदिवासी अतीत के प्रतिनिधि एवं देश के लिये छिपे हुए धरोहर है। आधुनिक युग की चकाचौंध से दूर आधुनिकता की कृत्रिम और जटिल व्यवहार शैली से अलग तथा आज के भौतिक वैभव एवं भोगवादी जीवन से अपरिचित एकांत और शांत वातावरण में प्रकृति की गोद में रहने वाली गोंड़ जनजाति के लोग आज भी अपनी प्रथाओं और परंपराओं से युक्त अपनी मर्यादा और संस्कारों से पुष्ट सामाजिकता का परिचय देते हैं। इन आदिवासियों के जीवन मूल्य और परंपराओं पर सिंहावलोकन करने से भले ही उनमें आधुनिक विकास परिलक्षित नहीं होता किंतु ऐसा प्रतीत होता है कि तथाकथित विकास की विकृतियों से यह सर्वथा मुक्त है। साक्षरता की आहट कमजोर भले ही हो लेकिन अनुभव की विराट संपदा उनके पास है। इसलिये वे पिछड़ेपन के नहीं नैसर्गिक पवित्रता के प्रतीक हैं। सहज मानवीयता सरल जीवन उनकी संपदा है।

किसी भी जनजाति का जीवन एक संपूर्ण इकाई होता है। उनकी जीवनशैली परंपरा, संस्कार आस्था–विश्वास, कला–साहित्य आदि के बारे में गहनता और सूक्ष्मता से अध्ययन एक दुष्कर कार्य है। क्योंकि आदिवासी जीवन की आंतरिक निजता इनकी संश्लेषणात्मक रूप से अंतर्ग्रंथित होती है कि उनके भाव बारीक से बारीक स्नेहिल रेशे किसी अन्य के सामने बड़ी मुश्किल से खुलते हैं। परंतु इसी जनजाति की एक सदस्या होने के कारण मुझे उनसे

उसी तल पर पहुँचकर तादात्मय आत्मीय संबंध और संवाद बनाने में सरलता हुई।

पुस्तक में गोंड़ जनजीवन और उनकी संस्कृति का सर्वांगीण चित्रण किया गया है जो आदिवासियों के सामाजिक, आर्थिक और सांस्कृतिक जीवन के परिप्रेक्ष्य में है तथा गोंड़ जनजीवन की परंपराओं धार्मिक आस्थाओं, रहन–सहन, खान–पान, संस्कार आदि का वर्णन सरल एवं स्वाभाविक ढंग से किया गया है। पुस्तक में दी गई जानकारियाँ गोंड़ों के पारंपरिक जीवन का अभिन्न हिस्सा है। इस पुस्तक में प्रस्तुत सामग्री भौतिक अध्ययनों एवं शोध कार्यों से ली गई है, जिसमें मेरे निजी अध्ययन भी शामिल हैं। जिन महान विद्वानों के विचारों को इस पुस्तक में लिया गया है उनके प्रति हृदय से आभार व्यक्त करती हूँ। यथासंभव प्रत्येक अध्याय के अंत में स्त्रोत के रूप में उन्हें उद्धृत किया गया है तथा संदर्भित ग्रंथों की सूची दी गई है जिसका उपयोग कर पाठक अपनी जानकारी को और अधिक विस्तार दे सकते हैं। यदि भूलवश किन्हीं विद्वानों की कृतियों का उल्लेख नहीं हो सका हो इस त्रुटि के लिये मैं क्षमा चाहती हूँ।

इस पुस्तक के लेखन में मुझे मेरे पूज्य पिताजी श्री छत्रसिंह मरकाम से प्रेरणा प्राप्त हुई थी तथा माताजी श्रीमती छाया मरकाम के असीम आर्शीवाद से ही यह पुस्तक मैं पूर्ण कर सकी हूँ। बड़ी बहन पूजनीया ईश्वरी मरकाम के आर्शीवाद और प्रेरणा से इस कार्य में सतत् गति बनी रही है। अंत में मैं मेरे उन समस्त सहयोगियों का हृदय से अभारी हूँ, जिन्होंने गोंड़ जनजाति से संबंधित इस लेखन को आप तक पहुँचाने में मेरी सहायता की है। पुस्तक में दिये गये निष्कर्ष और सुझाव जनजातीय नीति निर्धारण में प्रशासन तंत्र के लिये भी सहयोगी हो सकते हैं तथा सामाजिक उत्थान के लिये महत्वपूर्ण हो सकते हैं ऐसा विश्वास है। आपकी प्रतिक्रियाओं का स्वागत है।

डॉ. तुलसी करचाम

1

गोंड़ जनजाति का सामाजिक जीवन

गोंड़ भारत की प्रमुख जनजातियों में जनसंख्या की दृष्टि से ही नहीं अपितु ऐतिहासिक दृष्टिकोंण से भी प्रमुख मानी गई है। मध्यप्रांत का कोई भी ऐसा जिला नहीं है, जहाँ इस जनजाति के लोग निवास नहीं करते हों। भूगोल वेत्ताओं के अनुसार गोंड़, विंध्याचल पर्वत के रहने वाले हैं, इन्हें भारत का सबसे प्राचीन आदिवासी जाति कहा गया है। म.प्र. में इनकी संख्या 30 लाख से भी अधिक है जो परधान, अगरिया, भरिया, आदि उपजातियों में बँटे हुए हैं। 1961 की जनगणना के अनुसार इनकी 40 उपजातियाँ बताई गई है। मध्यप्रदेश में गोड़ों ने अपने छोटे–छोटे राज्य बनाये एवं अपना सुरक्षित स्थल बनाया।

मध्यप्रदेश में गोंड़ों की जनसंख्या अधिक होने के कारण यह प्रांत गोंड़वाना कहलाता है। इसके एक बड़े हिस्से में गोंड़ों ने सफलतापूर्वक शासन किया था। भौगोलिक दृष्टि से गोंड़ों नें दण्डकारण्य, छत्तीसगढ़, विंध्यांचल, बुंदेलखण्ड और बघेलखण्ड के अधिकांश क्षेत्रों में 15 वीं से 18 वीं शाताब्दी तक शासन किया। आइने अकबरी में यह उल्लेख मिलता है कि– गोंड़ों के सबसे प्रतापी नरेश महाराजा संग्रामशाह एवं दलपतशाह थे। जिन्होंने इस वृहत क्षेत्र में अनेक किलों का निर्माण कराया। दलपतशाह की आकस्मिक मृत्यु के बाद उनकी धर्मपत्नि महारानी दुर्गावती ने राज्य शासन कुशलतापूर्वक संभाला। इस प्रकार गोंड़ जनजाति का गौरवशाली इतिहास रहा है।

गोंड़वाना क्षेत्र महाराजा संग्रामशाह से लेकर महारानी दुर्गावती एवं राजा शंकरशाह एवं कुँवर रघुनाथ शाह तक के शासकों की वीरता शौर्य पराक्रम तथा संमृद्धिशाली शासन व्यवस्था की अनमोल धरोहर है। आज भी

गोंड़ राजाओं के किले, ऐतिहासिक शिलालेख व स्मृतियाँ महाकौशल क्षेत्र के इर्द गिर्द अपनी गौरवशाली गौरवगाथा को समेटे उपेक्षा का दंश झेल रहें हैं।

वर्तमान में किसी को कल्पना या अभास भी नहीं हो सकता कि इतना विकसित, वैभवशाली एवं आदर्शजीवन इस समुदाय के पूर्वज जी सके होंगे। गोंड़ जनजाति आज निम्नस्तरीय जीवन जीने के लिए मजबूर है।

परिवारः– गोंड़ जनजाति में परिवार पितृसत्तात्मक एवं पितृवंशीय पाये जाते हैं। इनमें पति–पत्नि तथा अविवाहित लड़के लड़कियाँ रहते हैं। कहीं – कहीं संयुक्त परिवार भी पाये जाते हैं। संयुक्त परिवार में दादा–दादी, माता–पिता, चार–पॉच भाई एवं उनकी पत्नियॉ एवं उन सभी के बच्चे रहते हैं। परिवार का मुखिया, पिता होता है। उसके अधीन उसके पुत्र एवं नाती–पोते रहते हैं। परिवार के अन्य सदस्य बड़े–बूढ़ों का आदर करते हैं एवं उनके आदेशानुसार कार्य करते हैं। धार्मिक, सामाजिक कार्यों में परिवार का मुखिया ही अगुवा रहता है। यह संयुक्त परिवार तभी विभाजित होता है, जब परिवार की महिलाओं में संबंध मधुर नहीं रहते। अतः अधिकतर सभी भाई विवाह के बाद अलग–अलग रहने लगते हैं और इनके साथ ही संपत्ति का भी बँटवारा हो जाता है। कुछ परिवारों में आपसी संबंध बहुत मधुर रहते हैं तो कुछ उनके साथ–साथ नजदीकी रिश्तेदार, बेटी–दामाद, बुआ–फूफा इत्यादि भी साथ रहने लगते हैं।

आवासः– गोंड़ आदिवासी अपने आवास का स्वयं निर्माण करते हैं। आमतौर पर जनजातियों के मकान मिट्टी के होते हैं। आजकल स्वयं के द्वारा बनाई गई ईंटों को मिट्टी के गारे से जोड़ाई करके भी मकान बनाने लगे हैं। छतों में बांस एवं लकड़ी का ढांचा तैयार करके मोवा घास एवं खपरैल का छाजन बनाते हैं। परिवार की सदस्य संख्या के अनुपात में उनके मकान निवास के लिये पर्याप्त नहीं होते हैं जिसमें अन्य सामग्रियाँ अनाज की कोठियाँ आदि होते हैं। बहुधा मकानों का मुंह पूर्व दिशा या उत्तर दिशा की ओर होता हैं। प्रत्येक मकान के पीछे बाड़ी होना अनिवार्य होता है। मकान के पास ही गाय बैलों को बांधने की जगह होती है जिसे 'सार' कहा जाता है। लकड़ी एवं कंडे रखने के लिये अलग कमरा बना होता है, यहीं पर एक कोने में मुर्गियों

को रखने के लिए गुरसियों का प्रबंध करके मुर्गियों का दरबा बनाते हैं उसी कमरे के एक भाग में बकरियों को बांधते हैं।

कोठियों के माध्यम से अपने मकान को कई खण्डों में विभाजित कर लिया जाता है। रसोई घर में ही चूल्हा के पीछे या बाजू में देवी देवताओं का स्थान या छोटा चौकोर चबूतरा बनाया जाता है। 6–7 इंच ऊँचे इस चबूतरे में इष्टदेव के नाम से नारियल रखा रहता है। विशेष अवसरों में सरई वृक्ष की राल की धूप एवं अगरबत्ती जलाई जाती है। धूप देने के लिए कंडे के अंगार का प्रयोग किया जाता है। उस पर गुड़, घी एवं राल का होम धूप जलाया जाता है। इष्ट देवता के पास कांजी की हांडी रखी जाती है एवं रसोई की साफ सफाई का विशेष ध्यान रखा जाता है। रसोई कक्ष के सामने के भाग को मंझोटा कहते हैं। इस मंझोटे का उपयोग भोजन करने के लिये किया जाता है। इस मंझोटा में बैठकर सभी सदस्य भोजन करते हैं। मकानों में खिड़कियॉ नहीं होती है।

अनाज की कोठियों से विभाजित एक–एक कक्ष को शयन कक्ष के रूप में काम में लाया जाता है। प्रायः प्रत्येक मकान के सामने लगभग 15–20 वर्गफुट का आँगन होता है। घर में लोग मुख्य द्वार से प्रवेश करके आँगन में जाते हैं, आँगन के चारों ओर कमरे होते हैं। मुख्य द्वार की परछी के अंदर कोदो–कुटकी, धान दलने का जाता एवं धान कूटने की कांड़ी और ढ़ेंकी बनी रहती है। पानी की घनौची रसोई घर में होती है। मकानों में शौचालय की व्यवस्था नहीं होती है।

भोजन एवं खान–पानः–

गोंड़ लोगों के भोजन में मोटे अनाज, कंद, मूल, फल आदि सम्मिलित हैं। इस जनजाति का मुख्य भोजन कोदो, कुटकी, सॉवा की कुदई है। प्रतिदिन के खाने में कुदई, चावल, गेहूँ एवं मक्के की दलिया के साथ भाजी, सब्जी तथा विभिन्न दालों का उपयोग करते हैं। सामान्य रूप से गोंड़ लोगों के दैनिक आहार में "पेज" नामक पेय आवश्यक रूप से शामिल रहता है। पेज गेंहूॅ, मक्का की दलिया, तथा कोदो, कुटकी, सॉवा की कुदई से बनाया जाता है। पेज कुछ ज्यादा पानी में थोड़ी सी दलिया या कुदई डालकर अच्छी तरह से पकाया जाता है, ज्यादा पकने के कारण दलिया या कुदई के कण पानी के

साथ पतला घोल की तरह बन जाते हैं जिसे "पेज" कहा जाता है। पेज के साथ विभिन्न मौसम में पाई जाने वाली भाजियाँ जैसे– राई भाजी, चकौड़ा भाजी, चेंच भाजी, केवलार भाजी, पकरी भाजी, चना भाजी, आदि का सेवन किया जाता है। रोटी प्रतिदिन नहीं बनाई जाती है। तीज त्यौहारों, उत्सवों एवं मेहमानों के आगमन पर पकवान बनाये जाते हैं। इन पकवानों में मुख्य हैं– बरा, चीला, चौसेला, ठठरी, बतियाँ, खुरमा, पुड़ी, सुंहारी (मीठा पुड़ी), भजिया, पकौड़े, मंगोड़े, खीर, दाल भात आदि।

गोंड़ जनजाति के अधिकांश लोग मांसाहारी होते हैं। आहार की प्रतिपूर्ति के लिए मुर्गा–मुर्गी, बत्तख, खरगोश, बकरा–बकरी आदि घर पर पाले जाते हैं। वन संरक्षण नीति के तहत् आखेट पर प्रतिबंध लग जाने के कारण वन्य प्राणियों के शिकार (आखेट) से इनका पूर्णतः ध्यान हट गया है। गोंड़ो के जीवन में शिकार का अत्यन्त महत्व था। शिकार उनकी अजीविका का साधन हुआ करता था। ये लोग प्रायः दल बनाकर शिकार करते थे तथा हिरन, सांभर, खरगोश, मुर्गी, सेही आदि का शिकार करके उनका मांस खाते थे। शिकार पर प्रतिबंध लग जाने के कारण अब यह काम लगभग बंद हो गया है।

मत्स्याखेट के लिए कई तरह के फंदों, जालों एवं उपकरणों को प्रयोग किया जाता है। मछली पकड़ना भी इनका प्रिय शौक है। छोट–मोटे नालों में पानी की धारा बाँधकर मछलियों का शिकार झिटका, पलना, कुमनी, गीरा, मोरा आदि उपकरणों की सहायता से मत्स्याखेट करते रहते हैं। मछलियों में टेगना, मोंगरी, सौंर, पाढ़िन, कामनकार, चिंगरी, नामक मछली को खाते हैं। झींगा एवं केकड़ा भी बहुत रूचि से खाते हैं।गोंड़ लोग आमदनी के लिए मछली नहीं पकड़ते हैं, वे केवल अपने खाने के लिए मत्स्याखेट करते हैं। इनके भोजन के मेनू में विभिन्न प्रकार के कंद जैसे कनिहा कांदा, बैचांदी, तीखुट, रतालू, डांग कांदा, कचई कांदा, आदि शामिल रहते हैं।

बरसात के दिनों में पिहरी नामक वनस्पति की सब्जी बहुत ही चांव से खाते हैं। बांस के नरम भाग को काटकर सब्जी के रूप में प्रयोग किया जाता है, जिसे जनजाति लोग लोग "करील" कहते हैं। इन सब्जियों को दूसरे मौसम के लिए संरक्षित किया जाता है।

वस्त्राभूषणः–

गोंड़ जनजाति का पहनावा अत्यंत साधारण होता है। पुरूष छोटी धोती एवं कमीज तथा सिर पर साफी बाँधते हैं। गोंड़ महिलाएँ रंग–बिरंगे हरे, नीले, लाल, पीला, गुलाबी आदि रंगों की साड़ी ज्यादा पंसद करती हैं। यह हथकरघे पर बुनी हुई मोटी साड़ी होती है। इसकी लंबाई 12 हाथ होती हैं। साड़ी या ओढ़ना कांछ डालकर पहना जाता है। कुछ महिलाएँ बिना कांछ के भी पहनती हैं। पैरों में पनही–जूता पहनते हैं। इसे गॉव का चमार बनाता है। आजकल बाजार के रबर एवं नायलोन के जूते पहनने लगे हैं। महिलाएँ रबड़ या चमड़े की चप्पले पहनती हैं। नई पीढ़ी की युवक–युवतियों में चमड़े के जूते तथा हवाई चप्पलों का भी चलन है। आजकल पढ़ने वाले लड़के पेंट–शर्ट पहनते हैं तथा लड़कियॉ फ्रॉक तथा सलवार कमीज पहनती हैं।

महिलाएँ चाँदी, कांसा, पीतल से बने आभूषण धारण करती हैं। कानों में झुमके, लटकन, टाप्स, कर्णफूल पहनती हैं। पैरों में चाँदी या गिलट की पायल और पयरी पहनती हैं, पैर की अँगुलियों में चुटकी पहनती हैं। यह मुंदरीनुमा होती है तथा चाँदी या गिलट की बनी हाती है। एक–एक अँगुली में लगभग तीन–तीन चुटकी पहनी जाती है। युवतियॉ भिन्न – भिन्न रंगों से बनी मूंगा एवं मोती की मालाएँ धारण करती हैं। महिलाएँ सिक्कों से बनी हुई माला जिसे "हमेल" कहते हैं धारण करती हैं। इसके अतिरिक्त सुतिया भी पहनी जाती है। यह चाँदी से बनी होती है। कानों में वृद्ध महिलाएँ तरकी पहनती हैं, कानों में ढार पहनी जाती थी, जिसका वर्तमान समय में चलन लगभग समाप्त हो गया है। बाँह मे बंहटा एवं नागमोरी तथा कलाईयों में छन्नी, एंठवा, पांता एवं कांच की चूड़िया पहनी जाती है।

गोंड़ आदिवासी समाज में गोदना का अपना एक विशिष्ट स्थान है। स्त्रियॉ इसे अपना स्थायी गहना समझती हैं। उनका विश्वास है कि मृत्यु के समय अन्य सभी आभूषण हटा दिये जाते हैं, परन्तु गोदना ही एक ऐसा आभूषण है जो मृत्यु के बाद भी रहता है। स्त्रियाँ इसे विशेष रूप से सामाजिक और अध्यात्मिक मान्यता के रूप में ग्रहण करती हैं। गोदने में प्रायः वही चिन्ह् अंकित किये जाते हैं जिनका आदिवासियों के जीवन में सीधा संपर्क रहता है। जिन आदिवासी स्त्रियों के शरीर पर गोदना नहीं होता है, उन्हें अच्छा नहीं

माना जाता है। शरीर में विभिन्न स्थानों पर गोदना गोदवाने के पीछे उनकी अपनी मान्यताएँ हैं। एक मान्यता व्याधियों से बचने संबंधी भी है। कहा जाता है कि गोदना गोदवाने से गठियाबात नहीं होती है। इस प्रकार गोदना सौंदर्य की अभिवृद्धि के साधन के साथ उसकी अपनी आध्यात्मिक आस्था एवं विश्वास की अभिव्यक्ति है।

संगठनः—

किसी सामाजिक संगठन की स्थिरता उसके प्रति सामान्य जन की निष्ठा अनुशासन और व्यवस्था उसमें कार्यरत राजनीतिक (स्वशासनिक) संगठन पर निर्भर करती है। जहाँ पर यह संगठन कमजोर होता है, वहाँ अराजकता व्याप्त रहती है। परिणामतः वह समाज एक संगठित क्रियात्मक इकाई के रूप में अपनी उपादेयता खो देता है। कमजोर, सामाजिक नियंत्रण के कारण विघटनकारी तत्वों का दमन नहीं हो पाता है, इसका प्रतिकूल प्रभाव संपूर्ण सामाजिक संगठन पर पड़ता है। इस घातक स्थिति को टालना और व्यवस्था के प्रति लोगों में निष्ठा उत्पन्न करना आवश्यक होता है। इसी उद्देश्य से प्रत्येक समाज अपने सदस्यों के आचरण कार्यों और आदतों को नियमित नियंत्रित व निर्देशित करने के लिए संस्थात्मक ढांचे का विकास करता है। इस संस्थात्मक व्यवस्था के प्रति समाज के सदस्यों में निष्ठा का विकास करने तथा निष्ठा को बनाये रखने के लिये समाज अधिकारिकता और सक्षम नेतृत्व की व्यवस्था भी करता है। यह व्यवस्था पारस्पारिक सहयोग तथा सहकारिता के आधार पर स्वयं विकसित नहीं होती है बल्कि सत्य तो यह है कि स्वयं पारस्पारिक सहयोग सहकारिता का विकास भी इस व्यवस्था के कारण विकसित भय व दण्ड की आधारशिला पर ही होता है। जनजातीय सामाजिक संगठन एवं व्यवस्था के मुखिया का सर्वोपरि महत्व होता है। गाँव का मुखिया मुकद्दम होता है। इसे "पटेल" भी कहा जाता है जो गॉव का सम्मानित व्यक्ति होता है। मुकद्दम ही सरकार को अपने गॉव का लगान वसूल कर देता है। इनकी नियुक्ति पंरपंरागत होती है। पिता के बाद पुत्र को मुकद्दम बना दिया जाता है। मुकद्दम की सहायता के लिये सरकार हर गॉव में कोटवार नियुक्त करती है। सरकारी सूचनाओं का प्रसारण अधिकारियों के आगमन पर उनके रहने आदि की व्यवस्था करता है। समाज की बैठक आदि का बुलौआ कोटवार के द्वारा दिया जाता हैं। कोटवार संदेशवाहक की भूमिका

निभाता है। जनजातियों में गॉव की पंचायत का बहुत महत्व होता है। गॉव से संबंधित प्रत्येक कार्य एवं गतिविधि में पटैल (मुकद्दम) की भूमिका अवश्य होती है। यह गॉव का सबसे अधिक साधन संपन्न व्यक्ति होता है, मुकद्दम होना गौरव–गरिमा का परिचायक होता है। यदि कोई बाहरी व्यक्ति या शासकीय कर्मचारी गॉव में आता है और उसकी पहचान गॉव में किसी से नहीं होती है तो वह सबसे पहले मुकद्दम (पटैल) से मिलता है। मुकद्दम बाहरी व्यक्तियों की हर संभव सहायता करता है। वह गॉव के आपसी झगड़े एंव छोटे–मोटे मामलों पर गॉव के कुछ बुजुर्गों के साथ सभी की राय से निर्णय लेकर फैसला सुनाता है। ऐसे सभी फैसलों का मानना दोनों पक्षों के लिये अनिवार्य होता है। मुकद्दम गॉव के सामूहिक कार्यों के अवसर पर सभी गतिविधियों का केन्द्र होता है। गॉव से संबंधित ऐसे सभी कार्य जो सभी के लिये समान महत्व रखते हैं, उसके मार्गदर्शन में पूरे किये जाते हैं। वह गॉव के सभी लोगों के लिये विश्वास और आदर्श के रूप में माना जाता है। आज भी वह परंपरागत रूप में माना जाता है और आज भी वह परंपरागत रूप में इस जिम्मेदारी का निर्वाह करता है।

शिक्षाः–

जनजातीय समाज में अन्य समाजों की भॉति बच्चे के विकास एवं सीखने की प्रक्रिया बुनियादी रूप से समाजीकरण के माध्यम से होती है। इसमें बच्चा सीखता है, विशेषकर वह भाषा जो कि परिवार और तात्कालिक परिवेश में बोली जाती है। जैसे–जैसे बच्चे का विकास होता है उसकी शब्दावली का भी विस्तार व्यक्तिगत आवश्यकताओं को लेकर पारिवारिक अड़ोस–पड़ोस और समाज की आवश्यकताओं के अनुरूप होता है, अर्थात् समाजीकरण की प्रक्रिया में जिन अधिकांश शब्दों को वह ग्रहण करता है वही उसका बुनियादी शब्दकोष हो जाता है। जनजातियों में साक्षरता का प्रतिशत अवश्य कम है लेकिन यदि इनका अतीत देखा जाए तो अन्य समुदायों की तुलना में इनके संबंध सर्वाधिक घनिष्ट थे। बिना किसी लिखित रूप के इनके पास विशिष्ट व्याकरण या भाषा संरचना उपलब्ध थी। जनजातीय समुदाय अपनी शिक्षा प्रक्रिया के लिये अपनी सांस्कृतिक पारंपारिक पाठशाला पर निर्भर होते हैं। औपचारिक शिक्षा संस्थानों को अनुत्पादक तथा समय नष्ट करने वाले मानते हैं। इसीलिये जनजाति समाज के बालक प्राथमिक स्तर के बाद से शिक्षा से

दूर होने लगते हैं। गोंड़ लोग बच्चों को स्कूल भेजने के बजाय उनसे चरवाहे का काम करवाना अधिक अच्छा समझते हैं।

आस्था एवं विश्वासः—

गोंड़ जनजाति में ऐसा विश्वास किया जाता है कि मृत्यु के उपरान्त भी आत्मा का अस्तित्व समाप्त नहीं होता। ये आत्माएँ या तो किसी विशेष स्थान अथवा पदार्थ में प्रविष्ट होकर मानवीय क्रियाओं को संचालित करती रहती हैं अथवा प्रेतात्माओं के रूप में व्यक्ति की सफलता और असफलता का निर्धारण करती हैं। इस प्रकार इन आत्माओं को प्रसन्न रखने के लिए तथा इनके प्रति भयमिश्रित श्रद्धा को व्यक्त करने के लिये अनेक अनुष्ठानिक क्रियाएँ की जाती है।

ये जनजातियाँ पेड़—पौधों, पहाड़ों, नदियों तथा अनेक दूसरे स्थानों में अलौकिक शक्ति का आभास कराती है और इसके लिये पूजा आराधना करती हैं। उनका विश्वास है कि अदृश्य शक्तियाँ अनिष्ट भी कर सकती है तथा विपत्तियों से उनकी रक्षा भी कर सकती हैं। जनजातीय आस्थाओं का संबंध जीवन के सामाजिक, आर्थिक, एवं रोगोपचार एवं अच्छी उपज प्राप्त करने संबंधी सभी पक्षों से है। ये किसी अलौकिक शक्ति की उपासना ही नहीं करते बल्कि भूत, प्रेतात्माओं में भी विश्वास करते हैं। एक ओर ये लोग अलौकिक शक्तियों से डरते हैं तथा दूसरी ओर अनुष्ठानों के द्वारा इन अलौकिक शक्तियों को अपने पक्ष में करने का प्रयत्न भी करते हैं। यही कारण है कि जनजातीय समाज में गुनिया एवं पुजारियों का स्थान विशेष रूप से सम्मानपूर्ण होता है, ऐसे व्यक्तियों को ईश्वरीय प्रतिनिधि के रूप में देखा जाता है। पुजारियों एवं दिव्य दृष्टि रखने वाले व्यक्तियों की सेवाओं को आज भी बहुत महत्वपूर्ण माना जाता है।

जनजातीय समाज के लोग जादू—टोना, झाड़—फूंक, भूत—प्रेत आदि पर अटूट विश्वास करते हैं। बच्चों को बाहरी व्यक्तियों की नजर से सुरक्षित रखने के लिये उनके गले में ताबीज बाँधते हैं। जनजातीय स्त्री एवं पुरूष दोनों ही टोटके करते हैं, जैसे कि — घर के छप्पर में अथवा खेत में एक खूँटे पर गाय—बैल के सिर की हड्डी का ढांचा एवं काली हांड़ी में चूने से मुखौटा बनाकर रख देते हैं। उनका विश्वास है कि इसमें कोई बाधा या नकारात्मक

शक्तियॉ घर अथवा खेत में प्रवेश नहीं कर सकती। ये लोग सभी बीमारियों का इलाज झाड़—फूंक, सूपा—तूमा एवं काड़ी और नाड़ी से करते हैं। गंभीर बीमारियों का पता भी आसानी से गुनिया लगा लेता है। गंभीर बीमारियों के इलाज में मुर्गे तथा बकरे की बलि दी जाती है। गुनिया तंत्र—मंत्र के साथ ही कई प्रकार की जड़ी—बूटियों से इलाज करता है। गुनिया इलाज का पैसा नहीं लेता। ऐसा विश्वास है कि पैसा लेकर झाड़—फूंक करने पर उसका अलौकिक ज्ञान नष्ट एवं प्रभावहीन हो जाता है। यही कारण है कि गुनिया स्वेच्छा से कुछ नहीं मांगता। झाड़—फूंक से लाभ होने पर लाभान्वित परिवार बकरा, मुर्गा, शराब अपनी इच्छा से भेंट कर सकता है। गुनिया पशुओं की भी निःशुल्क दवा—दारू करते हैं। गुनिया अपने तंत्र—मंत्रों से सिद्धि अथवा प्रभाव को कायम रखने के लिये विशेष ऋतु में देवी—देवताओं की पूजा—आराधना करते हैं, जिसे सिद्धि कहा जाता है। गुनियाओं की अपनी कई मान्यताएँ होती है जिनका पालन वे कठोरता से करते हैं। यदि वे इसके विपरीत कार्य करते हैं तो अलौकिक ज्ञान के नष्ट होने का खतरा बना रहता है।

गोत्रः—

आदिम समाजों एवं परंपरागत गोंड़ समाज में गोत्र व्यवस्था प्रारंभ से ही सामाजिक संरचना का आधार रही है। संपूर्ण गोंड़ समाज 750 गोत्रों में विभाजित है। अनेक वंश समूहों से मिलकर गोत्र का निर्माण होता है। अलग—अलग गोत्रों के अलग—अलग गढ़ देव संख्या टोटम एवं देवी देवता होते हैं। गोत्र विशेष के सदस्यगण उनकी पूजा—पाठ विभिन्न प्रकार की सामग्रियों से करते हैं। जिस प्रकार हर गोत्र के अलग—अलग देवी देवता होते हैं उसी प्रकार उनकी पूजा—पाठ, विधि—विधान समय तथा पूजन सामग्री भी अलग होती है।

गोंड़ जनजाति में पितृवंशीय गोत्र पाये जाते हैं। विवाह के पश्चात् पत्नि का गोत्र परिवर्तित हो जाता है तथा उनकी संताने पिता के गोत्र धारण करती हैं। गोत्र की सदस्यता व्यक्ति को जन्म से ही स्वतः प्राप्त हो जाती है, यह अनिवार्य एवं पूर्ण निश्चित होती है।

गोत्र सदैव बहिर्विवाही समूह होता है। सम एवं विषम देव संख्या के आधार पर ही वैवाहिक संबंध होते हैं। वैवाहिक संबंध निश्चित करने से पूर्व

देव संख्या का मिलान किया जाता है। सम देव संख्या वाले का सम देव संख्या में और विषम देव संख्या वाले का विषम देव संख्या परिवार से वैवाहिक संबंध नहीं हो सकता है। यदि भूलवश वैवाहिक संबंध होता है, तो जन्म लेने वाली संतान बुद्धिमान, बलवान एवं बलिष्ट पैदा नहीं होगी ऐसी मान्यता है। गोंड़ समुदाय इस व्यवस्था का पालन सदियों से कट्टरता एंव निष्ठापूर्वक करता रहा है।

नातेदारी:–

(अ) विवाह संबंधी नातेदारी:– इस नातेदारी व्यवस्था के अंतर्गत न केवल विवाह द्वारा संबंध पति–पत्नि ही आते हैं, अपितु पति तथा पत्नि दोनों के माता–पिता के परिवार के अन्य सदस्य जैसे माता–पिता, भाई–बहन आदि सभी आते हैं, जो कि पति–पत्नि से संबंधित होते हैं।

(ब) रक्त संबंधी नातेदारी:– इस श्रेणी के अंतर्गत समान रक्त (सपिण्ड) के आधार पर एक दूसरे से संबंधित व्यक्ति आते हैं, जैसे– भाई–भाई, भाई–बहन, माता–पिता एवं बच्चे आदि ये नातेदारी रक्त संबंधी नातेदारी कहलाता है। संपर्क, निकटता, घनिष्ठता और आत्मीयता के आधार पर विभिन्न प्रकार के नाते रिश्तेदारों को तीन प्रमुख श्रेणियों में बांटा गया है– प्राथमिक नातेदार, द्वितीयक नातेदार एवं तृतीयक नातेदार। यदि कोई व्यक्ति किसी अन्य व्यक्ति से प्रत्यक्ष एवं निकट रूप से संबंधित है तो वह प्रत्यक्ष प्राथमिक नातेदार कहलाता है। इसी प्रकार जो व्यक्ति प्राथमिक नातेदारों के प्राथमिक संबंधी होते हैं, उन्हें द्वितीयक नातेदारी की श्रेणी में रखा जाता है। तृतीय श्रेणी के नातेदार, वे नातेदार होते हैं, जो प्राथमिक संबंधी के द्वितीयक नातेदारों के प्राथमिक नातेदार हैं। इस श्रेणी में हम पितामह आदि को लेते हैं।

नातेदारी व्यवस्था में व्यवहार करने की कुछ प्रमुख प्रथाएँ या रीतियाँ हैं–

(1) परिहार या विमुखता :– इस प्रकार के व्यवहार में एक संबंधी एक दूसरे से विमुख रहने तथा दूरी रखने का प्रयास करते हैं।

(2) परिहास या हँसी मजाक के संबंध में :— सामान्य अर्थों में परिहास से आशय मनोविनोद या हँसी—मजाक होता है। सामाजिक जीवन में परिहास का महत्वपूर्ण स्थान होता है। समाज में जीजा—साली, देवर—भाभी परिहास बहुत विख्यात है।

टोटम (गणचिन्ह् अथवा कुलचिन्ह्):—

जनजातीय समाज में टोटम से संबंधित विश्वास व्यापक रूप से फैले हुए हैं। टोटम कोई भी पशु—पक्षी, पेड़—पौधे अथवा निर्जीव पदार्थ होता है। जिससे जनजाति अपना एक रहस्यपूर्ण संबंध मानती है। इस रहस्यात्मक संबंध के आधार पर यह विश्वास किया जाता है कि टोटम गोत्र की रक्षा करता है। सदस्यों को चेतावनी देता है तथा भवष्यि की घटनाओं की ओर संकेत देता है। टोटम के प्रति सदस्यों की भावना, भय, श्रद्धा एवं सम्मान से युक्त होती है। इसी कारण टोटम को मारना या हानि पहुँचाना समूह द्वारा निषिद्ध होता है।

संपूर्ण गोंड़ समाज को गोड़ी धर्मदर्शन के प्रर्वतक पारीकुमार लिंगों ने बारह सगाओं के 750 कुल गोत्रों और 2250 टोटम (कुल चिन्हों) में विभक्त किया है। इसके लिये उसने जीव—जंतु, पशु—पक्षी, पेड़—पौधों एवं लताओं की एक सूची बनाई और 750 गोत्र नाम तैयार किये, उसने हर एक गोत्र धारक के लिये एक प्राणी, एक पक्षी और एक वनस्पति ऐसे तीन कुल चिन्ह् अथवा टोटम उनके गुण संस्कारों के अनुसार इस दृष्टि से (750 X 3 = 2250) जीव जन्तु, पशु—पक्षी एवं वनस्पति के सरंक्षक अलग—अलग गोत्र के सदस्य होते हैं और यह नियम बना दिया जाता है कि हर एक गोत्र को अपने कुल चिन्हों (टोटम) के प्रतीक प्राणियों एवं वनस्पति की सुरक्षा करना है। पारीकुपार लिंगो के इस नियम से स्वमेव प्राकृतिक संतुलन एवं पर्यावरण सरंक्षण होता था। किंतु वर्तमान समय में बाह्य हस्तक्षेप या कुछ लोगों के स्वार्थ लोलुपतावश गोंड़ समाज की इस सांस्कृतिक व्यवस्था में विकृतियाँ आ गई हैं। कई वनस्पति एवं जीव जन्तु समाप्त हो गये हैं अथवा विनाश के कगार पर हैं। अतः यह कहना अतिश्योक्ति नहीं होगी कि गुरू पारीकुपार लिंगो को प्राकृतिक संतुलन का पूर्ण ज्ञान था, इसलिए पर्यावरण संतुलन को बनाये रखने के लिये संपूर्ण गोंड़ समाज को उसी अनुरूप विभाजित किया गया था।

वन वनस्पतियों और प्राकृतिक संसाधनों के संरक्षण को जनजातियॉ परंपरागत रूप से जुड़े हए हैं। शास्त्रों में क्षिति, जल, पावक, गगन और समीर को पॉच आधारभूत तत्व मानते हुए न केवल हमारे शरीर बल्कि ब्रह्माण्ड की रचना में इनके महत्व को रेखांकित किया गया है। वन और वनस्पतियों को सहेजने के लिये हमारे पूर्वजों ने इन्हें पूजनीय माना है। समय–समय पर त्यौहार और पर्वों हर अवसर पर ये जनजातियाँ वंश परम्पराओं एवं आध्यात्मिक मान्यताओं का पालन करते आ रहे हैं।

जिस प्रकार का मार्गदर्शन आदिम गुरू पारीकुपार लिंगो ने दिया, गोंड़ समुदाय उस पर कायम रहकर आज भी अपने टोटम (गणचिन्ह् अथवा कुलचिन्ह्) के नियमों का पालन बड़ी श्रद्धा और आस्था से करता चला आ रहा है।

शादी विवाह या अन्य खुशी के अवसर पर इनकी पूजा अर्चना की जाती है। इनके चित्र घर के दीवारों पर बनाये जाते हैं। एक ही टोटम के मानने वाले में विवाह निषेध होता है।

विवाहः–

विवाह एक सार्वभौमिक संस्था है जो सभी समाज में पायी जाती है। किसी समाज में इसे धार्मिक संस्कार माना जाता है, तो किसी समाज में सामाजिक समझौता माना जाता है। जनजातियों में विवाह न तो हिंदुओं की तरह एक धार्मिक संस्कार के रूप में माना जाता है और न ही मुस्लिमों की तरह समझौता या संविदा के रूप में, बल्कि जनजातियों में विवाह दो पक्षों (वर एवं वधू) के मध्य होने वाला विशुद्ध सामाजिक संबंध के रूप में होता है। गोंड़ जनजाति में अंतर्विवाही वैवाहिक संबंधों को श्रेष्ठ माना जाता है। इस जनजाति में बहुविवाह एवं विधवा विवाह का भी रिवाज है।

गोंड़ लोगों के विवाह में देव संख्या तथा गोत्र का बड़ा महत्व होता है। विवाह संबंध तय करने से पूर्व देव संख्या एवं गढ़–गढ़ियों की जानकारी भली–भॉति ले ली जाती है। विवाह जाति के अंदर एवं गोत्र के बाहर किये जाते हैं। भाई–बहिन के बच्चों का विवाह सर्वाधिक प्रचलित है। यह रिश्ता गोंड़ जाति का अटूट रिश्ता माना जाता है और यह जन्म से ही तय कर दिया

जाता है तथा संपूर्ण अधिकार प्रदत्त होता है, जिसे "गरवा लौटाना" या "दूध लौटाना" कहते हैं।

गोंड़ जनजाति में "लमसनाई" विवाह की भी प्रथा है। इस प्रकार विवाह के पूर्व लड़का को लड़की के पिता के घर पर रहकर दो वर्ष या तीन वर्ष तक अपनी सेवाएँ देनी होती है। इस अवधि में उसकी कार्यकुशलता, बुद्धिमता, परिवार की जिम्मेदारी उठा पाने की क्षमता का परीक्षण कर लिया जाता है। लड़के के माता–पिता उसके कार्यों से संतुष्ट रहते हैं तभी उनका विवाह संपन्न होता है अन्यथा लड़के के सेवा कार्य की क्षतिपूर्ति रूपयों के रूप में देकर उसे विदा कर दिया जाता हैं।

इनके अतिरिक्त इस जनजाति में पैठू विवाह, सहपलायन विवाह का भी प्रचलन है। गोंड़ जनजाति के विवाह में सातफेरों का बहुत महत्व होता है। इस जनजाति के विवाह की सबसे प्रमुख विशेषता यह रही है कि वर बारात लेकर कन्या के घर नहीं जाता, अपितु कन्या के घर से ही कन्या सहित बारात वर के घर पर जाती थी, परन्तु वर्तमान समय में इस प्रथा में पूर्णतः परिवर्तन देखने को मिल रहा है अब बारात वर के घर से कन्या के घर जाती है।

उत्सव एवं पर्वः–

पर्व और उत्सव अनेक दृष्टि से व्यक्ति एवं समाज के लिए उपयोगी है। यह एक सर्वमान्य सच्चाई है कि मानव लगातार कार्य करते हुए शारीरिक एवं मानसिक रूप से थक जाता है, इस थकावट को दूर करने के लिये पर्व एवं उत्सव आवश्यक होते हैं। निरंतर एक जैसा कार्य करते हुए व्यक्ति के जीवन में नीरसता आती है, उसे दूर करने के लिए उत्सव एवं पर्वों को मनाया जाता है। घर की साज–सज्जा, साफ–सफाई, नये परिधान, पूजा–आराधना, आगन्तुकों एवं मेहमानों का स्वागत सत्कार से जीवन में नवीनता, ताजगी, एवं स्पूर्ति आती है। जिससे आने वाले जीवन में संघर्षों का आसानी से सामना किया जा सके।

जनजाति चाहे किसी भी जाति समुदाय के हों, ये सभी अपनी संस्कृति के अनुरूप अपने पर्व–त्यौहार को मनाते हैं। प्रत्येक पर्व के साथ कोई न कोई विश्वास भावना, धार्मिक आस्था व अनुष्ठान सैद्धांतिक तथा व्यवहारिक रूप से

जुड़े रहते हैं तथा सामाजिक धार्मिक नियम विधानों को मान्यता प्रदान करते हैं। पर्वों पर परंपरा का कड़ा पहरा रहता है। पर्व त्यौहार के अवसर पर इनका उत्साह देखते ही बनता हैं। अनेक पर्व त्यौहारों को अपने जातीय परंपरा के अनुसार तन्मयता एवं उल्लास से मनाते हैं। अमावश्या एवं पूर्णिमा इनके लिये पावन दिन होते हैं। इनके अधिकांश त्यौहार अमावश्या एवं पूर्णिमा को रहते हैं। जनजातियों में पर्व तथा उत्सव वर्षभर मनाये जाते हैं, शायद ही कोई माह उत्सव या पर्व के बिना रहता होगा। कभी देवी–देवताओं का त्यौहार होता है। अच्छी उपज एवं वर्षा की आकांक्षा से त्यौहार मनाये जाते हैं। किसान को फसल पकने की आतुरता से प्रतीक्षा रहती है। अच्छी फसल देवी–देवताओं के अनुग्रह के बिना प्राप्त नहीं हो सकती है, अच्छी फसल के लिये जहॉ पर्याप्त वर्षा, धूप हर तरह के अनुकूल मौसम की आवश्यकता होती है। वहीं वन्य पशुओं से भी इनकी रक्षा आवश्यक होती है। पक्षियों, टिड्डी एवं कीड़ों से भी फसल नष्ट होने की संभावना होती है। इन संकटों से फसलों की रक्षा मानव सामर्थ्य से बाहर है, यह रक्षा देवी–देवताओं के दया से ही संभव है। यही कारण है कि फसल पकने पर देवी–देवताओं के प्रति कृतज्ञता प्रकट करने के लिये अपनी आस्था को कार्यरूप देने हेतु "नवाखाई" "दिवारी" आदि पर्व मनाये जाते हैं।

नृत्य एवं संगीत

भारत की सभी जनजातियों में नृत्य और संगीत का प्रमुख स्थान है। जीवन को सुखमय एवं आनंदमय बनाने के लिये सभी जनजातियाँ अपने पारंपारिक नृत्य संगीत को आज भी बरकरार रखने में कामयाब हैं। गोंड़ जनजाति विभिन्न पर्व–त्यौहारों और खुशियों के अवसरों पर नाचते गाते हैं। मनोरंजन के अन्य कोई साधन न होने के कारण लोक गीत एवं लोक नृत्यों के माध्यम से सामूहिक तौर पर अपना मनोरंजन करते हैं। इनके लोक गीतों एवं लोक नृत्यों में करमा, ददरिया, रीना, सैला, बिरहा एवं विवाह के अवसर पर गाये जाने वाले लोकगीत प्रमुख है।

इनके लोक गीतों एवं नृत्यों में अकृत्रिमता, स्वाभाविकता और सरलता होती है। लोकगीतों में जीवन का जितना सच्चा और स्वाभाविक वर्णन उपलब्ध होता है उतना अन्यत्र कहीं नहीं मिलता। लोकगीतों और लोकनृत्यों के रूप में

इनके मौखिक साहित्य से इनकी संपूर्ण जीवन विधि का पता चलता है। जनजातियों में नृत्य,संगीत एवं कला को सजग बनाये रखने में अनेक सामाजिक एवं धार्मिक पर्वों का महत्वपूर्ण योगदान रहता है। उस दिन का इंतजार ये लोग बड़ी उत्सुकता के साथ करते हैं तथा ऐसे अवसरों पर प्रत्येक जनजातीय परिवार का सदस्य नृत्य एवं सगीत में भाग लेता है। जनजातियों की संगीत प्रियता में उनकी सामाजिक व्यवस्था का महत्वपूर्ण हाथ होता है, इनमें स्त्रियाँ, पुरूषों के समान ही समाज में समानता का अधिकार रखती है तथा नृत्य–गीतों में पुरूषों के साथ–साथ बराबर सक्रिय रूप से भाग लेती हैं।

संदर्भ ग्रंथ सूची

1. आदिवासी सगा, मासिक पत्रिका मार्च 2010 पृष्ठ 07
2. भारतीय जनजातियाँः संरचना एवं विकास, हरिश्चन्द्र उप्रेती पृष्ठ 121, 143, 203
3. भील जनजीवन और संस्कृति
4. गोड़ी धर्म दर्शन, मोतीराम कंगाली, पारीकुमार लिंगो प्रकाशन, नागपुर 1994 पृष्ठ 106 से 112
5. गोंड़वाना दर्शन मार्च 2008 संपादक सुन्हेर सिंह ताराम
6. गोंड़वाना दर्शन सितंबर 1992 संपादक सुन्हेर सिंह ताराम भोपाल
7. म.प्र. का पूर्वांचल : इतिहास संस्कृति एवं पुरातत्व डिण्डौरी जिले के संदर्भ में डॉ. अमर सिंह उद्दे, विभूति प्रकाशन डिण्डौरी।
8. रामभरोसे अग्रवाल, गोंड़ जनजाति का सामाजिक अध्ययन
9. डिण्डौरी जिले में गोंड़ जनजाति क्षेत्रों सर्वेक्षण एवं साक्षात्कार से प्राप्त जानकारी
10. मंडला के गोंड़ राजा रामभरोसे अग्रवाल
11. डॉ. आर. के मंडावी का आलेख, संपादक डॉ. लीला भलावी।

----- 000 ----

2

गोंड़ जनजाति की अर्थव्यवस्था

जनजातीय समाज आज के वैज्ञानिक युग में भी मुख्य रूप से प्रकृति पर आश्रित है। आदिम काल से ही इनके जीवन यापन के मुख्य श्रोत जंगल, पहाड़, घाटियाँ एवं नदियाँ रही हैं। गोंड़ जनजाति की अर्थव्यवस्था प्रत्यक्ष रूप से उनके आजीविका उपार्जन तथा जीवन धारण तक सीमित है। उनके आजीविका पालन तथा जीवन धारण से संबंधित वस्तुओं और उत्पादन या संग्रहण तथा उनको उपयोग करना ही उनकी आर्थिक क्रियाओं का आधार एवं लक्ष्य होता है तथा ये क्रियाएँ इस जनजाति विशेष के संपूर्ण पर्यावरण और विशेषकर भौगोलिक पर्यावरण के द्वारा अत्यधिक प्रभावित होती है। साथ ही उनका जीवन अत्यंत कठिन और संघर्षमय होता है और उन्हें अपनी उदर पूर्ति के लिये कठोर परिश्रम करना होता है।

गोंड़ जनजाति की आर्थिक संरचना को समझने के लिये उनकी संपत्ति की धारणा को समझना आवश्यक है। प्रत्येक समाज में चाहे वह आदिम हो या आधुनिक, कृषि प्रधान या औद्योगिक समाज हो उसकी एक अर्थव्यवस्था रहती हैं और इस अर्थव्यवस्था में संपत्ति की धारणा महत्वपूर्ण रहती है। मनुष्य अपने दैनिक आवश्यकताओं की पूर्ति जिन साधनों के द्वारा करता है उन्हे वह संपत्ति के अंतर्गत सम्मलित कर लेता है। यहाँ संपत्ति से आशय चल एवं अचल वस्तुओं से है जो दैनिक जीवन की आवश्यकताओं की पूर्ति में उपयोगी होते हैं। अचल संपत्ति में भूमि खेत बाड़ी पेड़–पौधे, मकान आदि आते हैं। चल संपत्ति के अंतर्गत मानव निर्मित वस्तुएँ जैसे बर्तन, आभूषण, कपड़ा विभिन्न औजार तथा पशुधन हैं जिनको जनजातीय समाज में संपत्ति समझा जाता है। इसके अतिरिक्त संपत्ति में गीत–संगीत, कथाएँ, मंत्र–तंत्र का ज्ञान, औषधियों एवं जड़ी–बूटियों का ज्ञान आदि का भी समावेश किया जाता है। जनजातीय

लोगों की अर्थव्यवस्था को जीविका अर्थव्यवस्था कहा जाता है। इसका यह अर्थ नहीं है कि आदिम समाज के सदस्य केवल उतना ही उत्पादन करते हैं जितना उनके लिये आवश्यक है, लेकिन इनका यह आशय अवश्य है कि वे इतना उत्पादन करना चाहते हैं जिससे उनकी आवश्यकताओं की पूर्ति हो जाए वे अपने उत्पादन का आर्थिक लाभ हेतु व्यवसाय नहीं करना चाहते।

जनजातीय अर्थव्यवस्था की विशेषताएँ :–

जनजातीय अर्थव्यवस्था अपने सरलतम् स्वरूप में दृष्टि गोचर होती है प्रत्येक व्यक्ति उत्पादन कार्य में संलग्न दिखाई पड़ता है। उपभोक्ता एवं उत्पादक के मध्य कोई विशेष अंतर नहीं है इस प्रकार की अर्थव्यवस्था में संगठन नियोजन तथा नियंत्रण आदि बातों का आमतौर पर अभाव रहता है। परिवार आर्थिक उत्पादन की मूल इकाई के रूप में है। परिवार से बाहर अर्थव्यवस्था संगठित रूप में नहीं पायी जाती। आदिम अर्थव्यवस्था की विशेषताएँ संक्षिप्त में निम्नानुसार है–

1. धर्म एवं जादू सभी प्रकार की आर्थिक क्रियाओं के साथ किसी न किसी रूप में संबंधित रहता है। उदाहरण के रूप में कृषि संबंधी कार्यों के लिए देवी–देवताओं की उपासना एवं पूजा के उदाहरण गोंड जनजाति के लोगों में पाए जाते हैं। इन लोगों में ऐसा विश्वास किया जाता है कि धर्म एवं जादू से आर्थिक क्रियाओं में अत्यधिक सफलता प्राप्त होती है

2. गोंड जनजातीय समाज की अर्थव्यवस्था में प्रौद्योगिकी के ज्ञान का अभाव है अर्थात जैसे कृषि के क्षेत्र में अथवा अन्य क्षेत्रों में ये बहुत कम एवं सरलतम औजारों आदि का प्रयोग करते हैं। बाह्य जगत के साथ संपर्क के परिणामस्वरुप ही ये अब धीरे–धीरे उत्पादन की अर्थव्यवस्था में प्रवेश पा सकने की स्थिति में हो सकते हैं। इससे पूर्व इनकी अर्थव्यवस्था को उपभोग की अर्थव्यवस्था के रूप में जाना जा सकता है अर्थात अतिरिक्त उत्पादन का जनजातीय समाज में अभाव सा रहा है।

3. विनिमय के लाभों के बारे में इनका ज्ञान सीमित रहा है। गोंड समाज में विनिमय को प्रोत्साहित करने के लिए किसी भी प्रकार की मुद्रा आदि के चलन का अभाव रहा है।

4. गोंड जनजाति में लाभ की प्रवृत्ति का नितांत रूप से अभाव रहा है। अर्थव्यवस्था एक सामुदायिक भावना से जुडी हुई थी, यह भावना व्यक्तिगत लाभ को स्वीकार नहीं करती थी।

5. गोंड जनजाति में परिवार के सदस्य अपनी संपूर्ण आवश्यकताओं की पूर्ति स्वयं करने का प्रयत्न करते हैं। व्यक्ति स्वयं अनेक कार्यों को करता है तथा विशेषीकरण का अभाव पाया जाता है।

6. इनकी आर्थिक क्रियाओं में सामूहिकता एवं सहकारिता पाई जाती है।

7. गोंड़ जनजातीय अर्थव्यवस्था को निर्वाह स्तर की अर्थव्यवस्था की संज्ञा दी जाती है।

8. यातायात के साधनों का अभाव के कारण अनाज एवं अन्य वस्तुओं का संग्रह कर उन्हें एक स्थान से अन्यत्र ले जाने में कठिनाई होती है। परिणामस्वरुप आर्थिक क्रियाएं एक निश्चित भौगोलिक क्षेत्र तक सीमित होकर रह जाती है।

9. आदिम लोगों में नित्यप्रति आविष्कार, नवाचार एवं परिवर्तन कम ही होते हैं। उनमें स्थिरता अधिक पाई जाती है।

10. जहां तक संपत्ति का प्रश्न है, गोंड जनजाति में व्यक्तिगत एवं सामूहिक दोनों प्रकार की संपत्ति पाई जाती है।

11. आदिम अर्थव्यवस्था में श्रम का विशेष महत्व है। यह विनिमय का एक माध्यम भी है, इन लोगों में श्रम के पुरस्कार की अपेक्षा हैसियत के अनुसार उत्पादित वस्तुओं का ही विभाजन किया जाता है। सभी को न्यूनतम आवश्यकता की पूर्ति का अधिकार है।

किसी भी समुदाय का मूल आधार उसकी अर्थव्यवस्था ही मानी जाती है, अर्थव्यवस्था जितनी सुदृढ़ व प्रगतिशील होगी वह समुदाय उतना ही मजबूत व सामाजिक रुप से परिपक्व होगा। जनजाति के समुचित अध्ययन में अर्थव्यवस्था ही केंद्रीय धुरी है, जिसके चारो ओर जनजातियों का समाज, धर्म,

राजनीति और विकास घूमते रहते हैं। किसी भी जनजाति की अर्थव्यवस्था प्रकृति प्रदत्त संसाधनों के इर्द–गिर्द ही है। वनसंपदा आखेटन पशुपालन जनजातीय अर्थतल में मुख्य घटक होते हैं। मानव जाति ने सबसे पहले प्राकृतिक संपदाओं का प्रयोग उदर पूर्ति एवं अपनी जरुरतों के लिए किया और फिर जैसे जैसे सामाजिक आवश्यकताएं बढ़ती गई वैसे–वैसे इनका प्रयोग विनिमय व व्यवसाय में करके एक पूरा आर्थिक ढांचा खड़ा किया जनजातियों के संदर्भ में यह माना जा सकता है कि उन्होंने स्वयं को समुदाय विशेष की आवश्यकताओ तक ही सीमित रखा और इससे उनका अर्थतंत्र व्यापक न हो सका।

गोंड जनजाति की जीवन शैली की विशेषताएं:–

गोंड जनजाति की जीवन शैली की प्रमुख विशेषताओं को निम्नानुसार वर्णित किया जा सकता है–

1. जनजातीय जीवन के तरीके पूर्णतः प्राकृतिक पर्यावरण पर आधारित होते हैं।
2. जनजाति जीवन शैली पर भौगोलिक पर्यावरण का विशिष्ट प्रभाव रहता है।
3. जनजातीय जीवन और उसके साधन प्रकृति द्वारा संचालित होते हैं।
4. जनजातीय जीवन के तरीकों में वस्तु विनिमय प्रणाली का विशिष्ट महत्व पाया जाता है।
5. जनजातीय जीवन के तरीकों में आज मुद्रा विनिमय एवं बाजार भी दिखाई पड़ता है।
6. जनजाति जीवन के तरीके पूर्ण सामूहिकता की भावना पर आधारित होते हैं।
7. जनजाति जीवन शैली में वनोपज एवं वन संपदा की विशिष्ट महत्ता होती है।
8. गोंड जनजीवन में गोत्रों एवं देव संख्या का अत्यधिक महत्व होता है। सम एवं विषम देव संख्या में ही वैवाहिक संबंध निश्चित किए जाते हैं।

9. जनजातीय जीवन में श्रम की अपनी विशिष्ट महत्ता होती हैं।
10. जनजातीय जीवन के तरीकों में तीज त्यौहार, पर्व और उत्सव आदि भी महत्वपूर्ण स्थान रखते हैं।
11. जनजातीय जीवन के तरीकों में धर्म की भी महत्ता होती हैं।
12. जनजातीय जीवन शैली की प्रमुख विशेषता है कि इसमें कृत्रिमता का पूर्ण अभाव पाया जाता है।
13. जनजातीय जीवन पूर्ण रुप से जनजातीय आर्थिक व्यवस्था पर आधारित होता है।
14. जनजातीय जीवन में प्रकृति पूजा एवं टोटम का विशिष्ट महत्त्व होता है।

गोंड जनजाति के आजीविका के साधनः–

समाज की निरंतरता व्यक्ति के अस्तित्व पर निर्भर करती है, अतएव व्यक्ति का अस्तित्व बना रहे अर्थात व्यक्ति जीवित रहे यही कारण है कि मानव अपने अस्तित्व के लिए निरंतर प्रकृति से संघर्ष करता रहता है। गोंड जनजाति भी अपने अस्तित्व को बनाए रखने के लिए प्रकृति के साथ संघर्षरत रहती है। प्रत्येक मनुष्य के जीवन के लिए कुछ मौलिक या अनिवार्य आवश्यकताएँ होती हैं। जिनकी पूर्ति के बिना मनुष्य का जिंदा रहना संभव नहीं होता। अतः इन मौलिक आवश्यकताओं भोजन, वस्त्र, आवास के लिए प्रत्येक मनुष्य निरंतर प्रयत्नशील रहता है अन्य जनजातियों की भांति गोंड जनजाति भी अपनी आवश्यकताओं की पूर्ति के लिए प्राकृतिक संसाधनों पर अत्यधिक निर्भर रहती है। अपने भरण पोषण के लिए जल जंगल और जमीन पर ही निर्भर रहती है सुदूर पहाड़ी अंचलों और जंगलों में निवास करने वाली यह जनजाति वनोपज संग्रह, पशुपालन, कृषि एवं नौकरी, मजदूरी करके अपना तथा अपने परिवार का भरण पोषण करती है जीवनयापन के संसाधनों के आधार पर निम्न प्रकार से वर्गीकृत करके इनकी अर्थव्यवस्था को स्पष्टतः समझा जा सकता है–

1. कृषिः– गोंड जनजाति की अर्थव्यवस्था मुख्यतः कृषि पर आधारित है। अपने जीवन का आधार कृषि को ही मानती है तथा किसान कहलाने में गौरव का अनुभव करती है। मध्य प्रदेश के पूर्वांचल में गोंड़ एवं किसान

पर्यायवाची शब्द माने जाते हैं। इस समाज ने कृषि की अनेक अवस्थाओं का सामना किया है। कृषि का प्राचीन स्वरूप स्थानांतरित कृषि है, जिसे दहिया कृषि, दिप्पा कृषि या बेवर कास्त के नाम से जाना जाता है। इस प्रकार की खेती में किसान स्थान को बदलते रहते थे, किंतु निरंतर बढ़ते प्रतिबंधों के कारण अब स्थाई कृषि की जाने लगी है, इनके द्वारा उगाई जाने वाली खरीफ फसलों में धान, कोदो, कुटकी, सांवा, मक्का, उड़द, राहर, रमतिला, तिली, ज्वार आदि प्रमुख हैं। रबी की फसल में गेहूं, चना, मसूर, मटर, राई आदि हैं, जिन्हें कार्तिक मास में बोया जाता है तथा चैत्र मास में फसल काट लिया जाता है। इनकी कृषि वर्षा के पानी पर निर्भर है। सिंचाई साधन नहीं होते हैं, वर्तमान में कृषि की नवीन तकनीक और कृषि संबंधी उपकरण, औजार और उर्वरक भी जनजातियों द्वारा उपयोग किया जाता है, जिससे उत्पादन में वृद्धि हुई है और जनजातियों की आर्थिक स्थिति में धीरे–धीरे सुधार हो रहा है।

2. वनोपज का संग्रहणः– गोंड जनजाति आदि काल से ही वनों से जुड़ी हुई है तथा उसकी आजीविका वन पर निर्भर रही है अब वनों के प्रशासनिक व्यवस्था के बाद भी वनों में काम करने वालों में सर्वाधिक गोंड जनजाति ही हैं। जनजातियां अपने भोजन एवं जीवनोपयोगी अन्य वस्तुएं वनों से प्राप्त करती है। प्रकृति द्वारा प्रदत इन वनोपजों का जनजाति अपने दैनिक जीवन में विभिन्न प्रकार से प्रयोग करते हैं। वह अपने आवश्यकताओं के अतिरिक्त वनोपज का संग्रहण करके उसे बेचकर अतिरिक्त आय भी प्राप्त करते हैं। जैसे–जैसे परिवहन के साधन और आधुनिक तकनीकों एवं वैज्ञानिक विकास का प्रचलन बढ़ा इन लघु वनोपजों का बहुविधि उपयोग समाज में होने लगा। अनेक नए उद्योगों में इनका कच्चे माल के रूप में इस्तेमाल होने लगा। आवागमन के साधनों की सुलभता के कारण इनका बाजार क्षेत्र व्यापक हो गया। इन परिस्थितियों का फायदा उठाकर आदिवासियों के इस सहज व्यापार में मुनाफाखोर बिचौलियों का जन्म हुआ। वे कम मजदूरी पर इन आदिवासियों से वनोपज का संग्रहण कराते हैं। संग्रहित वनोपजों में प्रमुख हैः–

I. **तेंदुपत्ता संग्रहण करनाः–** गोंड जनजाति परंपरागत रुप से तेंदूपत्ता संग्राहण करती रही है, किंतु वर्तमान में सहकारी संस्थाओं के माध्यम से व्यवस्थित रुप से मानक आधार पर यह कार्य किया जा रहा है।

II. **सरई (साल) के फूल संग्रहण करनाः**– साल के फूल बैशाख जेठ के माह में गिरते हैं, जिसे श्रमिकों द्वारा साल बीज संग्रह केंद्रों पर लाया जाता है। साल बीज संग्रहण करने वाली सहायक अभिकर्त्ता समिति साल बीज संग्रह करने से पूर्व प्रचार प्रसार के द्वारा श्रमिकों को जानकारी दी जाती है । अच्छा साल बीज हरे रंग या हल्के पीले रंग का होता है। साल बीज तैयार करते समय श्रमिकों द्वारा साल फल का छिलका जलाकर और उसे कूट कर अलग कर दिया जाता है और फिर बीज को सुखाकर संग्रहण केंद्रों में दाल के रूप में बेचने हेतु लाया जाता है।

III. **भेलवां का संग्रहणः**– यह एक वन्य फल है। अपने परिपक्व अवस्था में यह काले रंग का होता है। भेलवां को प्राचीन समय से दो प्रकार के उपयोगों में लाया जाता था। इसका एक उपयोग आयुर्वेदिक दवाओं के बनाने में किया जाता था। भेलवां में प्राप्त तरल पदार्थ मनुष्य के लिए मनुष्य चर्म के लिये घातक माना जाता है। इसीलिए इसका प्रयोग जानकर लोग ही करते है। जनजातीय लोग भेंलवा के परिपक्व फलों की मालाएं बनाकर हाट बाजार में बेचा करते हैं। उसके पीले भाग को खाद्य के रूप में प्रयोग किया जाता है।

IV. **गोंद का संग्रहणः**– गोंड जनजाति के लोग अपने औषधीय उपयोग के लिए गोंद निकालने का कार्य सदियों से करते रहे हैं। जनजाति समूह के लोग अनेक प्रकार के वृक्षों नीम, बबूल, सलाई आदि वृक्षों से गोंद निकालते हैं। इन वृक्षों के तने से एक द्रव निकलता है, यह द्रव कुछ मात्रा में वृक्ष में ही सूख जाता है तथा इसका संग्रह करने के बाद धूप में सुखा दिया जाता है, इस प्रकार गोंद तैयार हो जाती है। यह स्त्रियों के लिये विशेष रूप से लाभकारी होती है। साधारणतः स्त्रियों को बच्चे के जन्म के पश्चात खाद्‌य के रूप में दी जाती है। जो कि एक दवा की तरह कार्य करती है तथा कई रोगों से सुरक्षा भी प्रदान करती है। गोंद काले रंग, पीले रंग, तथा सफेद रंग कई तरह के रंगों में पाई जाती है। सफेद गोंद सर्वोत्तम मानी जाती है।

V. **लाख का संग्रहणः**– जन जातियों के लोग अपने क्षेत्र में लाख भी एकत्रित करते है। लाख एक छोटे कीड़े से प्राप्त पदार्थ है। यह एक

परजीवी कीड़ा है, जो कि कुसुम, पलाश, बेल इत्यादि पेंड़ो में रहता है। वर्ष में दो बार लाख का संचयन किया जाता है। ज्येष्ठ माह में संचित किए गए लाख को जेठवा लाख तथा अगहन माह में संचित किए गए लाख को अघनी लाख कहा जाता है।

VI. **महुआ फूलों एवं फलों का संग्रहणः**— जनजाति जीवन में महुआ एक उपयोगी वनोपज है। गोंड़ लोग कच्ची शराब बनाने के लिये महुआ फूलों को वनों से एकत्रित करते हैं। आदिवासी एवं अन्य ग्रामीण स्वयं की आवश्यकता पूर्ति के बाद अतिरिक्त महुआ का संग्रहण कर उसकी बिक्री करते हैं। महुआ के फलों को गुल्ली कहा जाता है। इसके फल की गिरी को निकाल कर उससे अच्छी तरह सुखाकर, उसका तेल निकाला जाता है। महुआ ग्रामीण अंचलों में रोजगार एवं आय का साधन है तथा इनके सामाजिक आर्थिक एवं आध्यात्मिक जीवन में महत्व रखता है।

VII. **सुरतेली फूलों का संग्रहणः**— जनजातियों को औषधीय पौधों की जानकारी आदिमकाल से परंपरागत रूप से अक्षुण्य चली आई है। आज भी इन जड़ी–बूटियों में इनका दृढ़ विश्वास स्पष्ट देखने में आता है। औषधीय उपयोग एवं विक्रय के लिये ये लोग सुरतेली (धातकी) पुष्पों का संचय करते हैं। धातकी (सुरतेली) बहुशाखीय झाड़ी होती है, इसमें जनवरी से अप्रैल तक लाल रंग के पुष्प आते हैं। इन पुष्पों का संग्रहण करके जनजातीय लोग विक्रय केन्द्रों में बेच देते हैं।

VIII. **अन्य वनोपजों का संग्रहः**— बहुत से गोंड लोग चिरौंजी, बेर, आवला, हर्रा, बहेरा, तेंदु, करोंदा, जामुन अनेक प्रकार के कंद तीखुर, बैचांदी, बिदारी कंद, मूसली, शतावर आदि का संग्रह कर बिचौलियों के पास बेंच देते हैं।

मोहलाइन का पता एवं फल कनिहाकांदा, बांस एवं अनेक वनस्पतियों को भाजी के रूप में प्रयोग करती हैं। इन भाजियों का उनके भोजन में प्रमुख स्थान है।

IX. **लकड़ी बेच कर आय प्राप्त करनाः**— कस्बों एवं नगरों में ईंधन की जटिल समस्या है। आज भी कस्बों में ऐसी गृहस्थियों की संख्या

अधिक है, जो लकड़ी, कोयला एवं केरोसीन को ईंधन के रुप में प्रयोग करते हैं। शासन द्वारा आदिवासियों को वह लकड़ी जो जंगल में पड़ी हुई हो अर्थात जिसे पेड़ों से तोड़ा या काटा न गया हो ऐसी लकड़ी का जितना भार वे सिर पर उठा सकते हैं, उतनी लकड़ी एकत्रित कर बेचने की उन्हें अनुमति है। अधिकांश वस्तुओं का राष्ट्रीयकरण होने के कारण ये जनजाति लोग अब मजदूरों की भूमिका का निर्वाह करते हैं।

X. **शहद का संग्रहणः**– कतिपय गोंड़ लोग मधुमक्खियों के छत्तों से शहद निकालने की कला में पारंगत होते हैं। परंपरागत रुप से जंगलों में स्वाभाविक रूप से पाई जाने वाली मधुमक्खियों से शहद प्राप्त किया जाता है। इस प्रकार एकत्रित शहद एवं मोम को कस्बों में ले जाकर बेच देते हैं।

3. पशुपालनः– जनजातीय अर्थव्यवस्था में पशु ही उनकी आर्थिक क्रियाओं का केंद्र होते हैं। पशुपालन स्तर का प्रारंभ उस समय हुआ जब प्रतिदिन के भोजन संग्रह की कठिनाई महसूस की गई, हर दिन के जद्दोजहद से बचने के लिये मनुष्यों ने पशुओं का शिकार करने के स्थान पर उन्हें पालकर रखना अधिक उपयोगी समझा। पशुपालन से होने वाले लाभों के प्रति उनमें जागरूकता आई। पशुओं को पालने से उन्हें जो लाभ होते हैं वह निम्नानुसार है–

(1) पशुओं से मांस प्राप्त होना।

(2) दूध एवं दूध से बने पदार्थों की प्राप्ति।

(3) बोझा ढोने का कार्य।

(4) सवारी के रूप में उपयोग।

(5) बालों का उपयोग।

ये लोग प्रायः गाय, बैल, भैंस पालते हैं, जिसका प्रमुख उद्देश्य कृषि कार्य होता है। इस जनजाति में 'बुही' बैल की प्रथा भी है इसमें जिसके पास कृषि कार्य के लिए बैल नहीं होते वे साल भर के लिए किसी से बैल किराए पर लेते हैं। इस बैल की साल भर की मजदूरी अनाज के रूप में भुगतान किया जाता है। इस प्रकार बुही में बैंलों को देने के लिए भी पशुपालन किया

जाता है। बकरी एवं मुर्गी पालन भोज्य सामग्री के रूप में मांस एवं अंडों की आपूर्ति के लिए करते हैं। गोंड़ समाज के जिन लोगों की आर्थिक स्थिति अच्छी रहती है वे परिवहन, सवारी एवं सामान ढोने के लिए घोड़ा भी पालते हैं।

मजदूरीः–

गोंड जनजाति का मुख्य व्यवसाय कृषि होता है, परंतु कुछ कृषक जिनके पास अपर्याप्त कृषि भूमि होती है तथा वे जो भूमिहीन होते हैं, वे अपनी तथा परिवार की आजीविका मजदूरी करके चलाते हैं–

(1) कृषि संबंधी मजदूरीः– कृषि संबंधी मजदूरी करने वाले लोगों के दो वर्ग हैं–

प्रथम– वे जो वार्षिक अनुबंध पर मजदूरी करते हैं।

द्वितीय– वे जो दैनिक एवं मासिक अनुबंध पर मजदूरी करते हैं।

कृषि संबंधी मजदूरी का भुगतान अनाज के रूप में अथवा नगद रूप में दोनों तरह से मजदूर की इच्छानुसार किया जाता है।

(2) अकृषि संबंधी मजदूरीः– इस वर्ग में वे गोंड़ आते हैं जो कि जीवन निर्वाह के लिए कृषि के अतिरिक्त मजदूरी करते हैं। इस वर्ग में भी अनेक उपवर्ग हैं–

(i). वन विभाग में मजदूरीः– वनों में वर्ष भर अनेक कार्य चलते रहते हैं। जैसे वन्य क्षेत्र में फेंसिंग करवाना, वृक्षारोपण, कटे पेड़ों को हटाना, कटी लकड़ियों को काष्ठागार तक पहुंचाना, लकड़ियों को वाहनों में लादना आदि कार्यों के लिए इन्हें श्रमिकों के रूप में रख लिया जाता है।

(ii). लोक निर्माण विभाग में मजदूरीः– लोक निर्माण विभाग के अंतर्गत सड़कों का निर्माण, डामरीकरण, सड़कों का रखरखाव, भवन निर्माण और रखरखाव आदि कार्य प्रायः पूरे वर्ष चलते रहते हैं। इस कार्य हेतु लोक निर्माण विभाग के अनेक दल होते हैं, इनमें गोंड लोग प्रायः मजदूर के रूप में कार्य करते हैं।

(iii). गिट्टी तोड़ने एवं पत्थरों की खदानों में कार्यः– भवन निर्माण के कार्य में लगने वाले बोल्डर, मिटटी तथा पत्थर आदि निकालने व तोड़ने के ठेके शासन द्वारा ठेकेदारों को प्रतिवर्ष दिए जाते हैं। इन पत्थरों को निकालने, आकार देने, मिट्टी तोड़ने व परिवहन आदि के कार्यों हेतु ठेकेदार जनजातियों को मजदूर के रूप में रख लेते हैं।

(iv). भवन निर्माण कार्य में मजदूरीः– जनसंख्या वृद्धि के साथ–साथ मकानों की मांग बढ़ रही है। भवन निर्माण हेतु आर्थिक सहायता भी सरकारी और गैर सरकारी माध्यमों से उदारतापूर्वक मिल जाती है इसलिए पिछले लगभग एक दशक में कस्बों तथा नगरों में मकानों के निर्माण की प्रवृत्ति में काफी तेजी आई है। इन निर्माण कार्यों में मजदूर के रूप में गोंड समाज के लोग कार्य करते हुए देखे जा सकते हैं।

(v). शासकीय नौकरी पेशा वर्गः– जनजातियों के विकास के लिये सरकार के द्वारा विभिन्न कार्यक्रम चलाये जाते हैं, जिनके परिणामस्वरूप आंशिक परिवर्तन दृष्टिगोचर हो रहे हैं। औपचारिक शिक्षा एवं संचार सुविधाओं की वृद्धि धीरे–धीरे इस समाज में भी हो रही है। यही कारण है कि इस जनजाति में शासकीय/अशासकीय नौकरियों में कार्यरत् लोगों का एक नया वर्ग निर्मित हो रहा है। उनके विचारों में वैज्ञानिक दृष्टिकोंण का समावेश तथा अंधविश्वासों में कमी आ रही है।

गोंड जनजाति की अर्थव्यवस्था सरल एवं स्वावलंबी है यह समूह अपनी आवश्यकताओं की पूर्ति अपने परिवेश से ही करने के अभ्यस्त होते हैं। निश्चित ही मनुष्य की आर्थिक क्रियाएं उसके सामाजिक और सांस्कृतिक ढांचे से प्रभावित होती है। प्रत्येक मानव समुदाय अपनी मूलभूत आवश्यकता की पूर्ति के लिए अपने–अपने तरीके से करता है। प्रकृति मानव आवश्यकताओं की पूर्ति में सहायक होती है। इस तरह गोंड़ जनजाति समुदाय का सामाजिक एवं आर्थिक जीवन सीधा और सरल है। उनकी आवश्यकताएं सीमित होती है, इस जनजाति समाज में संतुष्टि का भाव अपनी संस्कृति के प्रति मोह एवं निष्ठा तथा भविष्य के प्रति चिंता न करने की बिंदास और मूलभूत प्रवृत्ति पाई जाती है।

संदर्भ ग्रंथ सूची

1.	जनजातीय भारत	डॉ. ए. आर. एन. श्रीवास्तव मध्यप्रदेश हिन्दी ग्रंथ अकादमी
2.	गढ़ मंडला के गोंड राजा	रामभरोसे अग्रवाल गोंड़ी पब्लिक ट्रस्ट मण्डला
3.	समाजशास्त्र	डॉ. ए. पी. श्रीवास्तव राम प्रसाद एंड सन्स
4.	मध्यप्रदेश की जनजातियाँ	डॉ. शिवकुमार तिवारी एवंडॉ.श्रीकमल शर्मा मध्यप्रदेश हिन्दी ग्रंथ अकादमी
5.	सामाजिक मानवशास्त्र	डॉ. एस. अखिलेश साहित्य भवन आगरा
6.	बारह भाई बिंझवार	डॉ. ठाकोर लाल भाणाभाई नायक म.प्र. हिन्दी ग्रंथ आकादमी
7.	भारत के आदिवासी विकास की समस्यएँ	पी. आर. नायडू राधा पब्लिकेशन्स नई दिल्ली

----- 000 ----

3

गोंड जनजाति की खाद्य प्रकृति और खाद्य पदार्थों का संग्रहण एवं संरक्षण

भोजन मानव की प्राथमिक आवश्यकता ही नहीं अपितु एक अपरिहार्य अनिवार्यता है। भोजन के अभाव में वह जीवित नहीं रह सकता। सृष्टि के प्रारंभ में सभी मानवों की खाद्य प्रकृति अवश्य ही एक समान रही होगी। धरती पर मनुष्यों से पहले पशुओं की सृष्टि हुई, यह उद्विकासवादियों का निरूपण है। बहुसंख्यक पशु मांसाहारी हैं। इसलिये यह अनुमान लगाना गलत न होगा कि आदिकालीन मानवों ने पशु जगत का अनुकरण कर मांसाहार अपनाया होगा। सभ्यता के विकास के क्रम में शनैः शनैः मानव ने कृषि व बागवानी सीखी। अन्न तथा फलों का वह उत्पादन करने लगा। वनोपज को खाद्यान्न के रूप में ग्रहण किया तथा भोजन के लिये मांसाहार के स्थान पर खाद्यान्न तथा वनस्पतियों पर मुख्यतः निर्भर हुआ। मानव की आदिकाल से ही भोजन सामग्रियों को संग्रहीत एवं संरक्षित करने की प्रवृति रही है।

अधिकांशतः जनजातीय लोग अनाज को दो–तीन वर्षो के लिये सूखा अकाल आदि विषम परिस्थितियों में प्रयुक्त करने हेतु संग्रहीत करते रहे हैं। आज भी अनाज एकत्रित करने की इसी प्रवृति ने मानव की भोजन संग्रहित व सुरक्षित रखने की भावना को जागृत

किया। भोजन सामग्री को सुरक्षित तरीके से संग्रह करके रखना नितांत आवश्यक होता है जिससे अधिक समय तक के लिये सामग्रियाँ रखी जा सकती हैं। कुछ चीजें अधिक समय तक रखी रहने से अधिक अच्छी हो जाती हैं जैसे चावल एवं कुदई आदि। संरक्षित खाद्य पदार्थो का उपयोग ऋतु समाप्त हो जाने के उपरांत भी उपयोग में लाया जाता है।

गोंड लोग अनाजों खाद्य पदार्थों के संग्रहीकरण के लिए बरण्डा, कोठी, मदुलिया, मड़सा, खुड़सा आदि का उपयोग करते है ये मिट्टी से बने होते हैं। जिससे इनके अन्दर ठण्ड़क बनी रहती है और इनके अन्दर रखी चीजें शीघ्र नष्ट नहीं होती हैं।

शीघ्र नष्ट न होने वाले भोज्य पदार्थो का संग्रहण :–

विभिन्न प्रकार के अनाज जैसे धान, कोदो, कुटकी, मक्का, गेहूँ, चना, मसूर, आदि को फसल कटने के बाद इन खाद्य सामग्रियों का समुचित संरक्षण किया जाता है। इनके संरक्षण में कुछ आवश्यक नियमों का पालन करके ये जनजाति अधिक समय तक वस्तुओं को सुरक्षित रखते हैं। इस संबंध में जो सावधानियाँ अपनायी जाती हैं वे निम्नानुसार हैः–

- **दलहनों का संरक्षण :–** अनाजों में प्रायः घुन कीड़े लग जाते है और अनाज को नष्ट कर देते है। घुन लग जाने से अनाज के पोषक तत्व नष्ट हो जाते है। कीड़े आदि से सुरक्षित रखने के लिये दलहनों जैसे चना, मसूर, उड़द, मूँग, राहर, मटर आदि पर काली मिट्टी के घोल से लेप लगाकर धूप में सूखाया जाता है। मिट्‌टी लेप लगाने की क्रिया की विधि को ''लेटना'' कहते है। इस लेटे हुए अनाज को मदुलिया आदि में रखकर बीज के लिये संरक्षित किया जाता है।

- **गेहूँ का संरक्षण :–** गेहूँ को संरक्षित करने के लिये छाया में सुखाई हुई नीम की पत्तियों को गेहूँ में मिलाकर कोठियों में रखने से कीड़े नहीं लगते हैं जिससे अधिक समय तक गेहूँ को रखा जा सकता है।

- **धान का संरक्षण :–** धान से चावल बनाया जाता है यह लाल काले एवं पीले छिलके में पाया जाता है। गोंड़ जनजाति के लोग कम समय में उपज प्राप्त होने वाली किस्मों को ही अपनी खेती में शामिल करते हैं। ये धान सठिया धान, भर्राधान, नवारी धान, रायबुटा धान आदि होते है। ये धान कम पानी में भी पैदा हो जाते है। भर्राधान पथरीली जमीन में भी पैदा होता है। धान में तितलियों की तरह छोटे–छोटे कीट लग जाते है। जो धान को नष्ट करते हैं इन कीटों से रक्षा के लिये दहवन वृक्ष के पत्ते और छाल को धान में मिला कर रखा जाता है।

- **कोदो का संरक्षण :–** यह भूरे रंग का अनाज है इसका आकार सरसों के दाने के बराबर होता है। इस में घुन नही लगता है। इसके इसी गुण के कारण इसे "माई दाना" के नाम से जाना जाता है। कोदो में कभी–कभी नशा रहता है जिसे "मतौना" कहते हैं। मतौना उतारने के लिये दहवन वृक्ष की छाल को कोदो में मिलाने से नशा दूर हो जाता है। इसके साथ ही खम्हेर वृक्ष की लकड़ी के छोटे–छोटे टुकड़े को कोठी में रख देने से नशा उतर जाता है।

- **कुटकी का संरक्षण :–** कुटकी अनाज के दाने कोदो की अपेक्षा छोटे एवं चिकने होते हैं। इस अनाज में भी घुन और कीड़े नही लगते हैं इसे भी गोंड़ किसान लोग लम्बे समय के

लिये संरक्षित रखते हैं जब कभी भी सूखा एवं दुर्भिक्ष की स्थिति निर्मित होती है तो सालों साल से संरक्षित इन अनाजों को उपयोग में लाया जाता है।

- **सांवा का संरक्षण :–** सांवा कोदो एवं कुटकी की तरह छोटे दाने का अनाज हैं। इसका छिलका हल्के पीले रंग का होता है यह अनाज औषधीय गुणों से भरपूर होता है। सांवा में भी घुन एवं कीड़े नही लगते है इसे भी वर्षो तक संरक्षित रखा जाता है।

- **चावल एवं कुदई :–** चावल में इल्लियाँ लग जाने से नष्ट होता है चावल एवं कुदई में गोले एवं गुच्छियाँ बंध जाती हैं इन से चावल व कुदई को सुरक्षित रखने के लिये इनमें नमक की डल्लियाँ मिलाकर रखा जाता है।

- **फलों का संरक्षण :–** ऋतु समाप्त होने के पश्चात भी कुछ खाद्य पदार्थो का उपयोग किया जा सके इस उद्देश्य से जनजातीय लोग फलों को सुखाकर संरक्षित करते हैं। कच्चे आमों को छीलकर सुखाने के बाद अमचूर बनाते हैं। पके आमों के रस को धूप में सुखाकर अमावट बनाकर रखा लिया जाता है। चार से चिरौंजी बनाई जाती है खम्हेर का फल, घुई, इमली, उमर, तेंदू, नीबू, भलवाँ, करौंदा एवं बेरों को सुखाकर रखा जाता है। महुआ के फल जिसे गुल्ली कहा जाता है इसके बीजों को तेल के लिए संरक्षित किया जाता है।

- **फूलों का संरक्षण :–** महुआ के फूलों को संरक्षित करके रखा जाता है। जनजातीय जीवन में महुआ एक अत्यंत उपयोगी वनोपज है। महुआ के फूलों से कच्ची शराब बनाई जाती है,

इसके अलावा उसके फूल एवं चने को पकाकर खाया जाता है। अमटा (अमरू) के फूल शरबत और चटनी बनाने के लिये संरक्षित किया जाता है। साल के फूलों को भी औषधीय उपयोग के लिये संरक्षित किया जाता है सुरतेली एवं परसा (टेशू)के फूलों का संरक्षण भी औषधीय उपयोग के लिये किया जाता है।

- **कंदमूलों का संरक्षण :–** कुचई कांदा (अरबी) डांग कांदा, रताल कांदा, कनिहा कांदा, सूरन कांदा आदि कंदों को सब्जी के लिये संरक्षित किया जाता है। तीखुर कंद से तीखुर एवं बैचांदी कंद से चिप्स बनाकर संरक्षित किया जाता है। हाट–बजार में इन्हे बेचकर इनसे आय भी अर्जित की जाती है।

अन्य खाद्य वनोपजों का संरक्षण :–

- **करील :–** बरसात के मौसम में बाँस भीरी से नवीन बाँस जमीन से निकलते हैं ये अत्यंत नाजुक और नरम होते हैं इन्ही नरम बांसों को करील कहा जाता है नरम बाँस (करील) के छोटे–छोटे चिप्स काटकर सब्जी बनाई जाती है इनकी सब्जी ताजी भी प्रयोग में लाई जाती है तथा इनके टुकड़ों को उबाल कर सुखा कर के संरक्षित कर लिया जाता है।

- **बाँस पिहरी :–** बाँस के पेड़ों के नीचे एवं उनके सूखे तनों में पिहरी निकलती हैं इन्हें ताजी सब्जी के रूप में भी उपयोग करते हैं तथा सुखाकर संरक्षित करने के उपरांत सब्जी बनाने के काम में लाते हैं। जनजातीय लोग ऐसा मानते हैं कि प्रसूताओं के लिये इसका सूप बहुत फायदेमंद होता है।

- **सरई पिहरी :–** यह पिहरी सरई वृक्ष के नीचे अधिकतर पाई जाती है। इन पिहरियों को पतली रस्सी के सहारे गूँथकर माला बना ली जाती है इस माला को सुखाकर संरक्षित कर लिया जाता है तथा सब्जी के लिये इन सूखी पिहरियों का उपयोग किया जाता है।

भाजियों का संरक्षण :–

- भाजियाँ और सब्जियाँ व्यक्ति के स्वस्थ्य के लिये अत्यधिक उपयोगी होती हैं परन्तु सभी सब्जी–भाजियाँ एवं फल–फूल वर्ष के सभी दिनों में उपलब्ध नहीं हो पाते हैं ये सब चीजें अपनी–अपनी फसल के समय ही प्राप्त हो सकती हैं व्यक्ति उनका उपयोग फसल समाप्त होने के बाद भी करना चाहता है। अतः इन्हें सुखाकर संरक्षित कर के रख ली जाती हैं।

- **चकौड़ा भाजी :–** इसके पौधे वर्षा ऋतु में नदी–नालों के किनारे खेतों के मेड़ों पर रास्ते एवं सड़कों के किनारे सर्वत्र समूह बद्ध उगे हुए मिलते हैं। इसकी नरम–नरम पत्तियों को भाजी के रूप में उपयोग किया जाता है तथा क्वांर–कार्तिक के महीने में इसकी भाजी को उबालकर सुखा लेते हैं तथा गर्मी ऋतु के लिए इसे संरक्षित कर लिया जाता है।

- **चेंच भाजी :–** चेंच नामक पौधा जिसकी लम्बाई 2 से लेकर 5–6 फुट तक होता है एवं हरीतिमा आभा लिये हुऐ होता है। चेंच को मक्का के साथ में बाड़ी में बो दिया जाता है तथा मक्के की फसल तोड़ते समय चेंच की भाजी भी तोड़ ली जाती है। इस भाजी को मिट्टी के बर्तन (तलाई) में रखकर सेंक लिया जाता है सेंकने पर भाजी मुरझा जाती है तब उसे

धूप में सुखाकर दूसरे मौसम के लिये संरक्षित कर लिया जाता है।

- **पकरी भाजी :–** पतझड़ ऋतु के बाद पकरी नामक वृक्ष की नरम–नरम कोपले निकलती हैं उन्हें जनजातीय लोग भाजी के रूप में उपयोग करते हैं इसकी ताजी भाजी भी बनाई जाती है तथा इसकी भाजी को उबालकर सुखा लिया जाता है सूखी भाजी दूसरे मौसम में खाने के लिये अत्यधिक उपयोगी है। इसकी भाजी केवल भोजन के रूप में ही नही औषधि के रूप में भी उपयोगी होती है। आँव, दस्त में इसकी भाजी को औषधि के रूप में खिलाई जाती है।

- **चना भाजी :–** चने की हरी भाजी को ताजी प्रयोग में लाई जाती है तथा अन्य ऋतु के लिये सुखाकर संरक्षित भी की जाती है। चने की फसल गाहनी के समय उसकी पीली–पीली पत्तियों को झड़ाकर रखली जाती है इसे पाती भाजी कहते हैं लू लगने पर इस पाती भाजी का उपयोग किया जाता है।

- **राई भाजी :–** मका फसल लेने के उपरांत बाड़ियों में राई की खेती की जाती है। राई को कार्तिक के महीने में रबी फसल के साथ बोई जाती है। जनजातीय लोग इसके पत्तों को सुखाकर गीष्म ऋतु के लिये रख लेते हैं।

- **सब्जियों का संरक्षण :–** जनजातीय लोग विभिन्न सब्जियों जैसे–पिहटी, खीरा, भटा, टमाटर, सेम, फूल गोभी आदि को सुखाकर समय–समय में इस्तेमाल करने के लिये संरक्षित करके रख लेते हैं। कुम्हडे और उड़द की दाल की पिठी से बड़ी बनाई जाती है इसके अतिरिक्त लौकी, पपीता, आदि को

बारीक काटकर या किसकर उड़द की दाल की पिठी मिलाकर बड़ी बनाते हैं।

- **दूध का संरक्षण :–** भैंस एवं गाय के बछड़े के जन्म उपरांत पीयूष दूध जिसे गोंड़ जनजातीय लोग ''तेली दूध'' कहते हैं का संरक्षण कपड़े में सुखाकर करते हैं। नये सूती कपड़े को दूध में भिंगाकर सुखाते है कपड़े के सूख जाने पर पुनः भिंगाकर सुखाया जाता है यह प्रक्रिया बार–बार दुहराई जाती है जब तक कि कपड़ा दूध को सोख नही लेता। इस प्रकार संरक्षित करके कपड़े को ऐसी जगह रखा जाता है जहाँ नमी न हो। जब कभी भी उस पीयूष दूध का उपयोग करना रहता है तो उस कपड़े को ताजे दूध में भिंगाकर उसका उपयोग कर लिया जाता है। दूध से ही दही एवं घी बनाकर भी संरक्षित एवं संग्रहीत किया जाता है।

- **कांजी निर्माण एवं उसका संरक्षण :–** गोंड़ जनजाति का प्रसिद्ध पेय पदार्थ ''पेज'' में अधिक पानी डाल कर रात में रख दिया जाता है। दूसरे दिन सुबह उस पानी (तरल पदार्थ) को निकाल कर काले रंग की हाँडी में इस तरह सावधानी से रखा जाता कि उसमें अनाज का एक भी कण न रहे । इस तरल पदार्थ को ही कांजी नाम से जाना जाता है। यह कांजी स्वाद में मठा की तरह खट्टी होती है कांजी का निर्माण करते समय शुद्धता एंव पवित्रता को बनाए रखने के लिये आवश्यकतानुसार इतवार अथवा बुधवार को टोटका किया जाता है। इस टोटके मेंदहकते हुऐ अंगार को सांस रोक कर कांजी में बुझाई जाती है अथवा हँसिया को अंगार की तरह लाल रंग होते तक गरम करके कांजी में बुझाया जाता हैं। कांजी को विभिन्न प्रकार की बीमारियों एवं पशुओं के रोगों के

इलाज के लिये उपयोग में लाया जाता है। कांजी विभिन्न प्रकार की भाजियों को बनाने के लिये प्रयोग में लाई जाती है।

- **मांस एवं मछली का संरक्षण** :– गोंड़ जनजाति क लोग मांस एवं मछली खाने के शौकीन होते हैं। अब शिकार निषेध होने के कारण मुर्गा एवं बकरे का पालन करके उनका मांस खाते हैं तथा बकरे के मांस को उबालकर सुखाने के बाद उसे संरक्षित करके रख लेते हैं। मछलिया भी सुखा कर रखी जाती हैं। मछलियों में कोतरी, टेंगना, मोंगरी, चिंगरी, पाढ़िन, सौंर आदि खाते हैं। तथा मछलियों को भूँजकर एवं सुखा कर संरक्षित कर लिया जाता है।

- **मदिरापान** :– गोंड़ जनजातियों में शराब सेवन का दुर्व्यसन अत्यधिक पाया जाता है। कोई भी पर्व जन्म, विवाह, मृत्यु आदि आयोजन बिना शराब के पूरे नहीं होते हैं। बीमारी में देवी–देवताओं को तर्पण करने के लिये जादू–टोना के प्रभाव से मुक्ति के लिये आत्माओं की संतुष्टि के लिये देवों की सामूहिक पूजा के अवसर पर शराब का प्रयोग किया जाता है। शराब के बिना अतिथि का सत्कार अधूरा माना जाता है। शराब के विनाशकारी प्रभाव से जनजातियों की रक्षा के लिये उन्हें इससे विमुख करना आवश्यक है यद्यपि यह न तो सहज है और न ही इसके शीघ्र परिणाम संभव हैं फिर भी श्रव्य–दृश्य साधानों से व्यापक और सघन प्रचार –प्रसार करते हुए इसमें सफलता प्राप्त की जा सकती है।

- **धूम्रपान** :– गोंड़ धूम्रपान के भी शौकीन होते हैं। बीड़ी प्रायः सभी लोग पीते हैं किशोर एवं महिलाओं को भी बीड़ी पीते

हुए देखा जा सकता है। तम्बाखू को सरई के पत्ते की चोंगी में भरकर पिया जाता है। अतिथि को बीड़ी पिलाना आतिथ्य का सूचक माना जाता है। मित्रता बढाने की दृष्टि से बीड़ी का आदान–प्रदान अच्छा माध्यम माना जाता है।

संदर्भ ग्रंथ सूची

1. बरह भाई बिझवार पृष्ठ 38
2. भील जनजातिय और संस्कृति– डॉ. आशोक डी पाटिल पृष्ठ 21

----- 000 ----

4

गोंड़ जनजाति में प्रकृति पूजा, आस्था एवं विश्वास

आज हमारे लिये यह सोचना भी कठिन है कि आदिम मनुष्यों का जीवन कितना संघर्ष पूर्ण और अनिश्चित रहा होगा। अपने प्राकृतिक जीवन में उन्होने यह अवश्य अनुभव किया होगा कि एक समय जो नदियाँ सूखी पड़ी रहती हैं वही दूसरे समय बाढ़ के भीषण वेग से घरौंदों को उजाड़ देती है। उनके समाने स्वप्न मृत्यु और महामारियाँ इतना बड़ा रहस्य रही होगी कि उन्हें तर्क के माध्यम से समझना अत्यंत कठिन रहा होगा। वर्षा से भरे बादलों का आसमान में छा जाना घोर गर्जना करना और मूसलाधार वर्षा होना अवश्य ही उनमें भय उत्पन्न करता रहा होगा। प्रति ध्वनि परछाई और नक्षत्रों का चमकना उनके लिये बहुत बड़े रहस्य रहे होंगे। स्वाभाविक है कि उन आदिम समूहों ने इन सभी घटनाओं को एक अलौकिक शक्ति से संबंधित कर लिया होगा और यहीं से अलौकिक शक्ति के प्रति आस्था एवं विश्वासों का आरंभ संभव हुआ होगा।

आदिम मनुष्यों को आरंभ से ही तरह–तरह की प्राकृतिक विपत्तियों और नवीन परिस्थितियों का सामना करना पड़ता रहा है ऐसी दशाओं में जन्म, मृत्यु, अकाल, वर्षा, तूफान, महामारी, स्वप्न अथवा वनस्पति जीवन एवं ऋतुओं का परिवर्तन उनकी प्रमुख जिज्ञासाएँ रहीं होगी उनके लिये जीवन स्वयं एक रहस्य था। संसार में मनुष्य ही एक मात्र इतना जिज्ञासु प्राणी है जो इन परिस्थितियों का कारण जानने की कोशिश करता है और अकसर ऐसी परिस्थितियों के सामने अपने को बिल्कुल असहाय और निर्बल पाता है। इसके फल स्वरूप मनुष्य ने अनेक तांत्रिक विधियों के द्वारा या तो इन प्राकृतिक और अलौकिक शक्तियों को अपने वश में करने का प्रयत्न किया अथवा अपनी शक्ति से बाहर समझकर उनकी पूजा और आराधना करना आरंभ कर दिया।

इस प्रकार जनजातीय जीवन को संगठित रखने और उन्हें अपने संघर्ष पूर्ण पर्यावरण से अनुकूलन की क्षमता प्रदान करने में उनके धार्मिक विश्वासों ने महत्वपूर्ण योगदान दिया है।

जनजातियों का संपूर्ण जीवन प्रकृति की अनुकंपा पर आधारित है प्रकृति की गोद में पला और बढ़ा है उसका जीवन ही लोक परंपरा है क्योंकि प्रकृति के साथ मनुष्य का रिश्ता आदिम काल से है इस रिश्ते की गहराई को जनजातीय समाज की जीवन शैली और उनकी लोक परंपराओं में देखी जा सकती है। आदिवासी सांस्कृतिक अभिव्यक्तियों में लोक कलाओं में तथा लोक परंपराओं में यह सहजीवी अवधारणा बड़ी स्पष्टता के साथ दिखाई पड़ता है। स्वभाव से कृतज्ञ होने के कारण ये आदिवासी प्रकृति के प्रत्येक उपादान एवं प्राप्त वरदान के प्रति अपनी कृतज्ञता अनेक रूपों में प्रकट करते हैं। हरे–भरे वृक्ष इनके जीवन में खुशियाली लाते हैं। मेघ जल देकर इनकी प्यास बुझाते हैं सूर्य आकाश में चमक कर इनके जीवन में प्रकाश लाकर इन्हें क्रियाशील बनाता है चन्द्रमा अपनी शीतल किरणों से वातावरण की उष्णता को शाँत करता है। नदियाँ जीवन शक्ति देकर आगे बढ़ने की प्रेरणा देती हैं एवं शस्य–श्यामला धरती की आर्द्रता को सुरक्षित रखती है। धरती माता अन्न, फल–फूलादि देकर इनकी भूख शाँतकर अस्तित्व को सफल बनाती है। पशु–पक्षी न्नृत्य एवं गान की शिक्षा देते है। ऊँचे– ऊँचे पर्वत जीवन संघर्ष करते रहने के लिये नव उल्लास एवं उत्साह का संचार करते हैं। ऊँचाई से धरातल पर गिरने वाले झरने लोक जीवन में नई उमंगो को जन्म देते है। आँधी और तूफान तटस्थ रहने के लिये प्रेरित करते है। इस प्रकार प्रकृति की समस्त घटनाएँ एवं क्रियाएँ किसी न किसी रूप में इन जनजातियों को उपकृत करते है परिणाम स्वरूप इन प्रकृति पुत्रों ने इस प्राकृतिक संसार के हर वस्तु और जीव में पूज्यनीय शक्ति एवं विविध देवी–देवताओं की स्थापना कर अपना जीवन सफल बनाया। प्रकृति की असीम विशालता एवं शक्ति के सम्मुख मनुष्य नत मस्तक होता है। सूर्य पूजा, चन्द्र पूजा, वृक्षों की पूजा, पशु–पक्षी वंदना, पर्वत आराधना, धरती माता की स्तुति, नक्षत्र तारों के दर्शन, जल स्रोतों के प्रति श्रृद्धा प्रायः सभी जनजातियों में प्रचलित है। सामाजिक एवं धार्मिक उत्सवों में प्रकृति की पूजा अर्चना अनिवार्य मानी गई हैं। जनजातीयाँ पेड–पौधे नदियों एवं अनेक दूसरे स्थानों, वस्तुओं में अलौकिक शक्ति का आभास पाती

हैं और इस लिये उनकी पूजा आराधना करती हैं। प्रकृति के हर रंग में देवी शक्ति को मानकर उनकी पूजा–अर्चना करते है और उन पर अपना अटूट विश्वास रखते है। प्रकृति के प्रत्येक स्थल नदी–नाले, धरती–पृथ्वी, पर्वत–पहाड़, पेड़–पौधे आदि में देव धाम की कल्पना करते है। उनकी दैनिक दिनचर्या में उनकी आस्था एवं उपासना साथ–साथ चलती है।

गोंड़ समाज में किसी अलौकिक शक्ति विशेष के प्रति ही धर्म का मूल आधार है। इनके कुछ देवी–देवता तो ऐसे है कि गाँव की रक्षा करते है कुछ जाति समाज की सुरक्षा करते है तथा खेती पशुधन की सुरक्षा करते है कुछ गोत्र विशेष की देखभाल करते है। इन सभी देवी–देवताओं को प्रसन्न करने के लिये तथा इनके कोप से बचने के लिये विभिन्न प्रकार की बलि चढ़ाई जाती है। इन समस्त देवी–देवताओं की उपासना के विभिन्न नियम एवं विधान हैं। इनके देवी–देवताओं को दो भागों में बाटा जा सकता है। 1 ग्राम देवी–देवता 2 गृह (कुल) देवी–देवता। इन देवी–देवताओं के वर्णन निम्नानुसार हैं:–

(1) **ग्राम देवी–देवता :–** ग्राम देवी–देवता वे होते हैं जिनकी उपासना ग्राम विशेष में रहने वाले समस्त गोंड़ जनजातिय समुदाय के व्यक्ति करते हैं जिन में मुख्य हैं:–

- **ठाकुर देवता :–** ठाकुर देव गोंड़ जनजाति का ग्राम देवता है। उनका विश्वास है कि ठाकुर देव ग्राम की रक्षा करने वाला देवता है। ठाकुर देव निराकार एवं सर्व व्यापी माना जाता यह संपूर्ण गाँव की विपत्तियों, रोगों एवं अकाल से रक्षा करता है। इनका स्थान गाँव के बाहरी सीमा में स्थित किसी वृक्ष जैसे हर्रा, पलास, गुरजा, साल्हें, साल, पीपल या पकरी आदि पर माना जाता है।
- **खेरोमाई :–** खेरोमाई गाँव विशेष की प्रमुख देवी के रूप में पूजी जाती हैं। इनके अभाव में गाँव असुरक्षित तथा अप्रतिबंधित माना जाता है। खेरोमाई के देवालय में खरग, त्रिशुल, चिमटा, चूड़ी, ककई तथा लाल रंग की झण्डी स्थापित की जाती हैं। खेरामाई को झंडिनमााता भी कहते है। आसाढ मास में इस ग्राम देवी की पूजा होती है। गाँव में जब विपत्ति आती है तब ग्रामवासी खेरोमाई

के दरबार में जाकर विधि पूर्वक पूजा करते हैं और सारी अलाय–बलाय को लेकर गाँव के बाहर आते हैं वहाँ पर चूजे की बलि चढ़ते हैं ऐसा करने से समस्याएँ दूर हो जाएँगी ऐसा विश्वास किया जाता है।

- **पनिहारिन देवी :–** नर्मदा माई की पूजा पनिहारिन देवी के रूप में की जाती है। पनिहारिन देवी का स्थान घनौंची में माना जाता है इसे गेहूँ के आटे और घी से बने पकवान (नैवेद्य) चढ़ाये जाते हैं तथा धूप–दीप एवं पुष्प चढ़ाकर इनकी पूजा–अर्चना की जाती है।
- **धरती माता :–** जनजातियों में धरती माता का अत्यधिक महत्व है। धरती को जननी देवी और अलौकिक शक्तियों का पुँज माना जाता है। धन तथा अन्न आदिम समाज के उत्पादन के साधनों तथा आर्थिक उत्पादनशीलता का द्योतक है जिसका सीधा संबंध धरती माता से है। प्रत्येक शुभ कार्य करने से पूर्व धरती पूजा की जाती है। बीज बोने सें पूर्व बिदरी पूजा की जाती है इस पर्व के दिन धरती को प्रसन्न करने के लिये धरती माता सें मान–मनोब्बल की जाती है ताकि खेतों में अच्छी फसल पैदा हो। खेतों में हल चलाने से पूर्व, मकान की नींव रखने से पूर्व, फसल काटने से पूर्व तथा विवाह के अवसर पर मांगर माटी पूजा होम–धूप देकर की जाती है। प्रतिदिन भोजन से पूर्व पका हुआ अन्न (भोजन का अंश) धरती माता को अर्पित किया जाता है। धरती माता की नाराजगी से शराब एवं अन्य पेय पदार्थ विष के रूप में बदल जाते है। ऐसी मान्यता है इसी लिये इनका सेवन करने से पूर्व थोड़ा सा अंश धरती माता पर छिड़का जाता है। इसी प्रकार त्यौहार या विवाह के अवसर पर भोजन तैयार किया जाता है उसे अवश्य ही धरती माता को अर्पण कर खाया जाता है।
- **बाघेसुर देव :–** बाघेसुर देव वन के देवता हैं। जगंलों में खतरनाक जानवरों से रक्षा के लिये गोंड़ जनजाति के लोग बाघेसुर देव की पूजा करते हैं। इनका विश्वास है कि इस देव की पूजा–आराधना से कोई जंगली जानवर इन्हे नुकसान नहीं पहुँचाते तथा ये निर्भय होकर जंगलों में स्वछंदता से घूम–फिर सकते हैं

एवं वनोपज एकत्रित कर सकते हैं। बाघेसुर देव जंगल में इनकी सहायता और सुरक्षा करते हैं। बाघेसुर को मुर्गो और बकरों की बली दी जाती है।

- **गृह (कुल) देवी देवता :–** गृह देवी देवताओं की उपासना परिवार अथवा कुटुंब विशेष के सदस्यों द्वारा की जाती है। प्रत्येक गोत्र के अपने–अपने देवी–देवता होते हैं। इन सभी देवी–देवताओं की स्थापना अपने घर में करते हैं। किसी भी संकट, बीमारी के समय अपने कुल देवता के समक्ष मनौती मानते हैं। गोंड़ जनजाति में स्थान की दूरी एवं भिन्नता पाई जाती है परंतु आस्था एवं विश्वास के प्रति मानसिकता की दृष्टि से सम्पूर्ण गोंड़ समाज में समानता पाई जाती है। विभिन्न गोत्रों के अपने देवी–देवता इस प्रकार है–
- **बड़ादेव** – गोंड़ जनजाति की मान्यतानुसार शिव शंभू (बड़ादेव)सृष्टि के जनक हैं। भगवान शिव को देवाधिदेव महादेव भी कहा जाता है जिसे गोंड़ समुदाय बड़ादेव या बूढ़ा देव भी कहते हैं। गोंड़ जनजाति का आराध्य देव बड़ादेव है। बड़ादेव की पूजा बैसाख माह की पूर्णिमा को की जाती है। इस अवसर पर नारियल, अगरबती, महुआ पुष्प, राल, गुड़ एवं घी का हूमन करके पूजा–अर्चना की जाती हैं। एवं तीन साल के अन्तर पर बड़ादेव की पूजा मुर्गा तथा बकरे की बलि चढ़ाकर की जाती हैं।
- **दूल्हा देव** – दूल्हा देव घर का रक्षक देवता है। यह विवाह का वरदान देने वाला देवता है। इसकी आराधना और पूजा परिवार में सकुशल एवं निर्विध्न विवाह कार्य संपन्न कराने के लिये की जाती है हिन्दुओं की पूजा में जो स्थान गणेश भगवान को दिया जाता है उसी प्रकार गोंड़ आदिवासियों में दूल्हा देव का महत्व है। वैवाहिक कार्यक्रम संपन्न होने के पश्चात पूजा–अर्चना में बकरे की बलि चढ़ाई जाती है।
- **नारायण देव** – नारायण देव से आशय सूर्य भगवान से है। गोंड़ जनजाति के लोग प्रकृति के अंश सूर्य भगवान की पूजा करते हैं। नारायण देव की पूजा दिन के समय घर के बाहर आँगन में करते हैं। पूजा के समय सात ज्योतियाँ जलाई जाती हैं। इसे सिन्दूर, गुलाल, नारियल, बेलपत्र, पुष्प आदि चढ़ाया जाता है। नारायण

देव की पूजा का प्रसाद केवल पुरूष ही ग्रहण करते हैं। नारायण देव की उपासना के साथ ही सभी ग्रहों एवं तारागणों की पूजा की परंपरा है।

- **रातमाई** – रातमाई से तात्पर्य चन्द्रमा है। चन्द्रमा की पूजा रातमाई के रूप में की जाती है। इसकी पूजा चैत मास की अमावश्या को रात्रि के समय घर के अन्दर की जाती है इन्हें सिंदूर, नारियल, पुष्प, गठला–गुरिया आदि चढ़ाए जाते हैं। सूर्य को समसगाओं का द्योतक एवं चन्द्रमा को विषम सगाओं का द्योतक माना जाता है। रातमाई की पूजा का प्रसाद स्त्रियाँ ही ग्रहण करती हैं।
- **बूढ़ी माई** – बूढ़ी माई कुल देवी होती हैं। यह परिवार की रक्षा समस्त प्रकार से करती हैं। इन्हे तीन साल में बकरा अथवा बकरी की बलि देकर प्रसन्न करने का प्रयास किया जाता है। ऐसा विश्वास किया जाता है कि परिवार की सुख–शाँति, स्वास्थ्य तथा धन जन में वृद्धि इन्हीं की कृपा से प्राप्त होती है। चैत्र पूर्णिमा को इसकी पूजा की जाती है।
- **भूमसेन देवता** – भूमसेन वर्षा लाने वाले देवता हैं। इनकी पूजा जल देवता के रूप में की जाती है। अपने फसलों के लिये अच्छी बारिश हेतु इनकी पूजा की जाती है। वर्षा के साथ बादलों की भयानक गर्जना तथा बिजली की चमक से भय उत्पन्न होती है। इन्हीं प्राकृतिक एवं आकस्मिक दुर्घटना से यह देवता इनकी रक्षा करता हैं।
- **भैंसासुर देवता** – भैंसासुर देवता जनजातियों की आर्थिक संपन्नता के प्रतीक गाय–बैल, भैंसों का रक्षक देवता माना जाता है। भैंसासुर देव खेती और मवेशियों की हिंसक पशुओं एवं बीमारियों से रक्षा करता है। जनजातियों में विश्वास है कि वह दुष्टात्माओं, भूत–प्रेतों से भी रक्षा करता है। इस देवता का निवास स्थान गौसार माना जाता है। इसे प्रसन्न करने के लिये तथा इसकी कृपा प्राप्त करने के लिये कार्तिक मास की अमावश्या की रात्रि में गौसार में बलि भेंट दी जाती है। यह बलि भैंस की संतति रक्षा एवं वृद्धि के लिये दी जाती है। भैंस की मादा संतति को पड़िया तथा नर संतति को पड़रू कहा जाता है। बलि देने का एक खास

नियम होता है देवता के नाम से होम, धूप देकर बलि ग्रहण करने की प्रार्थना की जाती है। पड़िया के जन्म पर पठिया (सुअर का मादा बच्चा) की बलि दी जाती है तथा पड़रू के जन्म पर "घटवा" (सुअर का नर बच्चा) की बलि चढ़ाई जाती है यह बलि भैंस के सिर पर घटवा एवं पठिया को पटक कर दी जाती है। यदि घर पर एक से अधिक भैंसों ने संतति को जन्म दिया है तब भी एक–एक घटवा–पठिया से काम चला लिया जाता है। ऐसा विश्वास किया जाता है कि भैंसासुर देव को बलि भेंट नहीं मिलने पर भैंसों की संतति जीवित नहीं रहती हैं। अतः वर्ष में एक बार इस देवता की पूजा आराधना आवश्यक माना जाता है।

- **अग्नि देव –** इस प्रकृति की पंचमहा भू शक्तियों में से अग्नि आदिम जीवन का मूलाधार बनी। और "किसपेन" (अग्नि देव) के रूप में आदिम समाज में उसकी स्थापना हुई। जनजातीय जीवन में अग्नि का अत्यंत महत्व है। अग्नि के प्रचंड एवं प्रलयकारी रूप से भयाक्रान्त होकर आदिवासी उसे नियंत्रित एवं प्रसन्न करने के लिये उसकी पूजा–आराधना करते है। जनजातियों ने अनेक विधियों द्वारा या तो इन प्राकृतिक और अलौकिक शक्तियों को अपने वश में करने का प्रयत्न किया अथवा उन्हें अपनी शक्ति से बाहर समझकर उनकी पूजा और आराधना करना प्रारंभ कर दी। अग्नि देवता को प्रसन्न करने एवं उसकी नाराजगी से बचने के लिये अग्नि देवता की पूजा की जाती है। नाराज होने से घर पर आग लग सकती है घर के सदस्य आग से जल सकते है ऐसा विश्वास किया जाता है। त्यौहार एवं विवाह के अवसर पर भोजन तैयार किया जाता है उस भोजन का थोड़ा सा अंश अवश्य ही अग्नि देवता को अपर्ण किा जाता है। अग्नि देव उनके फसलों को जलने से बचाता है तथा पशुधन तथा घर की रक्षा करता हैं।
- **वायु देव –** पवन देव क्रोधी क्रूर एवं कर्कश प्रकृति का देवता माना जाता है। प्राकृतिक शक्तियों को अपने अनुकूल बनाने के लिये जनजातीय लोग इनकी पूजा अर्चना विधि विधान से करते आये हैं। इनकी उपसना पूजा प्राकृति प्रकोप को कम करने के लिये की जाती हैं। प्रकृति की पंच महाभूत शक्तियों में पवनदेव

जिसे गोंड़ जनजाति में ''मटियापेन'' के नाम जाना जाता हैं। पवन देव के तीव्र वेग और विकराल रूप से बचने के लिये तथा उसे प्रसन्न करने के लिये समय–समय पर उसकी आराधना की जाती है।

देवी–देवताओं की पूजा विधि :–

ग्राम देवी–देवताओं एवं कुल देवी–देवताओं की पूजा विधि में कोई अन्तर नहीं होता। ग्राम देवी–देवताओं की पूजा बैगा सार्वजनिक कल्याण के लिये करता है। पूजा करने वाला व्यक्ति स्नान करने के पश्चात देव स्थान की लिपाई–पुताई करके राल का होम देकर नारियल, अगरबत्ती, चावल, हल्दी, फूल चढ़ाता है। इसके बाद नारियल अथवा बलि देने वाले पशु को पानी के छीटे से स्नान कराया जाता है तथा देवता को संबोधित करके कहा जाता है कि ''हे देवता हम अपनी मनौती की वस्तु प्रतिज्ञानुसार अर्पित कर रहे हैं कृपया अपना भोग ग्रहण करो।'' बलि पशु को तब तक नहीं काटा जाता जब तक कि वह थाली में रखा चावल के कुछ दानों को खा नहीं लेता है।

पूर्वजों संबंधी आस्था और विश्वास :–

जनजातियों में विश्वास है कि आत्मा अमर है तथा किसी भी जाति, धर्म, समुदाय में जन्म धारण कर सकती है। मृत आत्मा स्वयं जन्मधारण करने में सक्षम नहीं होती पुनः जन्म के लिये देव संस्कार की आवश्यकता होती है। अतः गोंड़ समाज में मृत्यु पश्चात कबीले के प्रत्येक सदस्य की आत्मा को देव में विलीनकरण के लिये ''गुड्डी पुजाई'' या ''देव मिलौनी'' कार्य प्रत्येक तीन वर्ष, पाँच वर्ष या सात वर्ष में किया जाता है। इसे कुण्डा मिलाना नाम से भी जाना जाता हैं।

गोंड़ जनजाति में व्यक्ति की पहचान गढ़, गोत्र एवं देव संख्या से की जाती है। ''गुड्डी पूजा'' या ''देव मिलौनी'' एक ही गढ़ गौत्र के लोगों का उत्सव है। इसका आयोजन बैसाख माह की पूर्णिमा एवं अमावश्या के बीच दिन तिथि निर्धारित कर गोत्र के पुजेरी तथा दसोंधी (परधान) द्वारा गोत्रजों को बता दिया जाता है। जिस दिन पूजा होती है उसके एक दिवस पूर्व बूढ़ादेव एवं बूढ़ीमाई को आवाहन कर आमांत्रित किया जाता है। पूजा के दौरान दसोंधी

एवं कबीले का मुखिया गोत्रजों के साथ उपस्थित रहते है। कबीले के प्रमुख नात सदस्य भी बड़े देव के न्याय दरबार में आमंत्रित होते हैं। परधान पुजेरी के द्वारा जिसे पठारी भी कहते हैं, कुल देवी एवं कुल देवता का आवाहन बाना नामक वाद्ययंत्र को बजाकर स्तुति गान किया जाता है वंशावली का सही वर्णन प्राप्त कर किसी एक शक्ति साधक बरूआ को बड़ादेव का भार आता है इसके बाद वह बरूआ किसी नदी या तालाब में स्नान के लिये जाता है इसी बीच गोत्र के लोगों द्वारा अपने परिवार के मृतात्मा के सूक्ष्म जीव के प्रतीक पिण्ड को यत्र–तत्र छिपा देते हैं इसके बाद बड़ा देव शक्ति भारित बरूआ शक्ति शस्त्र लेकर पिण्ड को खोजकर लाता है यहाँ पर उस अलौकिक शक्ति का साक्षात आभास होता है। छुपाये हुए पिंडों को बड़ादेव शक्ति भारित व्यक्ति देखा नहीं होता है फिर भी उन्हें खोज कर पूजन स्थल में प्रस्तुत करता है इस पूजन स्थल में दो कुण्ड होते हैं। अकाल मृत्यु कुण्ड तथा दूसरा सामान्य मृत्यु कुण्ड। बड़ादेव के न्याय दरबार में शक्ति भारित व्यक्ति फैसला करके सामान्य मृत्युकुण्ड में पुनर्जन्म प्राप्त करने के लिये जीव को बधंन मुक्त करता है तथा अकाल मृत्यु प्राप्त जीव पिण्ड को कैद बंधन देता है गोंड़ जनजाति के विश्वास के अनुसार व्यक्ति के पाप–पुण्य के लेखा–जोखा के आधार पर जीवात्मा को पुनर्जन्म अथवा मोक्ष एवं कैद बंधन अथवा सजा प्राप्त होती है। इस पूजा में सर्व व्यापी देवाधि देव बड़ादेव की शक्ति का आभास मिलता है पूजा समाप्ति पर बलि भेंट देकर प्रसाद ग्रहण कर प्रसाद के अवशेष को जमीन में गड़ा दिया जाता है।

मृत्यु एंव पुनर्जन्म के संबंध में विश्वास :–

जनजातियों का विश्वास है कि मृत्यु के उपराँत भी आत्मा का अस्तित्व समाप्त नहीं होता है। ये आत्माएँ या तो किसी विशेष स्थान अथवा पदार्थ में प्रविष्ट होकर मानवीय क्रियाओं को संचालित करती रहती हैं अथवा प्रेतात्माओं के रूप में व्यक्ति की सफलता अथवा असफलता का निर्धारण करती हैं। इस प्रकार आदिवासियों में आत्मा की शक्ति पर अटूट विश्वास है। उन्हें यह विश्वास है कि अदृश्य आत्माएँ उनका अनिष्ट भी कर सकती हैं और विपत्तियों से उनकी रक्षा भी कर सकती हैं। यही कारण है कि भय मिश्रित श्रद्धा इन आत्माओं के प्रति लोगों के मन में रहती है अतः उन्हें प्रसन्न रखने के लिये समय–समय पर पूजा–आराधना एवं अनुष्ठान किये जाते हैं।

ऐसा विश्वास किया जाता है कि कभी–कभी मृतक के मन में अपने परिवार के सदस्यों के प्रति आशक्ति होती है और वह पौत्र, नाती के रूप में अपने बेटे या बेटी के यहाँ जन्म लेता है। मृतक के शरीर को विशेष चिन्ह यदि नवजात शिशु में पाया जाता है तो उस शिशु को पूर्वज की आत्मा का अवतार माना जाता है। शिशु पूर्वज होने की जानकारी दूध न पीकर देता है। जब शिशु अपनी माँ का दूध नहीं पीता है तो गुनिया, पंड़ा से काड़ी छँटवाई जाती है गुनिया बताता है कि अमुक पूर्वज ने जन्म लिया है तब शिशु के पद प्रक्षालन दूध से किया जाता है तथा पूर्वज के अवतार ग्रहण करने पर खुशियाँ मनाई जाती हैं।

गोंड़ जनजाति में नरक की कल्पना इसी संसार में करते हैं। अधर्मी या दुष्टात्मा को कीड़े–मकोडे या पशु के रूप में इसी संसार में दुख भोगने के लिये जन्म लेना पड़ता है कुछ व्यक्ति प्रेत बनकर भटकते हैं। यदि कोई कर्ज लेकर मर जाता है तो उसे बैल के रूप में जन्म लेकर व्यक्ति के परिवार का कर्ज चुकाना पड़ता है। गोंड़ लोगों का विश्वास है कि इनके पाप–पुण्य का लेखा–जोखा नारायण देव एवं रातमाई रखते हैं। ईश्वर ने इस काम के लिये इन्हें नियुक्त किया है उनका विश्वास है कि उन दोनों के द्वारा लोगों की गतिविधि देखी जाती है।

जादू–टोने में विश्वास संबंधी धारणा :–

जनजातियों में यह विश्वास है कि प्रत्येक समाज में कुछ नकारात्मक प्रवृत्ति वाले लोग होते हैं जो अपनी दुष्ट प्रकृति एवं स्वार्थ वश आत्माओं अथवा अलौकिक शक्तियों पर नियंत्रण पाने का प्रयास करते हैं। इसी प्रकार के लोग जादू–टोना करते हैं। जब व्यक्ति पर कोई विपदा आती है अथवा जब वह प्रतिकूल परिस्थितियों का सामना करता है तो यह समझा जाता है कि इसके पीछे कुछ बुरे लोगों के अपकृत्य हैं जिनकी वजह से उक्त व्यक्ति को मुसीबतों का सामना करना पड़ रहा है। इसी संदर्भ में एक पाँगुन नामक जादुई क्रिया प्रचलित है। इस संबंध में मान्यता है कि जब कोई तंत्र–मंत्र का ज्ञाता अपनी तंत्र–मंत्र शक्ति से किसी को जान से मारना चाहता है तब वह किसी दूसरे को सहायक माध्यम जैसे सर्प, शेर, परेवा आदि को तंत्र–मंत्र शक्ति से भेजता

है यही शक्ति ''पाँगुन'' कही जाती है इससे बचने के लिये गुनिया पंडा का सहारा लिया जाता है।

अनिष्टकारी टोनही संबंधी विश्वास :–

गाँव में यदि कोई महामारी या बीमारी फैलती है तो लोगों का ऐसा विश्वास है कि उसके लिये टोनही उत्तरदायी होती है। दूसरों को परेशान करने वाले तांत्रिक या जादूगर (जादू–टोना विशेषज्ञ) को सोधे कहा जाता है। ऐसा माना जाता है कि सोधे अपनी तंत्र विद्या से लोगों के लिये विपत्तियाँ एवं रोग–बीमारियँं लाता है। आमतौर पर सोधे होने का आरोप स्त्री जाति पर अधिक लगाया जाता है। इससे बचाव के लिये पंडा गुनिया का सहारा लिया जाता है। बीमार व्यक्ति का इलाज गुनिया बैदा से कराते हैं तथा झाड़–फूँक में पूरा विश्वास किया जाता है। वास्तव में जादू–टोने के पीछे जो विश्वास अथवा धारणा निहित है उसे किसी भी तार्किक आधार पर स्वीकार नहीं किया जा सकता है। यद्यपि इसका पर्याप्त सामाजिक संपर्क शिक्षा के प्रचार एवं प्रसार के फलस्वरूप जादू–टोने संबंधी विश्वास में अवश्य कमी आई है परंतु फिर भी न्यूनाधिक मात्रा में वर्तमान में भी सर्वत्र विद्यमान है।

कल्याणकरी मंत्र–तंत्र साधक (गुनिया) :–

गुनिया किसी देवता की अप्रसन्नता, भूतप्रेत बाधा सोधे द्वारा किया गया जादू–टोना अथवा बीमारी का कारण आदि जिस रीति से जानता है वे निम्नानुसार हैं–

- **काड़ीः–** गुनिया एक बारह अंगुल की मोवा घास अथवा बाँस की सींक लेकर अपने इष्ट देवताओं और गुरू का स्मरण करता है तथा मंत्र पढ़ता है इसके बाद काड़ी को पुनः नापता है। देव बाधा होने पर सींक बढ़ा हुआ मिलता है यदि छोटा हुआ तो प्रेत बाधा मानी जाती परंतु यदि सींक जैसे का तैसा मिला तो देवी–देवता या प्रेत की बाधा नहीं मानी जाती है।

- **सूपा–तूमाः–** यह गुनिया पंड़ा लोगों की मुख्य जादुई क्रिया है। इसमें सर्व प्रथम एक मुट्‌ठी कुदई को गुनिया एक कोने में तीन

छोटी–छोटी ढेरियों में रखता है ढेरियों के सम्मुख दीपक जलाकर रखा जाता है। दीपक की ओर मुख करके गुनिया बैठता है तथा राल का हूमन करता है विभिन्न देवताओं का स्मरण एवं आह्वान करता है। सूपा में कुदई लेकर गीत के रूप में मंत्र पढ़ता जाता है ताल के साथ सूपा की कुदई छक–छक की आवाज में बजती है। गुनिया का सहयोगी तूमा धारक होता है जिसे बरूआ कहते हैं। बरूआ के तूमा में मड़िया के दाने भरे होते हैं जब बरूआ में देवी शक्ति प्रवेश करती है तब उसका तूमा तीव्र गति से छन–छन की आवाज करता है तथा बरूआ "ओच्छा" "ओच्छा" शब्द का उच्चारण करता है। उसी समय गुनिया या पंड़ा के पूछे गये सवालों का उत्तर भी देता है और बताता है कि विपत्ति का कारण भूत प्रेत बाधा है या देवी देवताओं का रूष्ट होना, किसी टोनहीं के द्वारा किया गया जादू–टोना का असर है अथवा सामान्य रोग बीमारी के कारण समस्या हुई है। गुनिया के द्वारा इसी प्रकार सूपा एवं तूमा के माध्यम से अपनी मंत्र शक्तियों के प्रयोग से रोगोपचार एवं समस्याओं का निदान किया जाता है।

टोटका संबंधी विश्वास :–

टोनही की नजर काटने के लिये स्त्रियाँ डीठ लगाती हैं। डीठ में केश, मिर्ची, बहरी (झाड़ू) एक काड़ी, नमक, राई दाना लेकर बच्चे के सिर से पाँव तक साँस रोककर सात बार उतारा कर सभी सामग्रियों को आग में डाल देते हैं। बच्चे को नजर लगी रहती तो मिर्ची आग में जलने पर नहीं खरखराती तथा उसके धुँए से खाँसी नहीं आती है। इसके अतिरिक्त माताएँ अपने बच्चे की खटिया के सिराने में हँसिया एवं अरंडी का पत्ता भी रख देती हैं।

इसी प्रकार बाहरी बाधाओं से बचने के लिये घर के छप्पर में काली हण्ड़ी में चूने से मुखौटा बना कर रख देते हैं या खूँटे के सहारे टांग देते हैं। ऐसा विश्वास किया जाता है कि ये टोटके बुरी शक्तियों से घर परिवार के सदस्यों तथा मवेशियों की रक्षा करते हैं। बच्चों को नजर डीठ से सुरक्षित रखने के लिये ताबीज के अंदर असढ़िया साँप के रीढ़ की हड्डी, भालू के नाखून तथा जड़ी–बूटी भरकर गले में पहनाते हैं। बच्चे को रीठा के बीज को धागे में पिरोकर पहनाया जाता है। खेतों में खूँटे पर गाय या बैल के सिर की

हड्डी टांग दी जाती है। उनका विश्वास है कि इससे कोई अनिष्टकारी शक्ति घर या खेत में प्रवेश नहीं कर सकती हैं।

स्वप्न संबंधी विश्वास :–

जनजातियों में ऐसा विश्वास किया जाता है कि देवी–देवताओं की इच्छा से सपने आते हैं। गुनिया तथा घर के वयोवृद्ध व्यक्ति को स्वप्न द्वारा देवी–देवताओं तथा पितृ (पूर्वज) अपनी इच्छा प्रकट करते हैं। वे बीमारियों एवं विपत्तियों के बारे में आगाह कर देते हैं। उदाहरणार्थ – स्वप्न में बारात दिखाई दे तो महामारी आने की आशंका रहती है। स्वप्न में लाल कपड़े नजर आते है तो आग लगने की भय रहता है। किसी बीमार व्यक्ति को स्वप्न में यदि मरा हुआ देखा जाय तो इसका अर्थ होता है कि उसकी बीमारी ठीक हो जाएगी। इसी प्रकार मरे हुए पिता या दादा को स्वप्न में खाने–पीने की इच्छा प्रकट करते पाया जाय तो उसका अर्थ होता है कि उनका पुनर्जन्म होने वाला है। ऐसा विश्वास किया जाता है कि उषाकाल का स्वप्न प्रायः सत्य होते है। ऐसा स्वप्न जिसका संबंध बीते दिनों की घटनाओं से हो तो वह स्वप्न असत्य होता है यदि एक ही स्वप्न दो प्रमुख व्यक्ति देखे तो कहा जाता है कि स्वप्न सत्य होता है तथा देवी–देवताओं इच्छा के कारण होता हैं।

टोटम संबंधी विश्वास :–

जनजातीय समाज में टोटम से संबंधित विश्वास व्यापक रूप से फैले हुए हैं। संपूर्ण जनजाति विभिन्न गोत्रों में विभक्त है तथा प्रत्येक गोत्र का एक टोटम होता है। यह टोटम कोई पशु–पक्षी, पौधा अथवा प्राकृतिक वस्तु होता है। गोत्र के व्यक्ति इनके प्रति विशेष श्रद्धा भाव रखते हैं। टोटम का रूप चाहे कुछ भी जनजातियों का विश्वास है कि किसी न किसी स्तर पर उनका टोटम और पूर्वजों के बीच एक अलौकिक और गूढ़ संबंध रहा होगा। इस आधार पर जनजाति के लोग अपने टोटम पशु, पक्षी, वृक्ष, पौधे की रक्षा का संकल्प लेते हैं उनकी पूजा करते हैं। यदि टोटम कोई पशु है तो उसकी मृत्यु के पश्चात सम्मान के साथ उसकी अन्त्येष्टि क्रिया की जाती है। यदि टोटम वृक्ष या पौधा होता है तो उसकी पूजा की जाती है जनजातियों का विश्वास है कि टोटम उनके समूह का रक्षक है वह उन्हे भावी विपत्तियों में पूर्व सूचना देता है तथा उनकी रक्षा करता है। किसी गोत्र का टोटम हिंसक पशु भी है तो वह भी

गोत्र के लोगों को हानि नहीं पहुँचाता है ऐसा इनका विश्वास है। टोटम स्वप्न में चेतावनी देकर आने वाले संकटों से रक्षा करता हैं। आदिवासी समुदाय के प्रत्येक गोत्र के लोग अपने अपने टोटम का चित्र बनाकर घर के दीवारों की साज–सज्जा करते हैं।

जनजातियाँ आज भी इन प्राकृतिक तत्वों से प्रभावित है एवं समय–समय पर अपने सामाजिक धार्मिक उत्सवों में इनकी पूजा बड़े उल्लास से करती हैं। महुआ, आम, तेंदू, बाँस, साल्हें, पलास, साजा, सरई बेल आदि वृक्षों की पूजा अर्चना का विशेष प्रचलन चिरकाल से इन आदिम जातियों में है। पशु–पक्षियों एवं जीव जन्जुओं में गाय, बैल, शेर, चीता, सॉप, कछुआ, चील मैना, टिट्हरी आदि का पूजन विशेष उल्लेखनीय है। संक्षेप में यह कहा जा सकता है कि प्रकृति इन जनजातियों की जननी है और इसमें इन्हे निरंतर मातृ वात्सल्य प्राप्त होता रहता है। प्राकृतिक नियम जो ईश्वर द्वारा बनाए गए हैं सर्वश्रेष्ठ हैं। जनजातियों का जीवन पूरी तरह प्रकृति से प्रभावित एवं संचालित होता है। आज पर्यावरण प्रदूषण से शहरी जीवन अस्त–व्यस्त तथा रोग ग्रस्त बन चुका है। आदिवासी पर्यावरण को सुरक्षित बनाये रखने में अपना महत्वपूर्ण योगदान दे रहे हैं यहीं कारण है कि इन्हें ''प्रकृतिपुत्र'' से विभूषित किया जा रहा है।

उपचार संबंधी विश्वास :–

भूत प्रेत बाधाओं को दूर करने के लिये टोना–टोटका किया जाता है इन विश्वासों को चार शीर्षकों के अंतर्गत रख सकते हैं –

- **डीठ लगाना :–** ऐसा माना जाता है कि किसी भी उम्र के व्यक्ति को नजर लग सकती है परंतु बच्चों को अधिक नजर लगती है। इसके अतिरिक्त पशुओं और फसलों को भी नजर लगती है। आदिवासी माताएँ बच्चों को नजर से बचाने के लिये गुनिया से ताबीज बनवाकर पहनाती हैं इसके अतिरिक्त चारपाई के सिराने में हँसिया एवं अरंडी का पत्ता भी रख देती हैं।

- **टोना–टोटका :–** टोना लगने पर झाड़–फूँक के लिये गुनिया बुलाया जाता है। गुनिया काड़ी छांटकर ज्ञात कर लेता है कि टोना लगा है

या नहीं मंत्र पढ़ने से काड़ी छोटे बड़े हो जाते हैं। टोना लगने पर गुनिया सूपा–तूमा द्वारा उपचार करता है।

- बच्चों को टोना टोटका नजर आदि अनिष्टों से बचने के लिये जन्तर दिया जाता है बालकों के गले में गुनिया की बनाई हुई ताबीज पहनाते हैं इस ताबीज में जड़ियों फलों के बीजों और मूंगों का प्रयोग किया जाता है। गुनिया को सांप बिच्छु का विष उतारने और पशुओं के रोग दूर करने के अनेक मन्तर ज्ञात होते हैं। गुनिया प्रायः दशहरा और दिवारी पर देवताओं एवं भूत–प्रेतों को वश में करने वाला मंत्रों को सिद्ध करते हैं। उसी समय दूसरे जिज्ञासु लोगों को भी इन मंत्रों की दीक्षा दी जाती है।

- **निकासी :–** गाँव में जब विपत्ति आती है तब ग्रामवासी झंडिनमाई के दरबार में जाकर विधि पूर्वक पूजन करते हैं वहीं मुर्गी के बच्चे (चूजे) की बलि चढ़ते हैं ऐसा करने से रोग और विपत्तियाँ भाग जाती हैं ऐसा विश्वास किया जाता है।

जन्तर मन्तर संबंधी विश्वास :–

जनजातियों में ऐसा विश्वास है कि गुनिया अलौकिक शक्ति को वशीभूत कर लेता है। अपनी बुद्धि तथा कौशल से समुदाय में प्रतिष्ठा प्राप्त करता है। गुनिया ऐसे ही अपने मंत्रों का प्रयोग घुघ्घू (घुघवा) जिसे उल्लू के नाम से जानते हैं जन्तर–मन्तर विशेषज्ञ पहले उल्लू को पकड़ कर अपने घर में रखते हैं उसके पश्चात वे एक निश्चित तिथि पर उल्लू को शमशान ले जाते हैं वहाँ उसको तीन खँटियों में बाँध देते हैं और उसे शराब पिलाते हैं। इनका मत है कि उल्लू शराब के नशे में उन्मत्त होकर अपने शरीर के प्रत्येक अंग का अलग–अलग वर्णन करता हैं। ऐसा विश्वास किया जाता है कि उल्लू की यह आवाज जो कोई सुन लेता है वह एक अवधि के भीतर शीघ्र ही मर जाता है। इस लिये ज्यों ही उल्लू अपने अगों के गुणों का वर्णन समाप्त करने लगता है गुनिया तुरंत उसे मार डालता है ताकि वह अपना अंतिम वाक्य पूरा न कर सके। इसके बाद घुघवा (उल्लू) के अंगों को कार्य सिद्धि के लिये रख लिया जाता है।

सगुन अपसकुन संबंधी विश्वास :–

शुभ सगुन :– किसी काम पर जाते समय बछड़े को दूध पिलाती गाय का दिखना, कौआ का चारा बाँटना, किसी अतिथि का आना, मार्ग में जाते समय मछली मारने लिए जाता हुआ ढ़ीमर मिल जाये, स्वप्न में मृत प्राणी का दिखना, बैसाख में कोयल का बोलना, गौधुलि बेला में घर में दिया जलाना, आषाढ़ में बीज बोते समय काले साँप का दिखना शुभ होता है।

अपशगुन की स्थिति :– यात्रा के समय काने आदमी का मिलना, सामने खाली घड़ा देखना, बिल्ली का रास्ता काटना, काम पर निकलते समय छींक होना, राह में तेली का मिलना, आषाढ़ में अषढ़ियाँ साँप दिखना, काले साँप का रास्ता काटना, कुत्तों का रोना, बायी आँख का फड़कना, शाम को दीपक न जलना, किसी भी काम के प्रारम्भ में छीकना, छिपकली का अंग पर गिरना आदि अपशकुन माने जाते है। शिक्षा के प्रसार से इन पर कुछ लोगों का भरोसा उठ गया है और वे अब जादू–टोना की अपेक्षा आधुनिक दवाइयों का उपयोग करे लगे हैं। फिर भी गोंड़ों की बीमारियों का इलाज गाँव के बैगा गुनिया और बरूआ के हाथों में ही है।

काड़ी एवं नाड़ी से रोगोपचार :–

काड़ी एवं नाड़ी के माध्यम से दुष्टात्मा एवं व्याधि का पता लगाया जाता है। गुनिया का कहना है कि हाथ की मुख्य नाड़ी के साथ ही उसके आस–पास कई और नाड़िया होती है। अतः नाड़ियों से ज्ञात हो जाता है कौन सी नाड़ी विपरित दिशा में जा रही है। यह ज्ञात हो जाता है कि कौन सा विपरीत प्रभाव है।

सूपा तूमा का प्रयोग :–

जनजातियों में निदान की जितनी पद्धतियाँ हैं उसमें सूपा तूमा पद्धति को सर्वाधिक महत्व प्राप्त है। नाड़ी या काड़ी दुष्टात्मा का जब पता चल जाता है तो उसे भगाने या मनाने के लिये उड़द, मुट्ठी भर कुदई के दाने लेकर शैतान से ग्रसित व्यक्ति के ऊपर से उतार कर अपने सूपा में डाल देता है। उसके सम्मुख शिष्य तूमा रखकर बैठता है तूमा में मड़िया के दाने भरे होते है

शिष्य के हाथों में चावल होते है चावल रखकर गुनिया के सामने बैठता है गुनिया सरई के गोंद (राल) हवन करता है। तथा अपने मंत्र–तंत्र से समस्या का निदान करता है।

गोंड़ जनजाति के उपरोक्त आस्था एवं विश्वास के परिप्रेक्ष्य में विचार करें तो आत्माओं के प्रति आस्था, पूर्वजों की पूजा, पेड़–पौधें, पशु–पक्षियों में देवत्व के दर्शन आदि कुछ भी असामान्य नहीं लगता है यही उनका धर्म है। धर्म जहाँ व्यक्ति को भीरू मानसिकता से उबार कर उसे संबल प्रदान करता है वहीं उसे मानसिक शाँति भी प्रदान करता है उसमें साहस का संचार करता है। धर्म व्यक्ति को जहाँ सुख में संतुलित रहने की प्रेरणा देता है वहीं उसे दुखों व कष्टों को सहने की क्षमता भी प्रदान करता है। अनैतिकता से विमुख होकर सदाचरण की प्रेरणा भी धर्म से ही मिलता है इस प्रकार इनका यह प्राकृत धर्म सामाजिक नियंत्रण का प्रभावशाली माध्यम है। धर्म सामाजिक सौहार्द्र एकता सहयोग और समरूपता का विकास करता है। पेड़–पौधों, पशु–पक्षियों आदि को देव जगत में जोड़ने के कारण प्रकृति की अनुरक्षा में इनकी आस्था विश्वास एवं प्रकृति पूजा ने सकारात्मक भूमिका निभाई है। गैर जनजातीय जन जहाँ विलासिता के साधनों के निर्माण में वनों को नष्ट कर रहे हैं, पशु–पक्षियों का संहार कर रहे हैं वहीं बहुसंख्यक आदिवासी इनका संरक्षण कर रहे हैं। आज के उपभोक्तावादी युग में आदिवासी प्रकृति के बहुमूल्य खजाने के मध्य जीवन जीने के बाद भी प्रकृति का दोहन बेदर्दी से नहीं करता है। जनजातीय क्षेत्रों में ही वन संपदा का प्रचुर भंडार पाया जाता है, किन्तु वहां निवास करने वाले किसी भी आदिवासी के घर बहुमूल्य लकड़ियों से बने आलीशान फर्नीचर नहीं पाए जाते हैं, उनकी जीवन शैली में यह विशेषता होती है कि वे इन आकर्षक उपभोग की वस्तुओं के लिये ललायित नहीं होते हैं। आदिवासियों का जीवन सादगी भरा तथा जितनी आवश्यकता उतनी ही प्रकृति से लेने की प्रवृति होती है। इस प्रकार इनकी प्रकृति पूजा, आस्था विश्वास एवं धर्म एक नही अनेकानेक उपयोगी कार्य कर रहा है।

साधारणतः जनजातियाँ आधुनिक सभ्यता से हटकर प्रकृति की एकाँत गोद में निवास करती हैं वास्तव में प्रकृति और उनके बीच घनिष्ट संबंध स्थापित हो गया है वे अपने ढ़ग से प्रकृति के व्यवहारों का विश्लेषण एवं विवेचन करते हैं। वे अपनी आजीविका के लिये पूर्णतः प्रकृति पर आश्रित हैं

इसी लिये एक ओर उनमें प्रकृति के प्रति श्रद्धा तो दूसरी ओर भय भी है। इसी श्रद्धा तथा भय के बीच उनके सामाजिक रीति–रिवाज धार्मिक विश्वास एवं तंत्र–मंत्र पल्लवित तथा पुष्पित होते रहे हैं। वस्तुतः उनकी जीवन शैली एवं संस्कृति एक ओर प्रकृति से तथा दूसरी ओर अदृश्य शक्तियों (भूत–प्रेत) की दुनिया से संबद्धता एवं संघर्ष की कहानी है।

संदर्भ ग्रंथ सूची

1. आदिवासी सत्ता – संपादक के. आर. शाह सितम्बर 2010
2. आदिवासी सत्ता – संपादक के. आर. शाह अंक मार्च 2010 पृष्ठ 22
3. सामयिक संदर्भो में गोंड़ी संस्कृति का इतिहास–संपादक डॉ. लीला भलावी पृष्ठ 150
4. म.प्र. का पूर्वांचल इतिहास संस्कृति का इतिहास (डिण्डौरी जिले के संदर्भ में) प्रो. अमर सिंह उद्दे विभूति प्रकाशन डिण्डौरी पृष्ठ 15
5. बारह भाई बिंझवार डॉ. ठाकोर लाल भाणा भाई नायक, म.प्र. हिन्दी ग्रंथ अकादमी पृष्ठ 150
6. भारत के आदिवासी पी. आर. नायडू, राधा पब्लिकेशन्स अंसारी रोड़ दरिया गंज नई दिल्ली पृष्ठ 43
7. आदिवासी संगीत– डॉ. हीरा लाल शुक्ला, म.प्र. हिन्दी ग्रंथ अकादमी पृष्ठ 183
8. भारतीय जनजातियाँः संरचना एवं विकास – डॉ. हरिश्चन्द्र उप्रेती, राजस्थान हिन्दी ग्रंथ अकादमी पृष्ठ 203
9. जनजातिय भारत – डॉ. आर. एन. श्रीवास्तव, म.प्र. हिन्दी ग्रंथ अकादमी पृष्ठ 106
10. जनजातीय समाज शास्त्र – श्री नाथ शर्मा द्वितीय संस्करण 2010, म.प्र. हिन्दी ग्रंथ अकादमी पृष्ठ 43, 46

----- 000 ----

5

गोंड़ जनजीवन के संस्कार एवं उनकी विशिष्टताएं

संसार में संभवतः ऐसा कोई भी समाज नहीं मिलेगा जिसमें कुछ संस्कार और उन संस्कारों से संबंधित कुछ कर्मकाण्ड, आचार–विचार तथा अनुष्ठान न पाये जाते हों। वास्तविकता तो यह है कि जो संस्कृति जितनी अधिक प्राचीन होती है उसमें संस्कारों का महत्व भी उतना ही अधिक होता है। यह समाज चाहे पश्चिम का भौतिकवादी समाज हो अथवा पूर्णतया एक आदिम समाज, इसमें जीवन के कुछ विशेष स्तरों पर संस्कारों की विद्यमानता अवश्य ही मिलेगी। प्रारंभ से ही जनजातीय जीवन के विभिन्न संस्कार संस्कृति के अभिन्न अंग रहे हैं, इसमें अनेक सामाजिक तत्व इस प्रकार समाये हुए हैं कि सामाजिक उपयोगिता के दृष्टि कोण से भी इन्हे अत्यधिक महत्वपूर्ण माना जाता है।

डॉ. राजबली पाण्डेय का कथन है कि "भारत में संस्कारों का उदय सुदूर अतीत में हुआ और काल क्रम से अनेक परिवर्तनों के साथ वे आज तक जीवित हैं। जिस प्रकार चित्रकला में सफलता प्राप्त करने के लिये विविध रंगों की आवश्यकता होती है उस प्रकार चरित्र निर्माण भी विभिन्न संस्कारों के द्वारा होता है।"

संस्कार शब्द की व्याख्या अनेक प्रकार से की जाती है। संस्कार शब्द अनुष्ठान से भिन्न है। अनुष्ठान कोई भी वह धार्मिक क्रिया है जिससे अनेक कर्मकाण्ड़ और धार्मिक विश्वास जुड़े होते हैं। इसके विपरीत संस्कार का संबंध व्यक्ति के आत्मिक शुद्धिकरण और उसे सामाजिक दायित्वों का बोध कराने से

है इसके पश्चात भी प्रत्येक संस्कार में कुछ अनुष्ठान और कर्मकाण्ड़ों का समावेश अवश्य पाया जाता है।

डॉ. नगेन्द्र का मत है कि– ''संस्कारों की उत्पत्ति के मूल में मानवीय प्रवृतियों का हाथ है। यह आख्यानों (Legend) के निर्माण की प्रवृति का ही दूसरा रूप है।'' इससे स्पष्ट होता है कि संस्कार पूर्णतः धार्मिक नहीं होते बल्कि ये एक सामाजिक धार्मिक प्रत्यय (Socio-Religious Concept) हैं जिसकी अभिव्यक्ति हमारे सांस्कृतिक जीवन में होती है।

संस्कार शब्द का प्रयोग विभिन्न अर्थो में होने के कारण डॉ. राजबली पाण्ड़ेय का कथन है कि – संस्कार शब्द के साथ विलक्षण अर्थो का योग हो गया है जो इसके दीर्घ इतिहास क्रम में इसके साथ मिल गये हैं। इसका अभिप्राय शुद्धि की धार्मिक क्रियाओं तथा व्यक्ति के शारीरिक मानसिक तथा बौद्धिक परिष्कार के लिये किये जाने वाले अनुष्ठानों में से है जिनसे वह समाज का पूर्ण विकसित सदस्य हो सके। और भी संक्षेप में कह सकते हैं कि संस्कार का अर्थ उन पवित्र अनुष्ठानों से है जो शारीरिक, बौद्धिक, सामाजिक एवं आध्यात्मि परिष्कार जन्म से मृत्यु तक जीवन के विभिन्न पक्षों से संबंधित कृत्यों की जटिल प्रक्रिया होती है।

मानव का संपूर्ण जीवन इन्हीं संस्कारों से घिरा हुआ होता है जो कि व्यक्ति के जन्म से पहले ही गर्भवती माँ को अनेक प्रकार के संस्कारों को करना पड़ता है। संस्कारों को व्यक्ति के जीवन में अत्यधिक महत्व दिया जाता है। ऐसा विश्वास किया जाता है कि संस्कारों को किये बिना व्यक्ति का जीवन कदापि पूर्ण नहीं होता। आत्मा की परिशुद्धि एवं जीवन को बाधा मुक्त करना ही संस्कार का प्रमुख उद्देश्य होता है अतः स्पष्ट है कि आत्मा को परिशुद्धि करने एवं जीवन को विघ्न बाधाओं से विमुक्त करके उसे अधिक उन्नतिशील बनाने के धार्मिक–सामाजिक कृत्यों को संस्कार कहते हैं।

संस्कार वे धार्मिक–सामाजिक कृत्य या अनुष्ठान हैं जिनका उपयोग विशिष्ट अवसरों पर करके व्यक्ति को जीवन में शुद्धता व पवित्रता को बनाये रखा जाता है। अग्नि, जल, मंत्र प्रतीकात्मक तथा चेतना प्रयास इसके आवश्यक तत्व हैं। अशुभ शक्तियों से रक्षा वांछित वस्तुओं की प्राप्ति लौकिक संमृद्धि की प्राप्ति विशिष्ट गुणों का प्रकटीकरण, आध्यात्मिक विकास वैयक्तिक

तथा सामाजिक कल्याण एवं समाजिकरण इसके उद्देश्य होते हैं। गोंड़ जनजाति के संपूर्ण जीवन काल में महत्व है ये संस्कार हैं– (1) जन्म संस्कार (2) विवाह संस्कार (3) मृत्यु संस्कार उपरोक्त तीन संस्कार औपचरिक रूप में गोंड़ों के द्वारा किये जाते हैं। इसके अतिरिक्त यथा अवसर कान छेदना गुदना गुदवाना अच्छे से तैयार कर बच्चे को शाला भेजने आदि की क्रियाएँ भी की जाती है परन्तु इनका संस्कारिक महत्व नहीं हैं।

अपवित्रता एवं अशुद्धियों पर विशेष ध्यान दिया जाता है। निम्नांकित परिथितियों की गिनती अशुद्धि में की जाती है–

रजस्वला स्त्रियाँ :– कम से कम पाँच दिन और अधिकतम जब तक ऋतु स्नान अथवा शुद्धिकरण स्नान न का ले।

जन्म सूदक :– जब तक छठी या बरहों संस्कार नही हो जाता।

मृत्यु सूदक :– जब तक दशगात्र या तेरवीं संस्कार नहीं हो जाता।

फूलपरी सूदक :– शरीर के घाव में कीड़े लग जाने पर स्वस्थ्य होकर शुद्धिकरण स्नान एवं सामाजिक भोज होने तक।

उपरोक्त में से किसी भी प्रकार के सूदक की स्थिति में संबंधित व्यक्ति एवं परिवार के सदस्य घर देवालय खेत–खलिहान ग्राम देवालय गौशाला आदि में अपवित्रता की स्थिति में नहीं जाते तथा भेंट पूजन नहीं करते गोंड़ जन जीवन में तीन संस्कारों का अत्यधिक महत्व है। ये संस्कार– जन्म संस्कार, विवाह संस्कार एवं मृत्यु संस्कार हैं। इन सभी संस्कारों का आगे के अध्ययनों में विस्तृत वर्णन किया गया है।

----- 000 ----

6

गोंड़ जनजाति में जन्म संस्कार

गोंड़ जनजाति में जीवन काल के प्रमुख संस्कारों में जन्म संस्कार विवाह संस्कार तथा मृत्यु संस्कार होते हैं। नवजात शिशु का जन्म गोंड़ समाज में शुभ माना जाता है। आदिवासी लोग संतान प्राप्ति पर हर्षित होते हैं। अधिक संतानों को परिवार की संमृद्धि का प्रतीक माना जाता है। गोंड़ जनजाति में एक अनुकरणीय बात पुत्र एवं पुत्री में भेद न किया जाना है।

गोंड़ जनजाति में जन्म संस्कार में छठी–बरहों का नियम है। स्वस्थ्य युवा महिला मासिक चक्र के समय पाँच दिन तक भोजन न बनाना परोसना–खिलाना, पूजा–पाठ, अनुष्ठान में शामिल न होना, कोठी–डोंली, गौशाला, खलिहान में प्रवेश निषेध के नियम का जीवन पर्यात पालन करती है। परिवार में सूदक की स्थिति जैसे जन्म, मासिक चक्र तथा मृत्यु हो जाने पर शुद्धिकरण के बाद देवस्थान का शुद्धिकरण किया जाता है इसके पश्चात ही सामाजिक एवं धार्मिक कार्य किये जाते हैं। वर्ष के बारह महीने में प्रतिदिन प्रातः संध्या ज्योति, भोजन का अंश देवताओं को अर्पण, प्रत्येक पर्व एवं तीज त्यौहार में देवताओं को भेंट पूजन का प्रथम विधान है, इसी लिये सर्वप्रथम सोकर उठने के बाद धरती माता को प्रणाम करना, सूर्यनारायण देव को प्रणाम करना, कृषि कार्य आरंभ करने बीज बोना फसल कटाई गाहनी के समय पूजन का नियम है। वनौषधियों को वनस्पति देवता के रूप में प्रकृति पुजारी गोंड़ ने स्वीकार किया है। औषधियों को निमंत्रण या भेंट देकर अनुकूल मुहूर्त समय तिथि वार आदि में उन्हे हासिल किया जाता है यही नियम शिशु जन्म के समय लागू होता है इस प्रकार व्यक्ति घर परिवार के सूदक का शुद्धिकरण हल्दी–तेल छिड़ककर, दीपक जलाकर होम–धूप के द्वारा शुद्धिकरण किया जाता है यह नियम आदिकाल से चला आ रहा है।

गर्भाधान के लक्षण प्रकट होते ही गृहिणी का सम्मान बढ़ जाता है। नौ माह के गर्भकाल के पश्चात प्रसव पीड़ा आरंभ होते ही 'सूइनमाइन' (प्रसव कराने वाली दाई) को बुलाया जाता है। जल्दी प्रसव के लिये कुशल विशेषज्ञ महिलाएँ टोटके करती हैं जिसमें साँप की केंचुली दिखना चिरैया फूल के पौधे की गुढ़नी (आसन) में प्रसूता को बैठाना आदि प्रमुख हैं, जिससे आसानी से प्रसव हो जाए। सामान्यतः प्रसव घर पर ही होता है। प्रकृति ने गोंड़ महिलाओं को अदम्य साहस प्रदान किया है यही कारण है कि प्रसव होने के पूर्व तक एवं प्रसव के तुरंत बाद भी वे कार्य करने में सक्षम होती हैं। प्रसव के पश्चात घर के एक कोने को प्रसूतिका कक्ष बना दिया जाता है।

शिशु के जन्म के समय सूइनमाई प्रसूतिका कक्ष में प्रसूता के पास रहती है। शिशु का नेरूआ या नारा (नाल) काटने के लिये ब्लेड या धारदार हथियार हँसिया आदि का उपयोग किया जाता है। नारा काटने के बाद शिशु को गुनगुने पानी से नहला कर सूपा में सुलाया जाता है। बाँस के सूपा को वंश वृद्धि का प्रतीक माना जाता है। सूपा में संपत्ति एवं ऐश्वर्य का प्रतीक धान रखकर शिशु को कुछ समय के लिये सुलाते हैं। तदुपराँत पुआल के बिस्तर में माँ एवं शिशु को छठी से पूर्व तक पॉच दिन तक सुलाया जाता है।

सयरी जलाना :– प्रसूति कक्ष के एक कोने में लगभग एक–डेढ़ फिट का गड़ढा खोद कर नारा (नेरूआ) को गाड़ दिया जाता है वहाँ मिट्टी को ठीक तरह से दबाकर उसके ऊँपर आग जलाई जाती है यह अँगीठी लगातार पाँच दिन तक जलती रहती है इसे ही सयरी जलाना कहते हैं। इस सयरी जलाने के पीछे मान्यता है कि इसके जलने से नकारात्मक शक्तियाँ कक्ष में प्रवेश नही करती हैं शक्ति स्वरूप अग्नि के प्रज्जवलित होने से नकारात्मक शक्तियाँ दूर चली जाती हैं।

सोवर सयरी उठाना :– नवजात शिशु का नारा–जवरा जो नाभी से जुड़ा रहता है उसे सूइनमाई सेक–सेक कर तीन–चार दिन में निकालती है निम्हाँ (नारा जवरा) का शिशु के शरीर से अलग होने के बाद शिशु एवं माँ को जड़ी–बूटियाँ डालकर पकाये गये पानी से नहलाया जाता है। लगातार पाँच दिनों से जल रही सयरी को ठण्डा करके उठाया जाता है सूइनमाई उस जगह की छपाई गीली मिट्टी से करके गोबर से पुताई करती है तथा वहाँ

आटे से चौक पूरकर दीपक जलाकर होम–धूप किया जाता है एवं शिशु के कल्याण की कामना की जाती है।

प्रसूतिका कोपथ्य देना :– प्रसव के तीन दिन बाद प्रसूता को पहली बार भोजन दिया जाता है उसे पथ्य देना कहते हैं इस पथ्य में उसे कोदो की कुदई या पुराना चाँवल का भात एवं मुर्गी अथवा चूजे का सूप दिया जाता है। पथ्य देने के पूर्व प्रसूता को तीन दिन तक विभिन्न प्रकार के कंद जैसे डांग कांदा जोगीलटी का कांदा छींदी की जड़ सयरी में दबाकर पकाने के बाद खाने को दिया जाता है। जिससे प्रसूता को पेट दर्द में आराम मिलता है तथा खून साफ होता है पथ्य में झींगा का सूप भी पीने को दिया जाता हैं। पथ्य वाले दिन कुछ पौष्टिक पदार्थो के लड्डू उसे खाने को दिये जाते हैं। इसमें मुख्य रूप से नारियल गुड़ चार दाना, सोंठ तथा गाय का घी रहता है।

प्रसूतिका के पीने का पानी जड़ी–बूटियाँ डालकर पकाया गया औषधि युक्त होता है इन जड़ी–बूटियों में बड़ी ओखत, बड़ी दवाई, हडुआ पेड़ की छाल आदि होते हैं इस औषधि युक्त पानी का उपयोग प्रसूता एक–दो माह तक करती है।

छठी संस्कार :– शिशु के जन्म लेने के बाद प्रथम पाँच दिनों को अशुद्धि काल कहा जाता है। इन पाँच दिनों में परिवार का कोई भी सदस्य का कुल देवालय ग्राम देवालय पूजनीय स्थलों में पूजा–पाठ, भेंट, चढ़ोत्तरी निषेध रहता है। प्रसव के छटवें दिन छठी संस्कार की प्रथा है। घर–आंगन, देवालय की साफ–सफाई, लिपाई–पुताई, कपड़ों की धुलाई करके सब तरफ हल्दी–तेल एवं दूध–दही छिड़क कर घर–आंगन पवित्र किया जाता हैं। जच्चा बच्चा दोनों को जड़ी–बूटियों के औषधि युक्त जल से स्नान–उबटन के बाद नये वस्त्र पहनाये जाते हैं शिशु को आभूषण कमर में करधन हाथ में कड़े एवं गले में ताबीज पहनाते हैं तथा नये मेहमान को दूध से पाँव धुलाकर उपहार एवं आशीर्वाद देते हैं। इस संस्कार के संपादन के पश्चात प्रसूता के रूप में उसकी विशेष स्थिति समाप्त हो जाती है। अब सामान्य महिला के रूप में वह घर के सभी काम–काज पूर्ववत करने लगती है। यदि स्वास्थ्य सामान्य हो तो खेती बाड़ी के काम–काज में भी लग जाती है। अच्छी आर्थिक स्थिति वाले

गोंड़ परिवार में इसके पश्चात भी प्रसूता को आराम करते रहने की सुविधा दी जाती है।

दिया (दीपक) दिखाना (सूर्य पूजा) :– छठी संस्कार के दिन प्रसूता को परिवार के सामान्य काम काजों को करने की अनुमति प्रदान करने की दृष्टि से संपूर्ण घर–आंगन की साफ–सफाई के बाद नारा गड़े हुए स्थान पर आटे से चौक पूर कर उसके ऊपर दीपक जलाया जाता है इसे ही ''दिया दिखाना'' कहते हैं। इसी दिन पहली बार शिशु को सूर्य की रोशनी में बाहर निकाला जाता है तथा सूर्य नारायण देव के नाम से आंगन में होम–धूप करके शिशु के कल्याण के लिये मंगल कामना की जाती है।

शिशु के बाल काटना :– छठी संस्कार के दिन स्नान से पूर्व शिशु के मामा के द्वारा शिशु के सर्व प्रथम बाल काटे जाते हैं इसके तुरंत बाद नाई द्वारा मुंडन करा दिया जाता है। शिशु के बालों को आटे की लोई में सुरक्षित रख लिया जाता है और उसे किसी पवित्र नदी में विसर्जित कर दिया जाता हैं।

शिशु को सूपा में सुलाना :– शिशु जन्म के बाद नहला धुला कर वंशवृद्धि के प्रतीक बाँस के सूपा में शिशु को सुलाया जाता है। शिशु के समक्ष प्रकृति (धरती, आकाश, सूर्य, वायु, जल, वनस्पति एवं धान्य आदि) की पूजा आराधना की जाती हैं। ऐसा माना जाता है कि सूपा में अनाज के ढेर पर लेटा हुआ शिशु प्रकृति का ही हिस्सा है इसलिये शिशु की रक्षा एवं भरण–पोषण में उसे इन सबके सहयोग की आवश्यकता है। छठी संस्कार के दिन पुनः शिशु को सूपा में अनाज रखकर सुलाया जाता है बच्चे के विकास एवं जीवन में सुखसंमृद्धि के लिये इष्ट देवता से प्रार्थना की जाती है।

बरहों संस्कार :– यह संस्कार शिशु जन्म के बारहवें दिन किया जाता है। इस दिन सूइनमाई (प्रसव कराने वाली दाई) सुबह आकर शिशु एवं माँ को उबटन–तेल आदि लगाकर नहलाती है। वैसे तो शिशु जन्म से लेकर बरहों तक शिशु एवं माँ की सेवा–सुश्रुषा तेल लगाना, बच्चे को सेंक करना आदि करती है। उसके इस सेवा कार्य के लिये उसे अनाज रूपये एवं साड़ी उपहार में दिये जाते हैं।

घर को लीप–पोत कर स्वच्छ किया जाता है प्रसूता एवं शिशु को नये वस्त्र धारण कराये जाते हैं। संध्या के समय चौक पूर कर कलश के ऊपर दीपक जलाकर उसके सामने पटा पर शिशु को गोद में लेकर माँ को बैठाया जाता है। शिशु की बुआ माँ एवं बच्चे को सूपे का छत्र ओढ़ाती है। बच्चे के तेजस्वी और साहसी होने, धन–धान्य से भरपूर होने तथा सुखी रहने की कामना करती है। इससे प्रसन्न होकर शिशु का पिता अपनी बहन को यथोचित उपहार देता है। इस मंगलमय अवसर पर नातेदार एवं ग्रामजन उपस्थित रहते हैं। बिरादरी वालों को भोज दिया जाता है। भोज में आमंत्रित लोग जच्चा–बच्चा को यथोचित भेंट देकर आशीर्वाद देते हैं।

नामकरण संस्कार :– नाम व्यक्ति को वैयक्तिक पहचान प्रदान करता है। नाम के कारण समूह में प्रत्येक व्यक्ति पृथक–पृथक परिचय रखता है। इसी लिये सभी समाजों में नामकरण की कोई न कोई रीति अवश्य ही प्रचलन में रही है। गोंड़ जनजाति में नामकरण अधिकांशतः बच्चे के जन्म के पश्चात बारहवें दिन बरहों संस्कार के दिन किया जाता है। गोंड़ लोगों में नामकरण राजवंशी शैली में किया जाता है। नामकरण करने के लिये किसी पंड़ित, पुजारी, गुनिया की सेवा नहीं ली जाती। शिशु का नामकरण करने का सम्मान उसकी बुआ अथवा घर के बड़े बुजुर्गो को दिया जाता है।

चिखाना (अन्न प्राशन) :– शिशु जन्म के चार अथवा पाँच माह के बाद उसे अनाज खिलाया जाता है। बालिक शिशु को चार माह में एवं बालक शिशु को पाँच माह में अनाज खिलाया जाता है। इसे ''चिखाना'' कहते हैं। यह कार्यक्रम चौथे–पाँचवे माह की निकटतम संबंधी परिजन एवं मित्र आमंत्रित रहते हैं।

कुल देवता के नाम से दीपक जलाया जाता है। चौक पूर कर अनाज रखा जाता है उसके ऊपर जल से भरा कलश में आम के पाँच पत्ते रखकर उसके ऊपर दीपक रखा जाता है। उसके सामने पटे पर बच्चे को गोद में लेकर दादी माँ अथवा माँ बैठती है। पीपल के पाँच पत्तों में खीर अथवा प्रचलित भोजन रखकर होम धूप देकर बच्चे के पैर दूध से धुलाते है। इसके बाद खीर खिलाकर शिशु के विकास की कामना करते हैं एवं लम्बी आयु का

आशीर्वाद तथा भेंट उपहार देते हैं। शिशु के मामा द्वारा कपड़े रूपये एवं सोने–चाँदी की कोई चीज भेंट स्वरूप दी जाती है।

गोंड़ लोग प्रकृति पुजारी हैं यही कारण है कि प्राकृतिक व्यवस्थाओं पर आधारित उनकी सामाजिक व्यवस्थाएँ भी हैं। ऐसा माना जाता है के गर्भ धारण के नवें माह में कन्या का तथा दसवें माह में पुत्र संतान का जन्म होता हैं। नर संतान की अपेक्षा मादा संतान पहले परिपक्वता प्राप्त करती है। नर एवं मादा संतान के विकास का जो अंतर है वह गर्भ में ही समझ में आ जाता है। बाद के जीवन क्रम में यह अंतर परिलक्षित होता है। कन्या 18 साल में परिपक्वता पूर्ण कर लेती है वही पुत्र 20–21 वर्ष परिपक्वता पूर्ण करने में लगते हैं। गोंड़ लोगों में ऐसा विश्वास है कि गर्भ के अंदर विकसित हो रहे शिशु में चार माह में कन्या शिशु में तथा पाँच माह में पुत्र शिशु में प्राण (जीवन) का आभास होता है। प्राकृतिक नियम के इसी क्रम के अनुसार कन्या संतान का अन्नप्राशन 4 माह में तथ पुत्र संतान 5 माह में निधारित है।

संदर्भ ग्रंथ सूची

1. भारती सामाजिक संस्थाएँ – जी.के.अग्रवाल पृष्ठ 123
2. भारतीय समाज एवं संस्कृति – मुकर्जी पृष्ठ 160
3. भारतीय सामाजिक संस्थाएँ – रवीन्द्र नाथ मुकर्जी पृष्ठ 161
4. प्राकृत धर्म एवं शिक्षा संदेश – डॉ. लीला भलावी पृष्ठ 51
5. भील जनजाति और संस्कृति – डॉ. अशोक डी.पाटील पृष्ठ 71
6. बारह भाई बिंझवार – डॉ. ठाकोर लाल भाणा भाई नायक पृष्ठ 117

----- 000 ----

7

गोंड़ जनजाति में विवाह संस्कार

आदिम गोंड समुदाय अपने रीति–रिवाजों और परंपराओं से बंधा हुआ है। यह समुदाय युगों से प्रचलित रीति–रिवाजों और परंपराओं को बेहद प्यार करता है। गोंड़ समाज जन्म से लेकर मृत्यु तक अनेक परंपराओं का निर्वहन करता आया है। गोंड़ जनजाति में जन्म संस्कार विवाह संस्कार एवं मृत्यु संस्कार इन तीनों संस्कारों का अत्यधिक महत्व है। गोंड़ जनजाति में विवाह संस्कार न केवल वंशवृद्धि के लिये संपन्न किये जाते हैं बल्कि परस्पर सहयोग प्रेम मानसिक संतोष तथा संबंधों के स्थायित्व के लिये किये जाते हैं।

जनजातीय समाज में महिलओं का स्थान केवल घर के भीतर ही नहीं है, वे घर के बाहर भी पुरूषों के बराबर जीवकोपार्जन का प्रत्येक कार्य करती हैं, वे सच्चे अर्थ में पुरूष की अर्धंगिनी होती है। गोंड़ जनजाति में समगोत्रीय विवाह नहीं होते हैं। ननिहाल एवं ददिहाल परिवारों में विवाह करना नैतिक अधिकार माना जाता है। भाई अपनी बहिन की बेटी को पुत्रवधु बनाने का पहला अधिकार रखता है। इस रिश्ते को दूध लौटाना या गरवा लौटना कहते है। यह रिश्ता गोंड़ जाति का अटूट रिश्ता है जो जन्म से तय हो जाता है, और संपूर्ण अधिकार प्रदत्त होता है। लड़का–लड़की की इच्छा के बजाय माता–पिता की रजामंदी सर्वोपरि होती है जिसका विरोध युवावर्ग शायद ही कर पाते हैं।

प्राचीन समय में चढ़ विवाह की परंपरा थी जो अब लगभग समाप्त हो चुकी है। इस विवाह में कन्या की बारात लेकर वधू पक्ष वाले वर पक्ष के यहाँ जाते थे। गोंड़ जनजाति में हल्दी पानी सींचकर भी विवाह संस्कार संपन्न किया जाता है जिसे अंजरा पानी कहते हैं। अंजरा पानी द्वारा होने वाला

विवाह अधिकतर विवाहित युवक–युवतियों का ही होता है जिनका वैवाहिक जीवन कुछ कारणों से टूट जाता है ऐसी स्थिति में वे किसी अन्य व्यक्ति से पुनः विवाह करना चाहते हैं तब यह प्रकिया होती है इस विवाह में दावा खर्ची की अदायगी भी होती है।

गोंड़ जाति में लमसनाई विवाह का भी प्रचलन है। जिसमें लड़का को लड़की के माता–पिता के घर में एक या दो वर्ष तक रहकर घरेलू कार्यों में सहयोग देना पड़ता है इसके बाद विवाह लड़की के घर पर संपन्न किया जाता है। वर्तमान में इस प्रकार के विवाह का चलन लगभग समाप्त हो गया है।

चोरी विवाह, पैठू विवाह, अंजरा पानी, चूड़ी विवाह तथा संतान हीनता की समस्या सुलझाने के लिये बहुपत्नी विवाह को भी सामाजिक मान्यता है।

गोड़ जनजातीय विवाह संस्कार में कन्या को देवी स्वरूप माना जाता है, ऐसा विश्वास किया जाता है कि देवी अजर–अमर शक्ति है, गोंड़ जनजातीय समाज में नारी कभी विधवा नहीं मानी जाती। किसी महिला के पति की मृत्यु हो जाने पर पति की मृत्यु के पश्चात जातीय प्रथानुसार सामाजिक नियम व्यवस्था के भीतर किसी व्यक्ति के नाम की चूड़ी पहनाकर समाज में सम्मान पूर्वक जीवन जीने का अधिकार उस महिला को प्राप्त रहता है। यदि महिला किसी पुरूष के नाम की चूड़ी नहीं पहनना चाहती है तो उसे कुल देवता के नाम की चूड़ी पहनाई जाती है जिसे 'घरश्री' की चूड़ी कहा जाता है। महिला कौन सी चूड़ी पहनना चाहती है इस मामले में उसे निजी निर्णय का विशेषाधिकार प्राप्त होता है। गोंड़ समाज में अपनी हैसियत एवं सामाजिक नियम व्यवस्था और सुविधानुसार खर्ची कुदई अन्न भेंट एवं वस्त्र भेंट, मायसारी आजी बंदरी नानी सारी, काकी सारी, फुआसारी भावजसारी सुआसिन सारी कुल सात साड़ियाँ देने का नियम है। गोंड़ जनजातीय में इन समस्त भेंटों को नारी सम्मान का प्रतीक माना जाता है। समाजशास्त्रियों द्वारा इस नियम को वधू मूल्य तथा क्रय मूल्य की संज्ञा दी जाती है, जो सर्वदा गलत है उनकी इस संज्ञा से गोंड़ समाज की भावनाएँ आहत होती हैं।

गोंड़ जनजाति में विवाह संस्कार से संबंधित कुछ अपरिवर्तनीय नियम हैं जो इस प्रकार हैं–

1. एक ही माता पिता की संतानों में विवाह निषेध
2. भाई–भाई की संतानों में विवाह निषेध
3. एक ही माँ से उत्पन्न संतानों में विवाह निषेध
4. सगोत्र विवाह निषेध
5. एक ही गढ़–गढ़ी गोत्र एवं वंशावली से उत्पन्न संतानों में विवाह निषेध

गोंड़ जनजाति में चिन्हित वंशावलियों में देव संख्या, कुल, गोत्र, वंशावली, किस वंश एवं गोत्र से उत्पन्न माता का दूध संतान ने पिया है गढ़–गढ़ी आदि पहचान करने के बाद ही वैवाहिक संस्कार तय किये जाते हैं। विवाह संस्कार विविध क्रियाकलापों एवं रस्मों के द्वारा संपन्न होता है जो निम्नानुसार है–

बेटी मांगना

गोड़ जाति की प्राचीन परंपरा यह रही है कि कन्या का पिता वर की खोज नहीं करता, बल्कि वर पक्ष वाले ही कन्या का हाथ मांगने जाते हैं। जिसे बेटी मांगना कहते हैं। गोंड़ जनजाति में प्रायः लड़का–लड़की की मर्जी के बजाय माता–पिता की रजामंदी सर्वोपरि होती हैं जब विवाह की बात पक्की हो जाती है तब दोनों पक्ष के बुजुर्ग कन्या के पिता के घर बैठकर पूछा पियाई का रस्म करते हैं जिसमें वर पक्ष वाले अपने साथ दबकी में दारू लेकर जाते हैं। मंगनी के कार्यक्रम तय हो जाने पर महलाइन पत्ते के छाकों में मदिरा पीई जाती है तथा पंच खर्ची या सुक (कन्या भेंट) तय करते हैं। पंच खर्ची में अनाज कुदई दाल, घी–तेल मसालेतथा कुछ नगद धन राशि एवं सात साड़ियाँ दी जाती है। ये सभी सामग्रियाँ रस्म निभाने के लिये थोड़ी–थोड़ी मात्रा में होती हैं।

सगाई–

मंगनी हो जाने के पश्चात सगाई या बरोखी रश्मकी जाती है। सगाई में वर का जाना आवश्यक नहीं होता है। रिश्तेदार एवं गॉव के 15–20 लोग

जाकर सगाई कर लेते है। सगाई में वर के घर से लड़की के लिये कपड़े चूड़ी गुरिया मुंदरी आदि ले जाते हैं। बजगरी रास्ते में नंगाड़ा पर टिकोरे मारता चलता है तथा अन्य बराती ददरिया गाते हुए पैदल चलते हैं। बरातियों के पहुँचते ही उनका स्वागत सुआसिन के सिर पर कलश रखकर एवं उनके चरण धुलाकर किया जाता है। लड़की को ससुराल से आये वस्त्र पहनाकर तैयार करके आंगन में लाया जाता है जहाँ कन्या की माँ एवं मामी मिलकर कन्हर लेती है। (गोद में बैठाते हैं) इसके बाद वर का पिता लड़की के ओली (ऑचल) में नारियल बताशे एवं कुछ रूपये डालता है। लड़की अपने ससुर के चरण स्पर्श करती है। यही पक्की सगाई या फलदान का रस्म कहलाता है।

विवाह तिथि निश्चित करना–

सगाई के कुछ दिनों पश्चात विवाह की तिथि तथा दिन निश्चित किया जाता है। विवाह तिथि तथा दिन निश्चित करने के लिये सामान्यतः वर एवं वधू के नाम से धान का एक–एक दाना पानी से भरे पात्र लोटा में दो कोनों से अलग–अलग डालते हैं फिर सींक से पानी को हिला देते हैं। जब पानी स्थिर हो जाता है और दोनो धान मिल जाते हैं तो दोनों पक्षों द्वारा जो तिथि एवं दिन निश्चित किया जाता है उसे मान्य कर लेते हैं और उसी दिन तथा तिथि को विवाह संपन्न करते हैं। यदि धान के दाने नहीं मिलते हैं तो निश्चित की गई तिथि तथा दिन को मान्यता नहीं दी जाती है ऐसी स्थिति में दोनों पक्ष फिर कोई तिथि या दिन निश्चित करते हैं तथ शुभ मुहूर्त तलाश कर विवाह की तैयारी तथा नाते रिश्तेदारों को निवता निमंत्रण देना प्रारंभ कर देते है।

लगुन बैठाना–

सगाई के बाद विवाह की तिथि निर्धारित की जाती है। मंडप के एक दिन पूर्व दोनों पक्ष अपने–अपने घरों में लग्न बैठाते हैं यह कार्य गांव का पंड़ा या गुनिया जो दोसी कहलाता है उसके द्वारा किया जाता है। दोसी कांसे के एक लोटा में शुद्ध जल रखकर परिवार की बहिन–बेटी बुआ भाभी के नाम से अभिमंत्रित करके धान के दो दाने विपरीत दिशाओं से छोड़ता है धान के दाने जिस व्यक्ति के नाम से आपस में जुड़ जाते है उसे सुआसिन का कार्य करना होता है। धान का आपस में जुड़ जाना अपने आप में पावन एवं शुभ लग्न

माना जाता है। इसी लग्न में सुवासिन निर्धारित कर दी जाती है। सुआसिन का पूरे विवाह कार्यक्रम में विशेष महत्व होता है।

मंड़वा जगाना–

विवाह के इस रस्म में पूर्वजों की पूजा का नियम है। प्रातः काल लग्न बैठाने के बाद रात्रि में पंडप जगाने का कार्यक्रम होता है। इस दिन सभी देवी देवताओं का आवाह्‌न करते हुए इष्ट देवता बड़ादेव (बूढ़ादेव) तथा मृत पूर्वजों को मंगलगान करते हुए आमंत्रित करते हैं–

मंडप जगाने का गीत– इस गीत के माध्यम से पूर्वजों का आवाह्‌न किया गया है–

जागो की जागो रे दादी,
आज दिन के रात......2

1 मैं कैसे जागों रे पूता,
आज दिने के रात,
रात से नींदा रे नींदा,
दिन से भूख....2

2 दिन खवाहूँ रे दादी बरा रे भात,
रात पियाहूँ रे दादी,
फुलमंद के छाक...2
जगो कि जागों रे दादी,
आज दिन के रात।

मंडप जगाने का गीत– इस गीत के माध्यम से कार्यसिद्धि के लिये देवी–देवताओं निमंत्रण एंव उनका आवाहन किया गया है।

तरीना की नानी नाना री नानी हो......
तरीना की नाना री ना....

1 मोरे लाढ़न के मंड़वा सजत है, हो, छिन भर हय जा सहॉव
चंदा अर सूरज तोर पैयाँ लागों हो, छिनभर हयजा सहांव, ...
तरीना की नानी नाना री नानी हो...,
तरीना की नाना री ना।

2 मोर बूढ़ा देवता तोर पैंया लागो हो, छिनभर हयजा सहांव, ...
तरीना की नानी नाना री नानी हो...,
तरीना की नाना री ना।

3 मोर बूढ़ी माई तोर तोर पैंया लागो हो, छिनभर हयजा सहांव, ...
तरीना की नानी नाना री नानी हो,
तरी ना की नाना री ना......

4 धरती अर पानी तोर पैयाँ लागों हो,
छिन भर है जा सहाँव....
तरीना की नानी नाना री नानी हो...,
तरीना की नाना री ना।

5 मोर ठाकुर देवता तोर पैयाँ लागों हो...,
छिन भर है जा सहाँव...
तरीना की नानी नाना री नानी हो...,
तरीना की नाना री ना।

मांगर माटी–

निश्चित तिथि को दोनों पक्षों के यहाँ शुभ मुहूर्त में महिलाएँ एकत्रित होती हैं और सब मिलकर गॉव के किनारे किसी पवित्र स्थान पर पहुंचती हैं वहाँ धरती (पृथ्वी) माता का पूजन करके सुआसा के हाथ से खोदी गई मिट्टी टोकनियों में भर कर लाई जाती है। सुआसिन के सिर पर कलश होता है अन्य सभी महिलाएं अपने ऑचल में थोड़ी–थोड़ी मिट्टी लेकर आती हैं। जिस स्थान पर मंड़प बनाया जाना होता है उसके बीचों–बीच यह मिट्टी डाल दी जाती है इस रस्म को मांगर माटी के नाम से जाना जाता है महिलाएं इस रस्म के उपयुक्त लोकगीत गाती हुई बाजे–गाजे का साथ मिट्टी लेकर आती हैं।

मांगर माटी गीत–

नाचत कूदत हरिना तय कहाँ आए 2

1 कहाँ के हरियर चारा, चारा चरे ला आए।
कहाँ के ठंडों पानी, पानी पीये ला आए।

2 रामगढ़ के हरियर चारा, चारा चरे ला आए,
रामगढ़ के छिन्नों पानी, पानी पीये ला आए
तरीना की नाना री नानी तरीना की ना2

3 बैठो कि बैठो हरिना सिंहासन माची,
पीयो कि पीयो हरिना अलबेला हुक्का।
नाचत कूदत हरिना तय कहाँ आए।

मंगरोही पूजा–

मंड़प के मध्य भाग में जो खाम गड़ाया जाता है। उसे मंगरोही के नाम से जाना जाता है। इस मंगरोही की लकड़ी को दोसी और सुवासा जंगल से काट कर लाते है ऑगन में लाने से पूर्व प्रवेश द्वार में उसे रखा जाता है। सुवासिन एवं अन्य युवतियाँ मंगरोही पूजा के लिये मुख्य द्वार पर जाती हैं मंगरोही की लकड़ी को हल्दी एवं तेल से तिलक करती हैं इसके बाद

मंगरोही छुड़ाने का मनोरंजक कार्यक्रम सुवासा उसके साथी युवकों एवं सुवासिन व अन्य युवतियों से बने दो पक्षों के मध्य हार जीत की प्रतियोगिता होती है। जिसमें पराजित पक्ष जुर्माना देता है जो नगद राशि या एक–दो बोतल दारू का भी होता है।

कलश करवा गोदना–

कुल देवता एवं इष्ट देवतों की पूजा–अर्चना के बाद कलश करवा गोदने का कार्यक्रम होता है। कलश करवा गोदने से आशय कलश के पात्र को विभिन्न प्रकार के अनाजों से चित्रकारी की जाती है। चित्रकारी करने के उपरान्त दो जलते हुए कलशों को सुवासा तथा सुवासिन के द्वारा मंगरोही के पास रखा जाता है। कलश गोदते समय बहुत ही मधुर एवं मार्मिक मंगल गीत महिलाओं के द्वारा गाए जाते हैं।

कलश गीत–

सात सुआसिन सोई गइने मोर बाबू,
कलसा लो कोन गोदय तोर।

1 दुल्हा के दीदी मयागुर आय गईसे,
कलसा ला ओही गोदय तोर।

2 दुल्हा के भौजी मयागुर आय गईसे,
कलसा ला ओही गोदय तोर।

विवाह गीत वर तथा कन्या दोनों के घरों में गाए जाने से इनमें स्वतः पार्थक्य हो जाते हैं जहाँ वर पक्ष के गीतों में उल्लास और उत्साह की प्रचुर मात्रा दिखाई पड़ती है वहाँ कन्या पक्ष के गीतों में विछोह और विषाद की अनुभूति होती है ये गीत बड़े करुण और मर्मस्पर्शी होते हैं।

रोटी खिलाना–

वर एवं वधू को अपने अपने घरों मैं मंडप के दिन हल्दी लगाने से पूर्व रोटी खिलाने का रस्म किया जाता है। इसमें वर–वधू को चावल के आटे तथा

गेहूँ के आटे से बने मीठे पकवान खिलाये जाते हैं। रोटी खिलाने वाले वर वधू को नेंग में रुपये देते हैं। इस कार्यक्रम के अवसर पर मार्मिक और मनभावन लोकगीत गाये जाते हैं। इस अवसर का एक गीत इस प्रकार है–

काहे मा लाने दाई सेव सहांरी ओ दाई मोरे काहे मा लाने दाई दूध,

1 थाला मा लाने दाई सेव सहांरी प्याला मा लाने दाई दूध
ओ दाई मोरे.............................. ।

2 नही खाहूँ दाई मैं सेव सहांरी,
नहीं पीहूँ प्याला के दूध,
ओ दाई मोरे........................ ।

3 पठेरा मा धरदे दाई सेव सहाँरी ला,
सिक्का मा धरदे दाई दूध,
ओ दाई मोरे.................... ।

मंड़प–

निश्चित तिथि तथा दिन को दोनो पक्षों के यहाँ पर पंडप बनाया जाता है। हरे पत्ते युक्त उमर एवं सरई पेड़ की शाखाएं मंडप के लिये लाने के लिये किशोर एवं युवकों को आमंत्रित किया जाता है उनके साथ दोसी मंगरोही की लकड़ी लेने जाते हैं। जंगल से लकड़ियां लाने के बाद किसी जलाशय या नदी के किनारे युवक मंड़प की लकड़ियों को रख देते हैं जब उन्हें पकवान एवं भोजन परोसकर खिला दिया जाता है इसके बाद वे मंडप की लकड़ियों को विवाह स्थल में लाते है। सरई लकड़ी के चार खंभे आंगन के चारों कोनों में गड़ाये जाते हैं। ऊपर बाँस और लकड़ियों से छाजन के लिये आधार तैयार किया जाता है उस पर आम, जामुन एवं गूलर की पत्तेदार टहनियों को डाल कर छाजन तैयार किया जाता है। इस मंडप के बीचों बीच महुआ साल्हें हल्दू पलास या अंजन की किसी भी लकड़ी से निर्मित सुन्दर मंगरोही गड़ाई जाती है। इसी मंडप के नीचे सभी महत्वपूर्ण वैवाहिक कार्यक्रम संपन्न किये जाते हैं। मड़पाच्छादन के समय महिलाएं मंगल गान करती हैं।

मंडपगीत–

सरई डंगरा मा सरई डंगरा मा,
सरई कटायँव ओ सरई कटायँव,
अर बन बिंदरा मा हरियर बांस,
जो तरी बैठय जो तरी बैठय,
ओ कुँवर कन्हैया 2
बैठय राजा रे डंक पसार।
बीच अंगन मा बीच अंगन मा,
तुलसी के बिरवा ओ तुलसी के बिरवा,
बिरवा फूलय रे सातों रंग के फूल,
एक फूल टोर के एक फुल टोर के,
रे निवता पठायँव रे, निवता पठावॉय,
जाय पहूँचय रे आजी–दादी के देश।
बीच–अंगन मा बीच अंगन मा,
रे पीपर बिरछा रे पीपर बिरछा,
जहाँ राजा रे करीने बसेर।

मंडपाच्छादन के उपरान्त दोनों ज्योति कलश करवा को सुवासा एवं सुवासिन नगाड़े तथा शहनाई की मधुर स्वर लहरियों के बीच मंड़प के नीचे मंगरोही के सामने लाकर रखते हैं इसके बाद दोसी और सुवासा मंड़वा सूतते हैं तथा सुवासिन मंड़प के चारों खम्भों पर हल्दी तेल का तिलक लगाती है।

हल्दी तेल–

रोटी खिलाने के रस्म के बाद वर एवं वधू को अपने–अपने घरों में रात्रि को हल्दी लगाई जाती है माँ, काकी या बुआ दो महिलाएँ वर–वधू को अपनी गोद में बैठाते हैं तथा बहन–भाभी या बुआ सात बार हल्दी तेल चढ़ाते हैं तथा सुबह के समय सात बार हल्दी उतारती हैं हल्दी तेल चढ़ाते एवं उतारते समय मंगलगीत गाए जाते है–

हल्दी गीत–

तरीना की नानी नाना री नानी हो......
तरीनाकी नाना री ना....कोने तोरे कोने तोरे हल्दी चढ़ावै
कोने तोरे कोरबाना ले....

1 दीदी तोरे दीदी तोरे ओ हल्दी चढ़ावै,
मता तोरे कोरबाना ले....

2 भाभी तोर भाभी तोरे ओ हरदी चढ़ावै,
काकी तोरे कोराबाना ले.......

गोंड़ जनजाति में बाल विवाह का प्रचलन नहीं है। इस हल्दी गीत के माध्यम से देर से विवाह होने का वर्णन मिलता है। प्रस्तुत है यह हल्दी गीत–

तरीना की नानी नाना री नानी हो......
तरीनाकी नाना री ना....

1 दादी तोर गए है हरदी बानिज लाढ़न जेहीगुन रह गए कुंवार,
मोर लाढ़न राइ जेहीगुन रह गए कुंवार।

2 दादा तोर गए है कपड़ा बानिज लाढ़न,
जेहीगुन रह गए कुंवार,
मोरे लाढ़न राई जेहीगुन रह गए कुंवार।

3 भैया तोर गए है तेल बानिज लाढ़न,
जेहीगुन रह गए कुंवार,
मेरे लाढ़न राई जेहीगुन रह गए कुंवार।

4 दादी तोर लौटय हरदी बानिज लाढ़न, जे हीगन रचे है बिहाव,
मेरे लाढ़न राई जेहीगुन रचे है बिहाव।

5 दादा तोर लौटय कपड़ा वानिज लाढ़न,
जेहीगुन रचे है बिहाव,

मोरे लाढ़न राई जेहीगुन रचे है बिहाव

6 भैया तोर लौटय तेल बानिज लाढ़न,
जेही गुन रचे है बिहाव,
मोर लाढ़न राई जेहीगुन रचे है बिहाव।

बारात–

निश्चित तिथि तथा दिन को वर पक्ष के यहाँ से बारात वधू पक्ष के यहाँ पहुँचने के लिये प्रस्थान करती है। बारात में सामान्यतः पुरूष ही जाते हैं कभी कभी महिलाएं भी जाती है। बाराती लोग साफ–सुथरे वस्त्र पहनकर बन संवर कर जाते हैं। अपने साधनों एवं क्षमता के अनुरूप वर को श्रृंगारित करते हैं। उसके सिर पर मोर मुकुट धोती कमीज एवं जामा पहनाया जाता है वर को जेवर सुतिया एवं हमेल भी पहनाये जाते हैं। मुख्यतः वर को किसी उपलब्ध सवारी (घोड़ा) में बैठाकर ले जाते हैं। बारात के प्रस्थान के पूर्व इष्ट देवता तथा कुल देवता आदि का पूजन कराया जाता है। वर अपने दादा–दादी, माता–पिता एवं अन्य बड़े बुजुर्गों के चरण स्पर्श कर आर्शीवाद प्राप्त करता है। इस अवसर पर महिलाएँ मंगलगान करती हैं। प्रस्तुत है बारात तैयारी के अवसर का एक गीत–

राजा कुंवरजी के सज थय बारात हो,
जाहूँ रे जाहूँ रे जिया लागै हो,
मोरे कुंवर जी के सजनी सजत है,
जाहूँ रे जाहूँ रे जिया लागे हो।

1 जाए ला जाबे पूता कनिया बिहाए ला,
दुधवा के मोल चुकाव रे पूता मोर,
दुधवा के मोल चुकाव

2 माता से बोलों मैं, सुन मोर माता,
दुधवा के मोल बताव, की माता मोर दुधवा के मोला बताव।।

3 बेटा से बोलय माता, सुन मोर पूता
दुधवा के अनलेखा मोल कि पूता मोर, दुधवा के अनलेखा मोल।

4 जवती खा माता मोर दै दे अशीष,
अवती खा मोल चुकाहूँ कि माता मोर,
अवती खा मोल चुकाहूँ।

5 जाए ला जाथूँ माता कनिया बिहाये ला,
जवती खा दै दे अशीषा,
माता मोर अवती का लान दे हूँ, पनिहारिन तोर,
की माता मोर लान देहूँ सेविकाइन तोर।

बारात ग्राम से बाहर जाने से पूर्व ग्राम की सीमा मेड़ों पर दोसी के द्वारा ग्राम देवता की पूजा की जाती है तथा वर से होम–धूप पूजन कराया जाता है इसके पश्चात बारात वधू के यहाँ पहुँचने के लिये प्रस्थाान करती है। बारात प्रस्थान से पूर्व सभी बाराती गण भोजन ग्रहण करते हैं तथा वधू के यहाँ पहॅुचने में लगने वाले समय तथा दूरी को ध्यान में रखते हुए अपने साथ खाद्य सामग्री भी ले जाते हैं।

बिष्टि द्वारा बारात प्रस्थान तथा पहुँचने की सूचना–

बारात के प्रस्थान करने से पूर्व वर पक्ष के यहाँ से वधू पक्ष के यहाँ सूचना भेज दी जाती है कि किस समय बारात रवाना हो रही है या हो गई है, यह सूचना एक विश्वसनीय व्यक्ति द्वारा भेज दी जाती है, जिसे बिष्टि कहते हैं। बिष्टि को मंडप के दिन वधू पक्ष के यहाँ भेजा जाता है। बिष्टि अपने साथ एक पोटली में मदिरा, बीड़ी, तंबाखू, गांजा एक सरौता आदि लेकर जाता है। एक पिछोरी गठबंधन का वस्त्र भी ले जाता है। जिसके एक छोर में बैगा या दोसी द्वारा कुछ चावल के दाने रूपये के सिक्के अभिमंत्रित कर बांध दिये जाते है। बिष्टि वधू पक्ष के यहाँ पानी भरने का तथा अन्य छोटे मोटे काम कर बारात आने तक सेवा करता है। यदि बिष्टि नहीं भेजा जाता है तो कुछ कसूरी अर्थात कुछ रूपयों का जुर्माना वधू पक्ष लेता है।

बारात अगवानी या परघौनी

मंडप के दूसरे दिन बारात आगमन होता है जिसमें परघौनी स्वागत और गोटी मारना, या रोड़ा फेंकना कार्यक्रम होता है। गोटी न फेंकने के लिये नेंग कुछ रूपया वर पक्ष द्वारा दिया जाता है। इसके बाद समधी भेंटवनी होता है वर पक्ष एवं वधू पक्ष के लोग आमने–सामने पंक्ति बनाकर खड़े हो जाते हैं और बड़ी आत्मीयता से गले मिलकर पान–सुपाड़ी खिलाते है। दोनों पक्ष के सुवासा हँसिया से मशाल जलाते हैं, सुवासिने मंगल कलश रखकर स्वागत के लिये खड़ी रहती हैं। नगाड़े, सींगबाज (गुदुम) एवं शहनाईयों की स्वर लहरियों के बीच परघौनी का कार्यक्रम होता है इसके उपरान्त बारातियों के चरण पखारकर घर–आंगन में प्रवेश दिया जाता है।

जनवासा–

बारात की अगवानी हो जाने के पश्चात वधू पक्ष द्वारा जो स्थान बारातियों के ठहरने के लिये निश्चित किया गया हो वहाँ बारात को ठहरा दिया जाता है। उपलब्ध साधनों के अनुसार बारातियों को वहाँ सुख सुविधा प्रदान कर दी जाती है जल–पान बीड़ी–तमाखू आदि की भी व्यवस्था की जाती है समयानुसार उनके नाश्ते एवं भोजन की प्रबंध किया जाता है। जनवासे पर वधू की माँ, चाची, बुआ आदि महिलाएँ वर को भोजन कराने रोटी खिलाने जाती इसे 'कुंवर कलेवा' कहा जाता है। कुंवर कलेवा से पूर्व वधु की सखियाँ धंधा पहेली गीत प्रस्तुत करती हैं और आग्रह करती हैं कि इसे धंधा को जानने के बाद भोजन ग्रहण करना है– दूल्हा के बुद्धिमान साथी एवं मित्र पहेली का उत्तर देते हैं या उत्तर न जानने पर जुर्माना या नेग के रूप में कुछ रूपये देते है।

धंधा गीत के कतिपय उदाहरण–

1 छुन–छुन छुनका फूलय बारा भैया गइने दूर बारा कवादा, बारा बिपत ले,

छोटे भैया मन ले छोटे भैया बुध दे, या धंधा ला जान ले रे दोस (प्रसव कष्ट)

2 खड़पस खड़पस ओखर रूखवा रहय राम लोढ़ा कस फरूहा फरै रे दोस (कटहल)

3 सुरूर सुरूर पवन चलय सुर नहीं पाय राम, बिन पानी के दाना पकय गंगाजी के चिरैया डीम रे दोस (नमक)

वर के साथ वधू की सहेलियों तथा छोटी बहनों द्वारा ठिठोली–

विवाह समारोह में आनंद तथा हर्षोल्लास बढ़ाने के लिये कुछ ठिठोलियाँ भी की जाती है। इनसे वर की बुद्धि, विवेक तथा सजगता का परिचय प्राप्त होता है। सालियां वर के पास कुछ बेस्वाद, कड़वी चीजे खाने के लिये प्रस्तुत करती हैं। बीड़ा पान के अन्दर नमक–मिर्ची रखकर खिलाने की कोशिश करती है। किन्तु बुद्धिमान वर इसे नहीं खाता है।

द्वारचार–

सामान्यतः बारात संध्या के समय जनवासे से सजधजकर वधू पक्ष के मंड़प में पहुँचने के लिये प्रस्थान करती है। बारात बड़े हर्षोल्लास और धूम–धाम के साथ पहुचती है। वधू पक्ष के मंड़प के निकट ही केले के पेड़ों एवं बांस आदि की सहायता से प्रवेश द्वार बनाया जाता है। उस पर आम के पत्तों से बँदनवार सजाये जाते हैं जिसमें से होकर वर तथा बरातियों को मंड़प में प्रवेश करना होता है। प्रवेश के पूर्व ही वधू पक्ष के प्रमुख व्यक्ति तथा पंच आगे बढ़कर बारात की अगवानी करते हैं। समधी गले मिलते हैं। बारात को मुख्य द्वार पर रोक दिया जाता है। वर को वधू का पिता या प्रमुख अभिभावक हल्दी चावल का तिलक कर कुछ नगदी भेंट करता है, अंगुली में मुंदरी पहनाता है तथा वधू के माता पिता वर की आरती उतारते हैं। महिलाएँ स्वागत गान तथा मंगल गान करती हैं। द्वार के पास ही वधू पक्ष की महिला अथवा कन्या सिर पर कलश लेकर खड़ी रहती है, जिसमें वर पक्ष के लोग कुछ पैसे शगुन के रूप में डालते जाते हैं और मंड़प में प्रवेश करते हैं। प्रवेश करते समय वधू का पिता अथवा मामा वर के चरण हल्दी मिले जल से किसी बड़े पात्र में धुलाता है। इसी प्रकार सभी बरातियों के चरण धुलाए जाते हैं।

मड़वा मारना–,

मड़वा मारने के रस्म में वर बिजना पंखा मंडप के ऊपर फेंक कर पहुँचाता है। पंखा को मंडप के ऊपर पहुँचने से रोकने के लिये वधू की सखियाँ एवं छोटी बहने प्रयास करती है। वर यदि बिजना को मंडप पर फेंकने में असफल होता है तो नेंग एवं जुर्माने के रूप में कुछ रूपये वधू की सखियों को देता है।

वधू के लिये चढ़ावा–

वर पक्ष वधू के लिये श्रृंगार सामग्री तथा वस्त्राभूषण आदि बारात के साथ ले जाता है। इन सभी वस्तुओं को पंचों को प्रदर्शित कर वधू पक्ष को सौंप दिया जाता है या वधू के आंचल में डाला जाता है। इन वस्तुओं से वधू का श्रृंगार किया जाता है। श्रृंगार के लिये वस्त्र तथा आभूषण वर पक्ष अपनी सामर्थ्य के अनुसार अच्छे से अच्छा तथा अधिक मात्रा में लाने का प्रयास करता है।

आदिवासी समाज में नारी को देवी स्वरूपा का स्थान दिया गया है। जिस घर में बेटी का जन्म हुआ जिस माता की गोद में बेटी पली–बढ़ी इस सम्मान को बनाये रखने के लिये सात साड़ियां भेंट की जाती है– माईसारी, आजीबंदरी, नानीसारी, काकीसारी, फुआसारी, भावजसारी तथा सुआसिन सारी दी जाती है। यह गोंड़ जनजातीय समुदाय में सप्त स्वरूपा माताओं की भेंट है, जिसे वर पक्ष वाले वधु के लिये चढ़ावा के साथ देते हैं।

भाँवर (वैवाहिक फेरे):–

गोंड़ जनजाति के विवाह संस्कार में भाँवर (सात फेरों) का विशेष महत्व होता है। कन्या पक्ष के यहाँ सात फेरे पूरे नहीं कराये जाते हैं। कन्या के यहाँ 3 फेरे होते हैं एवं वर के यहाँ 4 फेरे कराये जाते हैं। कन्या के यहाँ पड़ने वाले फेरों को बड़े भाँवर कहा जाता है। इस बड़े भाँवर में दोसी एवं सुआसिन की मुख्य भूमिका रहती है। दोसी मण्डप को अभिमंत्रित करते हुए आगे–आगे चलता है, उसके पीछे सुआसिन वर–वधू के फेरे कराती है।

कन्या दान–

भाँवर (वैवाहिक फेरे) के पूर्व वधू के माता–पिता या अभिभावक वर वधू का तिलक करते हैं। हल्दी मिश्रित जल से उनके पैर पखारते हैं। पैरों से होकर नीचे गिरे जल को हथेली में लेकर पीते या सिर माथे पर लगाते हैं। वर वधू दोनों के माथे पर हल्दी का तिलक करते हैं तथा अपनी क्षमतानुसार भेंट उपहार वर–वधू को देकर चरण स्पर्श करते हैं। इसी प्रकार वधू पक्ष के सभी लोग हल्दी का तिलक करके उन्हें आर्शीवाद देते हैं इसे टिकावन या पाँव पखारना भी कहते हैं।

भोज

वधू पक्ष पहले वर तथा बरातियों को भोजन कराता है। चलन अनुसार मदिरा भी सेवन हेतु दी जाती है। वर पक्ष के भोजन कर लेने के पश्चात ही सामान्यतः वधू पक्ष के सभी व्यक्ति घराती भोजन ग्रहण करते हैं।

बिदाई–

कन्या को सौंपने तथा भांवर हो जाने के पश्चापत वधू के यहां का वैवाहिक कार्यक्रम संपन्न हो चुका माना जाता है। प्रातः बारात को बिदा कर दिया जाता है। टिकावन में मिले उपहार जेवर, नगदी तथा पशुधन को पंचों के समक्ष वर के पिता को सौंप दिया जाता है। बिदाई की बेला में वधू के यहाँ का माहौल गमगीन होता जाता है। अपनों से बिछड़ने के दुख से रोती हुई वधू को निकटतम संबंधी ढाढस बंधाते हैं कुछ ऐसी सीख देते हैं जो उसके लिये ससुराल में रहने और समायोजन करने में उपयोगी और लाभ प्रद होती है। वर तथा उसके निकटतम रिश्तेदारों से निवेदन करते हैं वधू के प्रति उदारता एवं सहृदयता रखें घर के कार्यों को सिखावें कोई भूल होने पर क्षमा कर देने की प्रार्थना के साथ बेटी की बिदाई कर दी जाती है। इस अवसर पर महिलाएँ बिदाई गीत मार्मिक ढंग से गाती हैं। उदाहरण स्वरूप एक–दो गीत प्रस्तुत है–

1 झींझी मकैया के पातर चाँवर रे मोर भैया ,
ले भैया सीधा तुम्हार,
हाय हाय रे मोर भैया,
ले भैया सीधा तुम्हार,

अतका दिनन से आंखी मुरेरे रे मोर भैया,
अब भैया रहबे अकेल,
हाय हाय रे मोर भैया,
अब भैया रहले अकेल।
खोलो कि खोलो बजुर कंवरिया रे मोर भैया,
आज भर बसैं दे रे रात,
बैठन लागों, बैठन लागों चंदन पिढ़लिया,
मोर दाई छुटन लागिस देहरी तुम्हार।

बिदाई गीत–

मँझोटा मा जनमय दुश्मन धियरी रे मोर दादी,
धियरी ला लिखो बनवास,
खोलो की खोलो,
बजुर कँवरिया रे मोर दादी,
एक दिन करें दो बसेर,
मँझोटा मा जनमय,
दुश्मन धियरी ओ मोर दाई,
धियरी ला लिखो बनवास,

बारात वापसी एवं द्वार पर वर–वधू का स्वागत –

बिदाई का रस्म होने के बाद वधू तथा उपहार में प्राप्त सभी वस्तुओं को साथ लेकर वर के घर बारात वापस पहुँचती है। पहुँचने के पूर्व बारात वापसी की सूचना पहुँचा दी जाती है। वर पक्ष की महिलाएँ वर–वधू को स्वागत एवं मंगलगान करते हुए घर के मुख्य द्वार तक लाती हैं। जहाँ पर वधू का तिलक कर सास के द्वारा आरती उतारी जाती है। वर की माँ एवं बुआ या चाची वधू के चारों ओर पृथ्वी पर जल छिड़ककर परछन करती हैं। रेही एवं मूसल को उनके सिर के ऊपर से तीन बार निकालकर जमीन में स्पर्श कराती

हैं और फिर उन्हें गृह में प्रवेश दिया जाता है। वर वधू को इष्ट देवता कुल देवता आदि का पूजन कराया जाता है।

बचे हुए फेरे भांवर

बारात वापसी के बाद संध्या के समय मंड़प के नीचे मंगरोही के सामने जलते हुए कलश के फेरे सुवासिन के द्वारा वर वधू को लगवाये जाते हैं। मंड़प के नीचे चौक पूरे जाते हैं उसके ऊपर सभी प्रकार के अनाजों को छिड़का जाता है। जनजातियों में प्रचलित वाद्ययंत्र नगाड़े, टिमकी, शहनाई, सींगबाजा (गुदुम बाजा) आदि मनमुग्ध करने वाली स्वर लहरियों के बीच बची हुई चार भाँवरें (फेरे) संपन्न कराये जाते हैं।

टीकावन–

वर के यहाँ बचे हुए फेरे होने के बादे आंगन में मंड़प के नीचे वर वधू को बैठाया जाता है। वर पक्ष के व्यक्ति, रिश्तेदार तथा गांव के लोग वर वधू को हल्दी चावल का टीका लगाकर आर्शीवाद देते हैं तथा कोई वस्तु या नगद रूपये भेंट देते हैं। इस रस्म को टिकावन कहा जाता है।

रात्रिभोज–

बारात वापसी के दिन वर के यहाँ रात्रि को भोज दिया जाता है। इसमें समाज के लोगों का भोजन होता है। घर के बाहर युवकों द्वारा बड़ी भट्ठी या बड़ा चूल्हा (चूल) बनाकर बड़े बर्तन में दाल चावल पकाया जाता है। घर के अंदर युवतियों या महिलाओं द्वारा पकवान (पुड़ी, बड़ा) पकाये जाते हैं। रात्रि में आमंत्रित लोगों का भोज होता है।

कंकन खोलना–

मण्डप के नीचे वर–वधू एक दूसरे के हाथ में बंधे हुए कंकन खोलते हैं। कंकन में कड़ी गठाने लगीं हुई होती हैं जो आसानी से नहीं खुलती हैं। गँठाने खोलवाने के रस्म से जीवन में आने वाले मुश्किल क्षणों में उनके धैर्य के संबंध में परीक्षा ली जाती है। कंकन खोलने के उपरांत परांत में हल्दी

मिश्रित जल भरकर उसमें मुंदरी डाल दी जाती है, उस मुंदरी को वर या वधू पहले परांत से ढूढकर निकालता है उसे विजयी माना जाता है।

नदी या जलाशय पर जाना–

कंकन तथा तोरन एवं मोर मुकुट खोलने के बाद उन सामग्रियों को विसर्जित करने के लिये गाँव की नदी या जलाशय में महिलाएँ गीत गाते हुयी वर–वधू को लेकर जाती हैं। वहॉ कंकन, तोरन, मोर मुकुट पर जल डालकर ठण्डा कर दिया जाता है। इसके उपरांत वर, वधू की बँधी हुई वेणी (चोटी) को खोलता है। चोटी खोलने के बाद वर वधू को स्नान कराया जाता है।

जलाशय से वापसी–

जलाशय में स्नान एवं पूजा करने के बाद घर वापसी का रस्म होता है। सुआसा के द्वारा मोहलाइन के पत्तों तथा बाँस की खपच्चियों से एक मृग बनाकर रास्ते में रखा जाता है तथा वर को मृग का धनुष बाण से शिकार करना होता है। शिकार करने के उपरांत वधू शिकारी (वर) को रोटी पानी देती है। इसके पश्चात् ये वर–वधू परिवार के सामान्य सदस्यों की भॉति पारिवारिक कार्यों में लग जाते है।

वधू द्वारा खिचड़ी बनाना–

घर में नव वधू से खिचड़ी बनवाई जाती है।उसकी पाक कला में निपुणता की परख की जाती है। उसके हाथ की बनी खिचड़ी सभी उपस्थित लोग खाते हैं। कुछ स्वाद की सराहना करते हैं तो कुछ खिचड़ी बनाने में हुई त्रुटि को इंगित करते हैं।

वधू द्वारा गौशाला से गोबर निकालना–

सामान्यतः नव वधू से घर के गौ सार के मवेशियों का गोबर उठाकर बाहर फेंकने की रस्म कराई जाती है, खिचड़ी बनवाने, खिलवाने तथा गोबर फेकवाने की रस्म से नव वधू को परिवार से धुल मिल जाने का अवसर तथा घरेलू कार्य करने की प्रेरणा दी जाती है।

चौथिया–

कन्या की बिदाई के बाद चौथिया बारात का प्रचलन है। विवाह के दूसरे या तीसरे दिन वधू पक्ष के कुछ लोग चौथिया बारात में जाते हैं। वर पक्ष सबका स्वागत–सत्कार करता है उनका भोज होता है। जिसमें समाज के अन्य लोग भी आमंत्रित रहते हैं। भोजन शाकाहारी या मांसाहारी चौथिया बरातियों की इच्छानुसार कराया जाता है। भोजन के उपरान्त सभी बाराती रात्रि में ही वापस हो जाते है सिर्फ दुल्हन का भाई रुका रहता है और दूसरे दिन बहन एवं बहनाई को अपने साथ पिता के घर जाने के लिये बिदा कराता है। इस रस्म को चौथिया कहा जाता है।

डेहरी खूँदना एवं बरेंड़ी देखना–

विवाह के उपरान्त बेटी पहली बार अपने पिता के घर एवं दामांद अपनी ससुराल आता है। दरवाजे पर दोनों के चरण पखारे जाते हैं तथा आरती उतार कर हल्दी–चावल का तिलक किया जाता है। इसके बाद दोनों घर पर प्रवेश करते है इसे डेहरी खूंदना एवं बरेंडी देखना कहा जाता है।

इस प्रकार गोंड़ जनजाति में विवाह संस्कार अनेक मनोरंजक एवं उल्लास पूर्ण रीतिरिवाजों से संपन्न होता है। जनजातीय संस्कृति की मूल धरोहर विवाह संस्कार अतिप्राचीन, आद्वितीय, अनमोल एवं गौरवशाली धरोहर है। वर्तमान समय में इस संस्कार में अनेक परिवर्तन दृष्टिगोचर हो रहे हैं।

संदर्भ ग्रंथ सूची

1 जागृति– शोधपत्रिका 2008 पृष्ठ 43
संपादक– डॉ. महेश प्रसाद अहिरवार

2 सामयिक संदर्भो में गोंडी संस्कृति का इतिहास पृष्ठ 24
संपादक– डॉ. लीला भलावी

3 आदिवासियों की विधि संहिता–
राजेन्द्र धुर्वे, विजय मार्को पृष्ठ 70

4 वही पृष्ठ 75
वही पृष्ठ 77
वही पृष्ठ 79

----- 000 ----

8

गोंड़ जनजाति में मृत्यु संस्कार

गोंड़ जनजातीय समाज में संस्कारों का अत्यधिक महत्व है। मनुष्य के जन्म के साथ ही समाज में विभिन्न प्रकार के संस्कार प्रारंभ हो जाते हैं। ये संस्कार हमारी लोक संस्कृति के अभिन्न अंग हैं। संस्कारों का अस्तित्व किसी न किसी रुप में विश्व के प्रायः सभी समाजों में पाया जाता है। आदि काल से संस्कार समाज में एक संस्था के रूप में कार्य करते आ रहे हैं। संस्कार मानव के मानस पर सचेतन तथा अचेतन दोनों अवस्थाओं में सक्रिय रहते हैं।

मृत्यु संस्कार संसार के सभी समाजों में होता है। प्रत्येक व्यक्ति के मन में मृतक के साथ भय, कष्ट और शोक का भाव जुड़ा हुआ है। मृतक के प्रति अपनत्व, स्नेह, श्रृद्धा, आस्था, एवं अविनाशी आत्मा के प्रति सम्मान मृत्यु से भय और मृत शरीर को उचित समय पर घर से विदा करना इन सभी कारणों से अन्त्येष्टि संस्कार के विभिन्न कृत्यों का जन्म हुआ।

मृत्यु जीवन का अन्त नहीं केवल पार्थिव शरीर का अंत है। शरीर का दाह संस्कार होता है आत्मा का कोई संस्कार नहीं होता। मृत देह विधि–विधान और संस्कार के साथ अग्नि में समाहित होती है। जिस देह में आत्मा इतने समय तक रही, धर्म–कर्म किया इसलिये उस शरीर का मृत्यु उपराँत सम्मान जरूरी होता है यही कारण है कि शरीर को दाह एवं दशाकर्म आदि संस्कार के साथ विदा किया जाता है। वैसे तो मृतक के अंतिम संस्कार सभी जनजातियों में लगभग एक समान ही होते हैं, परन्तु स्थान विशेष और थोड़ा बहुत जाति विशेष में अन्तर हो सकता है। डिण्डौरी जिले की गोंड़ जनजाति में मृतक के अंतिम संस्कार के रीति–रिवाज के विषय में संक्षिप्त विवरण इस प्रकार है–:

सामराही खिलाना

वैद्य अथवा वरिष्ठ अनुभवी व्यक्ति द्वारा वयक्ति के अंतिम समय का ज्ञान होते ही यह बता दिया जाता है कि उसकी अंतिम साँसें चल रही हैं तब उसे सोने या चाँदी का छोटा सा टुकड़ा खिलाया जाता है। जिसे गोंड़ जनजाति के लोग सामराही कहते हैं। सोना–चाँदी का टुकड़ा उपलब्ध न होने पर सिक्का खिला दिया जाता है इसके बाद तुलसी दल एवं गंगाजल का पान कराया जाता है एक में औषधीय गुण विद्यमान होता है तथा दुसरे से मन में पवित्रता का भाव आता है।

खाट उतारना

जब यह महसूस कर लिया जाता है कि व्यक्ति कुछ ही क्षणों में इस संसार से विदा होने वाला है तो बहुत ही पवित्र भाव से भूमि पर लिटा दिया जाता है इस क्रिया को भूशरण करना कहते हैं। मान्यता है कि भूमि सबकी माता है उसी पर सबका जन्म होता है उसकी गोद मेंही मृत्यु मिले।

शरीर से प्राण निकल जाने के उपराँत जिस स्थान पर मृतक को लिटाया जाना है उस स्थान को गाय के गोबर से लीप कर पवित्र कर लेने के बाद धान, कोदो, कुटकी आदि अनाजों से मृतक के लिये बिछौना तैयार करके उसके ऊपर चादर अथवा कपड़ा डालकर उसे सुला दिया जाता है। शव को एकदम सीधा लिटाया जाता है दोनों हाथ एवं टाँगें सीधी रखी जाती हैं अन्यथा शरीर में ऐंठन आ जाती है।

पूँछ पकड़ाना

गाय को माता की संज्ञा दी जाती है इस कारण अनेक संस्कारों में गाय को अत्यंत महत्वपूर्ण समझा जाता है अंतिम साँस ले रहे व्यक्ति को गाय या बछिया की पूँछ को पकड़ाया जाता है इसके पीछे मूल भावना यह होती है कि मरने वाले की परलोक की यात्रा सरल एवं सुगम हो जाएगी। बाद में उस गाय अथवा बछड़े को नेगी को दान कर दिया जाता है। नेगी वह व्यक्ति होता है जिस खान–दान या वंश की मृतक की माता होती है।

मृतक को स्नान

मृत्यु के समय किये जानेवाले संस्कारों को महत्वपूर्ण पवित्रीकरण की क्रिया समझा जाता है। गंदगी से सने सुन्दर बच्चे को भी कोई गोद में नहीं उठाता उसी प्रकार से परमात्मा की शरण में जाने के समय जीवात्मा को साफ–स्वच्छ बनाने की आकांक्षा से ही सभी इन संस्कारों को संपादित करते हैं।

मृतक के शरीर को साफ करने के लिये शवयात्रा के पूर्व मृतक को घर पर स्नान कराया जाता है स्नान के जल में गंगा जल अथवा नर्मदाजल मिश्रित किया जाता है स्नान के बाद शव को नवीन वस्त्र से लपेटा जाता है। किन्हीं कारण से स्नान संभव न होने पर गीले कपड़े से शरीर को पोंछ दिया जाता है।

अनाजों के बिछौने पर सुलाना

शव को विभिन्न प्रकार के अनाजों धान, कोदो, कुटकी आदि के बिछौने पर सुलाया जाता है। गोंड़ जनजातीय संस्कारों में कृषि संस्कृति का समावेश होता है। मृतक का अगला जन्म धन–धान्य से परिपूर्ण एवं ऐश्वर्यवान हो। इसके पीछे यह कामना होती है कि अगले जन्म में इतना पुरूषार्थ लेकर व्यक्ति को जीवन मिले कि वह अपना तथा परिजनों का भरण–पोषण करने में सक्षम रहे।

कफन ओढ़ना

मृतक को स्नान कराने या गीले कपड़े से पोंछने के बाद घरवाले नया सफेद कपड़ा कफँन के रूप में पहनाते या लपेटते हैं, अन्य परिजन नाते–रिश्तेदार, घनिष्ठ मित्र भी कफन ओढ़ाते हैं फूल एवं गुलाल चढ़ाकर श्रृद्धाँजलि अर्पित करते है।

शवयात्रा

मृतक के परिजनोंके साथ आस–पास के गाँव वाले नाते–रिश्तेदार काफी संख्या में शवयात्रा मे शामिल होते हैं तथा भावाँजलि मृतक के प्रति

व्यक्त करते हैं शवयात्रा के लिये किसी को नहीं बुलाना पड़ता मृत्यु की खबर सुनकर लोग स्वयं आते और शवयात्रा में शामिल होते हैं। किसी कारण से अत्यंत आवश्यक न हुआ तो गोंड़ जनजातीय समाज में अर्थी नहीं बनाई जाती बल्कि पुत्र, पौत्र, परिजन एवं रिश्तेदार हाथों में शव को रखकर श्मशान घाट तक पहुँचाते हैं इसे मृतक का सौभाग्य एवं परिजनों का मृतक के प्रति सम्मान समझा जाता है।

चिता बनाना

शमशान घाट में निर्धारित जगह पर चिता रचना की जाती है जमीन को गोबर से लीपकर धान एवं सिक्का छिड़कते हैं जो मृतक के लिये जमीन खरीदने का प्रतीक है 6–7 फीट लम्बी और 3–4 फीट छोटी लकड़ियाँ को आड़ी और क्षैतिज जमाते हैं इसमें आम बेर, पीपल, उमर, एवं बड़ की लकड़ियाँ भी डाली जाती हैं। मृतक का पति अथवा पत्नि में से जिसकी पहले मृत्यु हो चुकी है उसके समीप वाले स्थान में मृतक को जलाने का प्रयास किया जाता है इसके पीछे जन्म जन्मांतर के संबंधों का भाव मन में होता है।

बच्चों की मृत्यु होने पर उन्हें दफनाने की प्रथा है इसके अतिरिक्त साँप के काटने से जिसकी मृत्यु होती है तथा चेचक से मरे व्यक्ति के लिये दफनाने की क्रिया करते हैं।

मुँह दाग देना

चिता पर शव रखने के बाद मृतक का बड़ा पुत्र पिता को मुखाग्नि देता है उसके न रहने पर छोटा पुत्र या भाई इस कार्य को संपन्न करते है। आजकल इस संस्कार के लिये बेटी या बहनें भी आगे आ रही हैं। अन्तिम संकार करने वाला व्यक्ति पास की नदी या जल स्त्रोत पर स्नान करके कोरी धोती लपेट कर चिता की परिक्रमा करते हुए मुखग्नि देता है। जब चिता अच्छी तरह जलने लगती है तब कपाल क्रिया की जाती है इस क्रिया में एक लम्बी एवं पतली लकड़ी के सिरे को घी में डुबोकर मुखाग्नि देने वाले के द्वारा कपाल को र्स्पश कराया जाता है इसे ही कपाल क्रिया कहते हैं शेष उपस्थित जन लकड़ियों के छोटे–छोटे टुकड़े अर्पित कर मृतक को अंतिम रूप से विदा करते हैं। तथा पास की नदी में स्नान के लिये जाते है। अंतिम संस्कार को

स्थानीय बोली में काठी–माटी कहा जाता है। मुखाग्नि देने वाले व्यक्ति को दशगात्र अथवा तेरहवीं कार्यक्रम तक बहुत संयम–नियम से रहना पड़ता है सादा भोजन एवं भूमि में शयन करना पड़ता है।

महिलाओं का नदी स्नान के लिये जाना–

घर से शव यात्रा निकलने के बाद घर के उस स्थान को गोबर से लीप दिया जाता है यह कार्य घर की बहन–बेटियाँ करती हैं। आँगन एवं दालान में गाँव की महिलाएँ बैठती हैं, घर की साफ–सफाई लिपाई–पुताई करने के बाद महिलाऐं कतार बद्ध होकर नदी स्नान के लिये जाती है। मिट्टी लगाकर स्नान करने के बाद घाट में वंश–कबीले की महिलाएँ एक कतार में बैठती हैं उन्हें नात घराने की महिलाएँ मुखारी–पानी देती हैं। दिये गए गंगरूआ (नागरमोथा) का दातून को बीच से चीर कर जल की धारा में प्रवाहित किया जाता है तथा मृतक को जल अर्पण की क्रिया पूर्ण कर कतार बद्ध होकर घर वापस आती हैं। घर के बाहर फाटक या दालान में घर की महिलाओं द्वारा नदी से आने वालों के पैर पखारे जाते हैं, पैर पखारने के बाद सभी लोग घर एवं आंगन में प्रवेश करते हैं। मृतक के घर पर तीन दिन तक चूल्हा नहीं जलता है, बिरादरी वालों के यहाँ से भोजन लाकर मृतक के परिवार वालों को खिलाया जाता है। दिन के समय और रात्रि के समय किस–किस परिवार से भोजन आएगा बिरादरी वाले आपस में तय कर लेते हैं। मृतक के परिवार वालों के लिये नातेदारों के यहाँ से जो भोजन आता है, उसे गलहट्टी कहते हैं।

फूल चुनना एवं खारी उठाना–

गोंड़ जनजाति में मृतक की अस्थियों को फूल कहा जाता है। तीसरे दिन यानि तिजरा को खारी उठाने का कार्य किया जाता है। दूध मिश्रित जल से गरम राख को ठण्ड़ा करके अस्थि संचय किया जाता है। कुछ अस्थियाँ कुशा की चिमटियों से पकड़कर काले रंग की मटकी एवं कपड़े की थैली में रख लेते हैं। एकत्रित अस्थि से भरे कलश को किसी पेड़ की शाखा पर टांग दिया जाता है या कि सूनसान जगह में मिट्टी के नीचे दबा दिया जाता है जिसे कोई न देख सके। इसे घर का सदस्य दशगात्र अथवा त्रयोदशी में त्रिवेणी संगम या अन्य पवित्र नदियों में विसर्जन और तर्पण पूजन के लिये ले

जाता है। फूल चुनने के बाद कौटिम्बिक महिलाएं खारी समेटती हैं। समेटी गई राख को लम्बाई में सुडौल आकार देकर पिंड तैयार किया जाता है इसके पीछे यह मान्यता है कि अगले जन्म में मृतक को सुडौल शरीर प्राप्त होगा। तैयार किये गये पिण्ड को नवीन श्वेत वस्त्र ओढ़ाया जाता है इसके बाद उस पर खीर, चावल के आटे का चीला एवं उड़द दाल से बना बड़ा नामक पकवान मृतक के परिवार वाले चढ़ाते हैं। उस समय बहिन–बेटियाँ को नेग में रूपये दिये जाते है। इसके बाद वह व्यक्ति जो मुख्य नात होता है जिसे "मूड़वाले" कहा जाता है अपनी अंजलि भर–भर कर राख देता है जिसे कौटिम्बिक महिलाएं अपने आँचल में लेती हैं और उसे एक बोरे में रखती जाती हैं फिर उसे किसी पवित्र नदी में विसर्जित कर दिया जाता है। पूरी राख समेट लेने के पश्चात चिता वाली जगह को गाय के गोबर से लीपकर चारों तरफ गीली मिट्टी एवं गोबर से छोटी–छोटी कोठियाँ बनाई जाती हैं। उन कोठियों को धान, कोदो, कुटकी, मक्का, रमतिला, गेहूँ चावल दाल, नमक, मिर्ची, हल्दी आदि से भरी जाती हैं तथा चिता स्थल पर नमक और अनाज छिड़क देते हैं, गायें चिता के स्थान पर पहुँचकर नमक और अनाज को अपने मुख से चाटकर स्थान को पवित्र करती हैं। उठावन होने के बाद दशगात्र और तेरहवीं के लिये निवता भेजना शुरू कर दिया जाता है।

गंगाजी जाना–

दशगात्र अथवा त्रयोदशी कार्यक्रम के तीन दिन पूर्व पेड़ पर बाँधी गई मटकी या जमीन में छिपाई गई अस्थि कलश एवं कपड़े की थैली को निकालकर लाते हैं। अस्थि विसर्जन हेतु जाने से पूर्व फाटक में अस्थि पूजन होता है। अस्थियों की थैली में पंच धातु सोना, चाँदी, ताँबा लोहा एवं गिलट के छोटे–छोटे कण डाले जाते हैं। थैली में रस्सी फँसाकर माला का रूप देकर पुत्र या भाई अपने गले में पहनकर अस्थि विसर्जन के लिये पवित्र नदियों में जाते है इसे गंगाजी जाना कहा जाता है। कुछ लोग त्रिवेणी संगम इलाहाबाद भी अस्थि विसर्जन के लिये जाते हैं। वंश परिवार एवं नाते–रिश्तेदार, गाँव के लोग अस्थियों की थैली में रूपया–पैसा चढ़ाकर नमन करते हैं, इसमें मृतक के प्रति सम्मान एवं संस्कार कर्त्ता के प्रति सहयोग की भावना होती है।

दशगात्र अथवा तेरहवीं–

गोंड़ जनजातीय समाज में मृत्यु के बाद दशगात्र एवं तेरहवीं की परंपरा है। दस दिन में दशगात्र एवं तेरह दिन में तेरहवीं कार्यक्रम संपन्न किया जाता है। लोगों को दूर–दूर से शोक संवेदना व्यक्त करने के लिये आने में अपनी समस्याएँ रहती हैं तथा दशगात्र कार्यक्रम की अपेक्षा त्रयोदशी में तीन दिन का अतिरिक्त समय कार्यक्रम की तैयारी के लिये समाचार पहुँचाने के लिये मिल जाता है अतः त्रयादशी कार्यक्रम ज्यादा चलन में है। मृतक के गोत्रजों, परिजनों व इष्ट मित्रों को निमंत्रित किया जाता है। दूर दराज के रिश्तेदार इस दिन एकत्र होकर मृतक की आत्मा की शांति हेतु शोकाकुल परिजनों को ढ़ांढस बाँधने का प्रयास करते हैं। किसी युवती के पति स्वर्गवासी हो जाने पर और अधिक दुख की बात होती है क्योंकि सामाजिक एवं व्यक्तिक मर्यादा के अनुरूप महिला के विधवा होने पर भावी जीवन में अनेक तरह की मुसीबतें सामने आती हैं इस दुख को बाँटने की दृष्टि से महिलाएं काफी संख्या में दशगात्र अथवा तेरहवीं के दिन एकत्रित होती है। ऐंसे संकट के समय नाते–रिश्तेदार उपस्थित होकर मृतक के परिजनों को मानसिक रूप से संबल प्रदान करते हैं।

नहावन

दशगात्र अथवा तेरहवी के नहावन को विशेष महत्व दिया जाता है। पुरूष एवं महिलाएं अलग–अलग घाटों में नहावन के लिये जाते है। कार्यक्रम के एक दिन पूर्व संध्या के समय सींक में हाँड़ी चढ़ाई जाती है। उस हाँड़ी को मृतक की पुत्र वधू को सिर में रखाकर नदी ले जाई जाती है। महिलाएँ कतार बद्ध होकर नहाने के लियेजाती हैं घाट में पहुँच कर स्नान करते हैं मृतक के गोत्रजों को मुखारी पानी देते हैं तदउपराँत जीव पकड़कर हाँड़ी में रखा जाता है, मंडप गड़ाया जाता है, नगाड़े और शहनाई के ध्वनि के मध्य पुत्रवधु (सुआसिन) द्वारा हाँड़ी को सिर में रखकर मंड़प के सात फेरे लगावाये जाते हैं।

यदि किसी महिला का पति दिवंगत होता है तो उस महिला की चूड़िया नहावन के दिन स्नान के पूर्व समाज की प्रमुख एवं बुजुर्ग महिला द्वारा परिजनों तथा समाज के अन्य लोगों की उपस्थिति में उतारी जाती हैं। स्नान

के बाद उसे सफेद वस्त्र पहनाया जाता है अन्य उपस्थित परिजन एवं जाति समाज के लोग उसे नई साड़ी भेंट स्वरूप देते हैं, यह पूर्णतः उस महिला के प्रति संवेदना का प्रतीक है।

नहावन के समय सभी पुरूष गोत्रज अपने सिर के बाल उतरवाते हैं, मुंड़न के पीछे सूतक के दौरान अशुद्धियों से निपटारा एवं मृतक को सभी कुछ समर्पित कर देने का भाव इस उपक्रम में होता है। यह कार्य "मूड़वाले" अर्थात मुख्य नात के द्वारा किया जाता है मुख्य नात इस कार्य को नाई के द्वारा भी संपन्न करा सकता है। नहावन से लौटते समय कतार बद्ध होकर लोग आते हैं। साथ ही मृतक का मोह पूरी तरह छोड़ने की भावना से हल्दी के घोल से चक्र बनाकर उस चक्र के अंदर कंकड़ रखा जाता है यह कार्य नात घर की बुजुर्ग महिला करती है। इसके साथ ही पहले व्यक्ति से लेकर अंतिम व्यक्ति तक पीछे की ओर रूपया बढ़ाते जाते हैं यह क्रम नदी से लेकर घर पहुँचते तक अनेक बार दोहराया जाता है इस उपक्रम को पैसा रंगाना कहते हैं। जो व्यक्ति कतार के अंत में होता है उन रंगाये हुये पैसों को रखता जाता है। नहावन की इस यात्रा के दौरान पीछे पलट कर नहीं देखा जाता है, कतार में गोत्र का सबसे वयोवृद्ध सामने होते हैं। शेष नातेदार एवं उम्र में छोटे क्रमशः पीछे चलते हैं। इस प्रकार नहावन में अनुशासन व मर्यादा का पूर्ण ध्यान रखा जाता है।

गंगापरघानी–

शायंकाल में गंगाजी से लौटने वाले परिजनों को सम्मान से घर तक गाजे–बाजे के साथ लाते हैं। इसे गंगा परघनी कहा जाता है। अस्थि विसर्जन कर लौटे लोग सीधे घर में प्रवेश नहीं करते यदि वे कार्यक्रम के एक दिन पूर्व आ चुके होते हैं तो गाँव में किसी के बरामदे में या किसी चौक–चौपाल में ठहर जाते हैं तब लोग उन्हें परघाने जाते हैं तथा गंगाजल के पानी पर पुष्प एवं नारियल अर्पित करते हैं। परिजनों को नये कपड़े भेंटकर सकुशल वापसी के लिये बधाई देते हैं। संस्कार कर्त्ता की तरफ से प्रयागराज से लाई गई कंठीमाला पहनाई जाती है। गंगाजली पूजन के समय नाते–रिश्तेदार धोती गमछा शाल या अन्य वस्त्र भेंट करते हैं। नाते–रिश्तेदार खाद्य सामग्री दाल–चावल, आटा, गुड़ घी, दोना पत्तल आदि लेकर आते हैं।

पगबन्धी–

दशगात्र या तेरहवीं कार्य्रक्रम में रात्रि को मृत्युभोज के पहले पगबंधी अर्थात पगड़ी का रस्म किया जाता है जितने गोत्र बंधु होते हैं उन्हें नात कबीले के लोग आँगन में बैठाकर पगड़ी बाँधते हैं। इन रस्म–रिवाजों के समय नगाड़ा बाजा अत्यंत आवश्यक होता है। पगबंधी नगाड़ा बाद्य संगीत के साथ संपन्न होता है। पुरूषों की पगबंधी के तुरंत बाद मृतक के घर की एवं गोत्र की अन्य महिलाओं को नात घराने की महिलाएं कंठीमाला पहनाकर साड़ी भेंट देती हैं।

पगबंधी कार्यक्रम हो जाने के बाद सभी आगंतुकों को भोजन कराया जाता है इस भोजन में चावल–दाल सब्जी तथा पकवान के रूप में पूड़ियाँ बड़ा, दही, शक्कर, एवं घी अवश्य परोसा जाता है तथा अपनी स्थिति के अनुसार भोज की व्यवस्था करते हैं।

मृतक यदि विवाहित पुरूष होता है तो दुसरे दिन सुबह मृतक की पत्नी से अन्यत्र विवाह बंधन की मर्जी पूछी जाती है। यदि वह पुनः विवाह बंधन नहीं चाहती है तो उसे घर श्री के नाम से कुल देवता को साक्षी मानकर चूडी पहना दी जाती है। गोंड़ समाज में चूड़ियाँ ही सुहाग की प्रतीक मानी गई है। गोंड़ समाज में वधु अपनी ससुराल में पुत्र वधु ही नहीं बल्कि कुल वधु बनकर आती है तथा परिवार की मर्यादाओं एवं नियमों का जीवन भर निर्वाहन करती है। इस समाज की सबसे अच्छी परंपरा यह है कि कोई महिला वैधव्य के बाद अन्यत्र विवाह बंधन को यदि स्वीकार करती है तो उसे सामाजिक मान्यता मिल जाती है। जनजातीय समाज में पुनर्विवाह के संबंध में निर्णय लेने का अधिकार स्त्री को प्राप्त होता है तथा उस पर किसी प्रकार का परिवार या समाज का दबाव नहीं रहता है, विधवा महिला का पुनर्विवाह का निर्णय उसकी स्वयं की इच्छा पर निर्भर करता है एवं उसे समानता का दर्जा प्राप्त होता है।

बरसी

मृत्यु के एक वर्ष बाद मृतक की बरसी मनायी जाती है। इस दिन भी परिजनों, इष्ट मित्रों, नाते–रिश्तेदारों को निमंत्रण दिया जाता है। मृतक की आत्मा की शांति के लिये प्रार्थना की जाती है दान–दक्षिणा देने के साथ ही

परिजनों को भोजन कराया जाता है तब कहीं मृत्यु संस्कार की पूर्णता होती है।

मृत्यु सत्य एवं अवश्यंभावी है, आकस्मिक है पर संस्कार बड़ा तथ्यात्मक वैज्ञानिकता, मानवता, संवेदना एवं मनोविज्ञान से परिपूर्ण है। साथ ही मनुष्य के जीवन का अंतिम संस्कार होने के कारण भी इसका स्वरूप बड़ा व्यापक व भावपूर्ण है। इसलिये हमारे पुरखों ने इसे पुर्नजन्म की मान्यताओं के साथ जोड़कर महत्वपूर्ण बनाया है। यह बात भी स्मरणीय है कि जिस दादा–दादी, माता–पिता, नाना–नानी या अन्य रिश्तदारों ने हमें जीवन, पोषण व संरक्षण देकर बच्चे से बड़ा किया। समुदाय में सम्मान पाने योग्य बनाया, उनके प्रति आभार व कृतज्ञता प्रकट करने के अवसर पर सक्रियता न दिखाना अनुचित होगा। हमारी संस्कृति इसे स्वीकार नहीं करती है। यही कारण है कि मृत्यु के संस्कार को भी भले हमारा मन दुखी होता है पर परिजनों मित्रों, रिश्तेदारों, ग्राम वासियों के सहयोग से संकट की उन घड़ियों में भी मृतक के प्रति पूर्ण समर्पण व श्रृद्धा भाव व्यक्त करते हैं तथा शोक संतृप्त परिवार के प्रति सहानुभूति एवं सहयोग रखते हैं।

----- 000 ----

9

गोंड़ जनजातीय जीवन में अतिथि सत्कार के रूप में पाँव पखारने की परंपरा

मनुष्य एक सामाजिक प्राणी है। एक व्यक्ति तथा परिवार का संबंध समाज के अन्य व्यक्तियों और परिवारों से होना स्वभाविक है। मनुष्य के सामाजिक गुणों के कारण ही उसके अनेक मित्र व संबंधी होते हैं। इन मित्र व संबंधियों के यहाॅ आना–जाना होता है। परिवार में जो मित्र संबंधी व अन्य अतिथिगण आते हैं उनका स्वागत करना आदिम जनजातीय परिवार में एक महत्वपूर्ण कर्त्तव्य एवं शिष्टाचार माना जाता है। अतिथि सत्कार करना जनजातियों की प्राचीन परंपरा रही है।

मानवीय जीवन अतिथि सत्कार जैसी उत्कृष्ट भावना कब से और किस तरह जागृत हुई। इसका प्रारंभिक स्वरूप कैसा था शायद ही कोई बता पाऐगा, परन्तु यह निश्चित है कि आदिकाल से आदिम मानव जब एक–दूसरे के निकट आने लगे होगे एक–दूसरे से सहयोग मिलने लगा होगा तब संगठित समूह की ताकत को महसूस किये होंगे। जब मनुष्यों का समूह एक समूह दूसरे के सम्पर्क में आया होगा तो सामाजिक भावना जागृत हुई होगी तब परस्पर मधुर संबंध की इच्छा से सम्मान देने की एक विधि के रूप में पाँव पखारने की परंपरा प्रारंभ हुई होगी। इस प्रकार अतिथि सत्कार करने के लिए इस तरीके को जनजातीय समाज में अपनी श्रेष्ठ भावनाओं की परकाष्ठा के रूप में आज भी अपने जीवन में आत्मासात किये हुए है। इस कार्य को मानव की स्वाभाविक एवं प्राकृतिक प्रवृति कहा जा सकता है।

पाँव पखारने के दृष्टांत पौराणिक कथाओं में भी वर्णित हैं। जैसे कि सतयुग में कभी भगवान विष्णु, ब्रह्माजी से मिलने ब्रह्म लोक गए तब सृष्टि रचयिता श्री ब्रह्मा जी ने उनकी अगवानी की और पाँव पखारकर जल को सुरक्षित रख लिया। कहते हैं कि वही पवित्र जल गंगा कहलाईं। त्रेतायुग में पुरूषत्तम श्री राम चन्द्रजी हुए। चौदह वर्ष के वनवास गमन के समय गंगा पार कराने से पहले पाँव पखारने के लिए केवट हठपूर्ण आग्रह करने लगे तथा श्रीराम एवं माता सीता के पाँव पखार कर नाव में बैठाया और नदी पार कराया।

द्वापर युग में युग पुरूष श्री कृष्ण जी हुए। पाण्डव श्रेष्ठ धर्मराज युधिष्ठिर अपने राजसूय यज्ञ–अनुष्ठान में पधारे हुए अतिथियों में श्री कृष्ण को श्रेष्ठ एवं प्रथम पूज्य मानकर उनके पाँव पखारने का कार्य करने का पुण्य संचय किये जिससे पाण्डवों का यज्ञ निर्विघ्न संपन्न हुआ। इस प्रकार पाँव पखारने की परंपरा प्रत्येक युग में रही है।

यह परंपरा सृष्टि की उत्पत्ति के समय से आदिम जनजातियों से प्रारंभ होकर आज के समाज में मानव सभ्यता के साथ जुड़ी हुई है। हर धर्म हर संप्रदाय में अतिथि सत्कार के अलग–अलग तरीके होते हैं। हाथ मिलाना, गले मिलना, बड़ो के चरण स्पर्श करना पाँव पखारना आदि।

आदिवासियों में अतिथि सत्कार के अनेकानेक तरीको में पाँव पखारने की एक परंपरा है। गोंड जनजाति में अपने रिश्तेदारों एवं पूजनीय लोगों के पैर पखारे जाते हैं। दूर की यात्रा करके जब थक कर अपना प्रिय अतिथि पहुँचता है तब काँसे की थाली में उसका पाँव धुला कर उसके प्रति आत्मीयता प्रकट करते हैं इस आत्मीय सुख एवं आनंद का वर्णन शब्दों के माध्यम से करना अत्यंत कठिन है। पाँव धोने वाले और धुलवाने वाले दोनों पर इस क्रिया का मनोवैज्ञानिक असर होता है। वैज्ञानिक दृष्टिकोण से देखा जाए तो पैरों की धूल–मिट्टी की सफाई के साथ–साथ पानी के कोमल स्पर्श से मस्तिष्क तक ठण्डक पहुँचता है और थकावट दूर होकर विश्रांति मिलती है। शारीरिक एवं मानसिक दोनों ही तरफ से इसका सकारात्मक प्रभाव पड़ता है।

पाँव प्रच्छालन से ही हमारा जीवन धर्ममय, प्रेममय एवं संस्कारमय होता है। हमारा जीवन एक ऐसे प्रकाश स्रोत की तरह प्रकाशित होता है

जिसके तले कभी अंधेरा नही होता। पाँव प्रच्छालन से अभिमान की निवृति होती हैं। जीवन में नम्रता मृदुलता एवं सहजता का संचार होता है,जिसके फलस्वरूप कठोर से कठोर चट्टान को हिलाया जा सकता है। कठोर हृदय युक्त जीव में प्रेम की ज्योति जलाई जा सकती है। अतिथि सत्कार का यह रूप जीवन को एक नवीन चेतना से भर देती है। जिससे कि देह पात के बाद भी व्यक्ति के सद्गुणों के कारण उसकी जीवंतता का आभास लोग किया करते हैं।

''अतिथि देवों भवः'' नाते–रिश्ते एवं मेहमानों में परस्पर एक दूसरे के यहॉ पहुँचने पर गोंड जनजातीय समाज में उनके पाँव थाली में रखकर धोये जाते हैं। अन्य मित्रों या दूसरी जाति के लोगों के लिये पॉव धोने के लिये पानी देकर शिष्टाचार पूरा कर लिया जाता है। इस शिष्टाचार में आदर और प्रेम तो भरपूर होता है, साथ ही एक अदभुत खुशी तथा हृदय में आत्मीय स्पंदन को महसूस किया जा सकता है। पाँव पखारने का यह दर्शन अत्यंत उच्चकोटि का है। अतिथि सत्कार के अतिक्ति अन्य विविध अवसरों एवं संस्कारिक कार्यक्रमों में पाँव पखारने की परंपरा का निर्वहन होता है।

अतिथि आगमन एवं अतिथि सत्कारः–

गोंड जनजाति परिवारों में अतिथि आगमन पर यथोचित अभिवादन हाथ मिलाना, गले मिलना, चरण स्पर्श करना एवं पाँव पखारना आदि किया जाता है। स्वागत सत्कार में अतिथि की आयु एवं रिश्ते की गहनता का ध्यान रखा जाता है। अतिथि को बैठने के लिये विशेष आसन 'मचिया' दिया जाता है। अतिथि से उनकी तथा उनके परिवार जनों का कुशलक्षेम पूछते है। सभी परिवारीजन अतिथि के साथ विनम्रता एवं शिष्टाचार का व्यवहार करते हैं। परिवार के व्यक्तियों के व्यवहार में औपचारिकता बिल्कुल भी नही होती है बल्कि प्रेम–स्नेह और सौहार्द्र व्यक्त करने वाला व्यवहार होता है। एक दूसरे के यहां आने जाने से पारस्परिक प्रेम व सद्भाव बढ़ता है।

अतिथि के लिये यथा सामर्थ्य जल–पान एवं भोजन का प्रबंध किया जाता है। भोजन ऋतु अनुकूल अपनी आर्थिक स्थिति यथासंभव अतिथि की रूचि एवं समय के अनुकूल होता है। जनजातीय लोगों में यह कहावत आम है कि पहुना एक दिन का होता है एक दिन बाद वह घर का सदस्य बन जाता

है अतिथि परिवार जनों के साथ घर के कार्यो में बराबरी से भागीदारी निभाता है। यदि अतिथि कई दिनों के लिये आये हैं तब भी अपने स्तर के अनुसार जब तक अतिथि रहता है तब तक उसी तरह आत्मीयता से रहन–सहन व खाने–पीने का प्रबंध करते हैं। जब तक अतिथि रहता है उसका समय हँसी–खुशी एवं आनंदपूर्वक व्यतीत हो इसका पूरा–पूरा ध्यान रखा जाता है। उसे नीरसता का अनुभव नहीं होने दिया जाता है उनसे ऐसे विषय पर बात प्रायः नहीं की जाती जिससे उन्हे दुख पहुँचे, उनकी प्रतिष्ठा एवं भावनाओं को ठेस पहुँचे। अतिथि को खेत–खलिहान, हाट–बाजार घुमाने ले जाते हैं। जब तक अतिथि रहता है तब तक उसने साथ आत्मीयता पूर्ण मधुर एवं सौहार्द्रपूर्ण व्यवाहार करते हैं। यही कारण है कि उनके परस्पर संबंध जीवनभर अधिक प्रगाढ़ एवं स्नेहिल बने रहते हैं।

अतिथि अपने घर वापस जाने की बात कहते हैं तब उन्हें यथा संभव ''पहुना निवता'' विशेष भोजन कराया जाता है तथा स्नेहपूर्ण भेंट उपहार देकर विदा किया जाता है। यह भेंट उपहार थोड़ा सा ही सही मधुर आत्मीयता से भरा होता है। यह उपहार कोई अनाज, दलहन, तिलहन या अन्य उपलब्ध वस्तु का होता है जो दिया जाता है एवं पुनः आने का विनम्र आग्रह करते हुए उचित अभिवादन के साथ विदा किया जाता हैं।

अतिथि सत्कार दिलों को जोड़ता है स्नेह प्रेम को गहन बनाता है सम्मान प्रकट करने का यह तरीका उत्साह उमंग एवं खुशी से भर देता है यह एक सर्वोत्तम शिष्टाचार है। मानवीय भावनाओं एवं संवेदनशीलता का हिस्सा है। कटुता एवं तनाव को दूर करने की अचूक औषधि है तथा इससे सामाजिक संरचना एवं संगठन को मजबूत बनाने की अद्वितीय क्षमता है। इस प्रकार सम्पपूर्ण कार्य सिद्ध होते हैं। जनजातियों में विशेष रूप से गोंड जनजाति में यह पाँव पखारने की प्रथा आज भी कायम है तथा जन समुदाय के लिये प्रेरणादायी है।

यथार्थ में जनजातीय समाज में अतिथि सत्कार की परंपरा सामाजिक संबंधों एवं समाजीकरण की दृष्टि से अत्यंत उपयोगी एवं महत्वपूर्ण है इससे कुटुंबी जनों विशेषकर बच्चों में निःस्वार्थ सेवाभाव शिष्ट व्यवहार उदारता वार्तालाप कौशल आदि की व्यवहारिक शिक्षा प्राप्त होती है। कुछ समय के

लिये परिवार के वातावरण में सरसता, आकर्षण एवं मधुरता आ जाती है। अपने परिचितों रिश्तेदारों की कुशलता के समाचार प्राप्त हो जाते हैं। अपत्ति –विपत्ति के समय एक दूसरे की सहायता करने को तत्पर रहते हैं परिचय क्षेत्र बढ़ता है एवं परिवार की सामाजिक प्रतिष्ठा बढ़ती है, सामाजिक संबंध सुदृढ होते हैं। इस प्रकार हम देखते है कि पाँव पखारने से मन निर्मल होकर कार्य सिद्ध होते हैं।

जन्म संस्कार एवं पाँव प्रच्छालन :– गोंड जनजातियों में शिशु जन्म के छटवें दिन छठी संस्कार मनाया जाता है। घर–आँगन एवं देवालय–दालान की साफ–सफाई लिपाई पुताई करके सब तरफ हल्दी तेल छिड़कर घर–आँगन को पावन करते हैं। इसके बाद नन्हे मेहमान का स्वागत दूध एवं जल से पैर धुला कर किया जाता है। सर्व प्रथम अनाज खिलाने का जो पारिवारिक कार्यक्रम होता है, जिसे हम अन्नप्राशन या ''चिखाना'' कहते हैं इस अवसर पर भी शिशु के पैर दूध तथा जल से पखारे जाते हैं।

विवाह संस्कार एवं पाँव प्रच्छालन :– विवाह संस्कार के पूर्व सगाई एवं ओली की परंपरा है इसमें वर के पिता द्वारा कन्या का पैर धुलाकर उसकी ओली (आंचल) में सगुन के नारियल, बताशे, फल आदि अपने परिवार की वंशावली को आगे बढ़ाने के लिये कुलवधू एवं पुत्रवधू बनाने की इच्छा तथा मातृ रूप में स्वीकार करते है। कन्या की ओली भरते हैं। इसी प्रकार विवाह संस्कार के एक रस्म के रूप में दूल्हा एवं दुल्हन के पाँव पखार कर हल्दी–चावल का तिलक लगाकर (टिकावन एवं बंदावन) भेंट उपहार दिया जाता है। उनके जीवन के नये कर्मक्षेत्र एवं नई जिम्मेदारियों की सफलता के लिये आशीर्वाद दिया जाता है। इस प्रकार पाँव पखारना स्वागत सत्कार का एक हिस्सा है।

मरणोपरांत संस्कार एवं पाँव प्रच्छालन :– व्यक्ति के जीवन में प्रत्येक विशेष कार्यो को संस्कार से जोड़कर कुछ विशिष्ट कार्य विधि को महत्व दिया जाता है। मृतक का दाह संस्कार करने के बादसभी रिश्तेदार, ग्रामवासियों के घर वापस आने के बाद अंतिम संस्कार में शामिल लोगों के पाँव पखारे जाते है। मृतक के परिजनों के दुख एवं विषाद के क्षणों में साथ होने के कारण

उनके प्रति कृतज्ञता प्रकट करने के भाव से लोगों के पैर प्रच्छालन की परंपरा गोंड जनजातीय समाज में दृष्टिगोचर है।

संदर्भ ग्रंथ सूची

1. प्राकृत धर्म एवं संस्कृति शिक्षा संदेश – डॉ. लीला भलावी
2. पृष्ठ क्रमांक 112
3. पृष्ठ क्रमांक 116
4. पृष्ठ क्रमांक 118

----- 000 ----

10

जनजातीय उत्सव एवं तीज-त्यौहार

देश में अनेकानेक जनजातियाँ निवास करती हैं। प्रत्येक जनजाति की बोली–भाषा संस्कार संस्कृति रीति–रिवाज एवं तीज–त्यौहार भिन्न–भिन्न होते हैं। भिन्न संस्कृति होने के बावजूद इनकी धार्मिक मान्यताएँ एक जैसी होती हैं। सभी जनजातियाँ प्रकृति पूजक हैं प्रकृति की उपासना करते हैं। जनजातीय जीवन में पर्व और त्यौहार जीवन के अभिन्न अंग हैं ये जीवन में खुशी और उत्साह का संचार करते हैं डिण्डौरी जिले की जनजातियाँ भी अपने–अपने पर्व–त्यौहारों को बड़े उमंग के साथ मनाते हैं ये त्यौहार आदिमकाल से परंपरा के रूप में आज तक मनाये जा रहे हैं एवं उनकी जीवन शैली में रच बस गये हैं।

जनजातीय संस्कृति अनुपम और अद्भुत तो है ही साथ ही उनकी सामाजिक सांस्कृतिक व्यवस्था में पर्व त्यौहार एवं उत्सवों की अमिट छाप देखी जा सकती है तथा विविध प्रथाओं धार्मिक मान्यताओं और त्यौहारों का संबंध प्रकृति से आत्मसात होता दिखाई देता है। जनजातियाँ अपनी अनूठी जीवन शैली की वजह से समाज के अन्य समुदायों से भिन्न नजर आती हैं। प्रकृति से घनिष्ठ रिश्ता उनकी समग्र दिनचर्या का अभिन्न हिस्सा बन चुका है। जनजातियों का रहन–सहन खान–पान,रीति–रिवाज, सामाजिक, व्यवस्था उनकी संस्कृति उनकी आर्थिक व्यवस्था सब कुछ विलक्षण हैं तथा अपनी ओर आकर्षित करने वाली हैं। अनेक लोक उत्सव एवं दिलचस्प परंपराएँ हैं ये परंपराएँ कहीं न कहीं हमारी संमृद्ध विरासत की ओर संकेत करती हैं। डिण्डौरी जिले की जनजातियों के कुछ प्रमुख उत्सव त्यौहार निम्नलिखित हैं–

(1) आखा तीज, अकती–

प्रकृति प्राकृतिक शक्तियाँ, देव और पितरों की पूजा आदिम संस्कृति के महत्वपूर्ण कर्त्तव्यों में गिने जातेहैं। जनजातियों में ऐसी मान्यता है कि भूमि, जल, वायु, अग्नि, वन, पहाड़ वृक्ष सभी में देवताओं का वास होता है। काल गणना के हिसाब से आखा तीज नये वर्ष की शुरूआत है। अक्षय तृतीया से त्यौहारों का प्रारंभ एवं होली में उनका समापन माना जाता है। जनजातियाँ पेड़–पौधों और मिट्टी से अपने गहरे संबंध मानते हैं वन और मिट्टी के बिना जीवन की कल्पना नहीं की जा सकती अतः इन्हें साक्षी मानते हुए अपने मृत पुरखों को इस पवित्र तिथि में अकती पानी अर्पित करते हैं। परंपरानुसार यह तिथि शुभ एव पूर्ण शकुन का समय होता है। इस दिन सभी ग्रामवासी जिसमें गाँव का बैगा (पुजारी) ग्राम प्रधान, किसान, बच्चे वृद्ध सभी अपने–अपने घरों से पलाश पत्ते का दोना बना कर उसमें धान भरकर गाजे–बाजे के साथ उत्तम फसल प्राप्ति की कामना से ग्राम की सीमा में ठाकुर देव के स्थान पर उपस्थित होते है तथा अपने साथ लाये हुए आम, महुआ, गेहूँ, चना आदि नई फसल की चीजों को ठाकुर देवता को अर्पण करते हैं दोने के धान को पुजारी द्वारा उत्तम बीज के रूप में ठाकुर देवता का अनुग्रह स्वरूप सभी किसानों को पलाश पत्ते के दोने में दिया जाता है। ठाकुर देव से प्राप्त इस अनाज को किसान अपने–अपने खेत में अपनी सुविधानुसार बाँस की नई टोकनी में रखकर बीज बोते हैं तथा धरती माता से प्रार्थना करते हैं कि सदैव हमारा पालन–पोषण करते रहना। आखा तीज यूँ तो समस्त मानव समुदायों के लिये धार्मिक महत्व का है। इस दिन नया मुहूर्त निकलवाने की आवश्यकता नही होती है यह दिन सभी प्रकार के शुभ कार्यों के लिये उत्तम होता है। कृषक परिवार में नये घड़े को पानी से भर कर मिट्टी के ढेले को चारों दिशाओं में रखकर उसके ऊपर रखा जाता है यदि जिस दिशा की मिट्टी कलश के जल से ज्यादा रिसता है तो समझा जाता है कि उस दिशा में वर्षा ज्यादा होगी। ऐसी मान्यता के आधार पर मिट्टी परीक्षण कर धान की किस्म का चुनाव भी किया जाता है। इस त्यौहार के बाद ही बीज बोना प्रारंभ होता है किसान इसीदिन से धान बोना प्रारंभ करते हैं।

बिदरी

यह त्यौहार आषाढ़ में खरीफ की फसल बोने से पहले एक उत्सव के रूप में मनाया जाता है इस उत्सव के द्वारा अच्छी फसल पैदा होने की प्रार्थना ठाकुर देव से की जाती है। सभी प्रकार के अनाजों जैसे कोदो, कुटकी, धान मक्का, तिल रमतिला, सांवा, उड़द आदि को बीज के रूप में एकत्रित कर बैगा जनजाति के गुनिया (मंत्र विशेषज्ञ) जिसे दवार कहा जाता है से आगामी फसल के लिये बीज अभिमंत्रित कराया जाता है इस बिदरी उत्सव को बीज बनाना भी कहते है। गाँव की सीमा में किसी एक पेड़ सरई, महुआ, या हर्रा का होता है वहाँ ठाकुर देवता जो ग्राम रक्षक देवता कहे जाते है का वास होता है वहाँ दवार बीज बनाता है और ठाकुर देव से अच्छी फसल पैदा करने की प्रार्थना करता है। इस दिन पूरे गाँव में उत्सव का माहौल रहता है। इस बीज उत्सव में गाँव के मुखिया सहित गाँव के लोग अपने–अपने खेतों के लिये दवार (गुनिया) से बीज बनवाकर रख लेते हैं। तथा बीज बोने के समय पूरे बीज में इसे मिलाकर बोते हैं। इसी दिन गुनिया के द्वारा बिदा निकाला जाता है। बिदा निकालने से आशय है कि गाँव की समस्त परेशानियों, दुख–दर्द, बीमारियों कष्टों को इस गाँव से बिदा कर दिया गया है। ऐसा विश्वास किया जाता है।

हरेली

हरेली शब्द हरियाली से बना हैं। यह गोंड़ जनजाति का प्रमुख त्यौहार है इसे बैगा, कोल, परधान और भरिया आदि जनजाति भी मनाते हैं। यह त्यौहार श्रावण मास की अमावश्या को मनाया जाता है। इस त्यौहार में इष्ट देवता की पूजा की जाती है। घर–आँगन, खेत, बाड़ी, गौसार, में साजा, महुआ, एवं तेंदू की छोटी–छोटी डालियाँ या पत्ते गड़ाए जाते हैं इनके साथ जोगी लट्टी (शतावर) की लताएँ तथा कनई बाँस गडा़ए जाते है। कुटकी की बाली धान की बाली इष्ट देवता को आर्पित कर अच्छी फसल एवं सुख संमृद्धि के लिये प्रार्थना करते हैं। इसी दिन सार (गौशाला) में मुरूम डाल कर पुराई की जाती है। एक टोकरी मुरूम गौसार के दरवाजे में रखते हैं तथा खेती के औजार नांगर, जुआड़ी, नॉधा, जोता, बखर आदि को मुरूम के पास रखकर होम–धूप करके उनकी पूजा करते हैं। इस दिन मवेशियों को नमक की कुछ

डलियाँ खिलाई जाती है। इस दिन गाँव का लुहार सगुन स्वरूप दरवाजों चौखट तथा कुड़ों–पायली में लोहे की छोटी–छोटी कीलें ठोंक कर अच्छी फसल के लिये प्रार्थना करता है।

जियत जियरा तोर धाम माता,
खनिहारी धरेला आहूँ।
मरत पियारा तोर धाम मा,
देव मिले ला आहूँ।।

नाग पंचमी

श्रावण मास की पंचमी को जनजातियों में नाग पूजा की परंपरा है। प्रतिवर्ष नागपंचमी को नाग पूजा की जाती है। इस दिन नाग देवता की पूजा कुलदेवता के रुप में की जाती है। सर्पदंश के समय अथवा नागपंचमी की सर्प पूजा के समय नागों की आराधना की जाती है। उस पूजा–आराधना को ''पीढ़ा बैठाना'' कहते हैं। इस दिन बैगा अथवा सर्प मंत्र सिखाने वाला गुनिया (गुरु) अपने शिष्यों के साथ मिलकर मंत्रों का उच्चारण के साथ हवन करते हैं। शिष्यों की परीक्षा भी होती है। यदि कोई शिष्य मंत्र भूल रहा हो तो कई बार दोहराने पर उस मंत्र में परिपक्व हो जाता है। इस पूजा के लिए आवश्यक सामग्रियों में सर्प की जड़ी–बूटी, दीपक, हवन के लिए चावल, लाल रंग, कोयला, दूध तथा लाई आवश्यक होती है। चावल को लाल तथा कोयला से काला रंग रंगकर सर्प जैसी आकृति में जमीन में रखते हैं। पीढ़ा के सामने सर्पों की जड़ी–बूटी रखी जाती है। पीढ़े के ऊपर दीपक जलाकर रखते हैं तथा इनके सामने हवन–धूप रखते हैं तथा दूध एवं लाई अर्पण करते हैं।

सर्वप्रथम गुनिया बैगा होम करता है। तदुपरांत पहला शिष्य होम करता है। गुनिया अपने प्रथम शिष्य के कान में जोरों से मंत्रोच्चारण करता है। अन्य शिष्य भी साथ में मंत्रोच्चारण करते हैं। इसे मंत्रभरणी कहते हैं। इस मंत्र को तब तक बोलते रहते हैं, जब तक नागदेवता ना चढ़ जाएँ। जब उसका शरीर ऐंठने लगता है, तब जगौरी मंत्र पढ़ते हैं और जगौरी मंत्र पढ़ने के बाद उसे छोड़ दिया जाता है। वह मैदान में सर्प जैसा ऐंठने लगता है। इसी प्रकार सभी शिष्यों के कान में तब तक भरणी एवं जगौरी मंत्र पढ़ा जाता है। जब तक

सभी शिष्यों पर नागदेवता ना चढ़ जाएँ। जब सब शिष्यों को देव चढ़ता है, फिर हवन की अग्नि पर उनका मुँह लगाया (स्पर्श कराया) जाता है। तब वह शांत होते हैं। अंत में दूध एवं लाई का प्रसाद वे सभी ग्रहण करते हैं और गुरु से आशीर्वाद प्राप्त करते हैं।

नाग देवता धन के रक्षक देवता माने जाते हैं। यदि कोई व्यक्ति अपने कठिन परिश्रम से संचित धन को पृथ्वी में गड़ा–छिपाकर रख दिया है तो निश्चय ही अंतकाल तक नागदेवता इस धन की रक्षा करते रहते हैं। ऐसी मान्यता है कि उस धन को कोई स्पर्श तक नहीं कर सकेगा और न ही उसका उपयोग कर सकेगा।

इष्टदेव पूजा

गोंड़ जनजाति में अपने इष्ट देवता के लिए बकरे की बलि दी जाती है। जिसे ये लोग ''पुजाई'' कहते हैं। इष्ट देवता की पुजाई दो प्रकार की होती है:–

1. सालाना या तिसाला,
2. आवश्यकतानुसार किसी भी समय।

यह पुजाई अच्छी फसल प्राप्त होने की खुशी में इष्ट देवता के लिए की जाती है तथा आने वाले समय में भी देवता की कृपा बनी रहे इस आशय की प्रार्थना की जाती है। यह पुजाई अधिकतर वैशाख एवं ज्येष्ठ माह की उजली पक्ष में की जाती है। पुजाई के दिन घर का मुखिया स्नान–पूजन के पश्चात देव स्थान पर राल एवं गुण–घी का हवन करता है, नारियल फोड़ता है तथा बलि के लिए तैयार किए बकरे को गुनिया पानी के छींटे से स्नान कराकर देव के सम्मुख रखते हैं। बलि देने से पहले बकरे को थाल में रखे हुए चावलों को खिलाते हैं। यदि बलि पशु सरलता से चावल के दानों को खा लेता है, तो समझा जाता है कि देव प्रसन्नतापूर्वक अपना भोग ग्रहण कर रहे हैं। बलि पशु को तब तक नहीं काटा जाता है, जब तक कि थाली का एक–दो दाने चावल खा नहीं लेता। इस ''पुजाई'' पर्व में नाते–रिश्तेदारों को आमंत्रित किया जाता है। सभी मिलकर हर्षोल्लास के साथ उत्सव मनाते हैं।

कजलियाँ

कजलियाँ विसर्जन उत्सव

श्रावण मास के शुक्लपक्ष की सप्तमी के दिन बाँस की सुन्दर–सुन्दर टोकनियों में कजलियाँ बोई जाती है। मिट्टी एक दिन पूर्व टोकनियों में भर कर रखली जाती है सप्तमी की शाम को मिट्टी एवं गेहूँ के दानों की धूप–दीप करके कजलियाँ बोई जाती है प्रति–दिन शाम को ढ़ोलक मंजीरा बजाकर दादरा और भजन गीत गाए जाते हैं। रक्षाबंधन के दूसरे दिन कजलियों को नौवें दिन विधि–विधान से पूजन अर्चन के बाद विसर्जित किया जाता है। गेहूँ के पीले–पीले पौधों को तोड़कर रख लिया जाता है। कजलियों को सर्व प्रथम इष्ट देवता को अर्पित करने के बाद एक दूसरे को कजलियाँ भेंट देते हैं। इससे एक दूसरे के प्रति प्रेम भाव एवं भाई–चारा बढ़ता है। इस त्यौहार में गेहूँ उगाकर गेहूँ की अच्छी फसल के लिये प्रार्थना की जाती है।

नवाखाना

जनजातीय परंपरा का समृद्ध विरासत है नवाखाना। इस त्यौहार में जिले के गोंड़ आदिवासी अपने इष्ट देवता को नये अनाजों का पकवान अर्पित करते हैं अच्छी फसल प्राप्त होने पर अपने देवी देवताओं के प्रति कृतज्ञ होते

हैं। इस उत्सव में शामिल होने के लिये मीलों दूर जा बसे पारिवारिक जन शहरों से अपने गाँव "नवाखाना" उत्सव में भाग लेने पहुचते हैं । इस अवसर पर बदली हुई जीवन शैली अपने पारंपरिक ग्रामीण परिवेश में परिवर्तित होती दिखाई पड़ती है। यह पारंपरिक पर्व अपनी पुरानी आस्थाओं से परिपूर्ण है। नवाखाना के एक दिन पूर्व रात्रि में हल्दी चावल से देवताओं को आमंत्रित किया जाता है। सुबह से घरों की साफ–सफाई लिपाई–पुताई करके घर के मुखिया की पत्नी या बहू उपवास रखकर नये अनाजों से देवताओं को अर्पित करने के लिये पारंपरिक व्यंजन तैयार करती है, इसके बाद देवताओं को कद्दू, ककड़ी एवं महुआ के फूल और नये अनाजों से बने पकवान चढ़ाए जाते हैं।

दशेहरा

गोंड़ जनजाति के लोग अक्टूबर माह में दशेहरा का त्यौहार बड़ी धूमधाम से मनाते हैं इस त्यौहार का नाम हिन्दू त्यौहार दशहरा (विजयादशमी) से मिलता जुलता है परंतु यह दशहरा से एकदम भिन्न है। जनजाति में रावणदहन की परंपरा नहीं है। यह त्यौहार पूरी तरह से खेती तथा अच्छी फसल की कामना से जुड़ा हुआ है। कुवॉर के महीने में वर्षा ऋतु का लगभग समापन हो जाता है तथा शरद ऋतु आरंभ हो जाती है। इसके साथ ही खेती किसानी का कार्य भी आरंभ हो जाता है। अच्छी फसल प्राप्त करने के लिये देवी–देवताओं को प्रसन्न करने के लिये गोंड़ जनजाति के लोग दशेहरा त्यौहार मनाते हैं। वे एक दूसरे से मिलते हैं साथ में खाते–पीते हैं, साथ–साथ नाचते–गाते हैं। इस त्यौहार में सैला नृत्य एवं रीना नृत्य किया जाता है यह सिलसिला दशेहरा से लेकर दिवारी के बाद तक चलता रहता है। सैला नृत्य पुरूषों के द्वारा किया जाता है। सैला नृत्य में प्रतियोगिताएँ भी होती है। जिसमें एक गाँव के नर्तक दल दूसरे गाँव जाकर उनसे नृत्य का मुकाबला करते हैं। सैला नृत्य गोंड़ बैगा और भारिया जनजाति में लोकप्रिय है। इस नृत्य के समय ढ़ोल, टिमकी, झाँझ, मंजीरा, और बाँसुरी बजाई जाती है जबकि रीना नृत्य केवल महिलाएँ करती हैं। इस नृत्य का चलन गोंड़ जनजाति में सर्वाधिक है।

जवांरा, ज्योति कलश पर्व

जवरा विसर्जन की शोभा यात्रा

मानव आदिम युग से अदृश्य शक्तियों की कल्पना करता आया है। मनुष्य के लिए यह देवी शक्तियां अपराजेय थीं। अतः वह उनसे भयभीत था, इसलिए उन्हें अपने अनुकूल बनाकर उनसे आत्मरक्षा, उत्कर्ष, विजय, शत्रुनाश, सुखप्राप्ति आदि की चाह करने लगा। किसी उद्देश्य की प्राप्ति के लिए पावन पवित्र शक्तियों को पूजनीय मानकर उनकी आराधना एवं अनुष्ठान आदि करना प्रारंभ किया। जो आज भी अनवरत जारी हैं। इन्हीं शक्तियों की पूजा को शक्तिपूजा के नाम से जाना जाता है। यह एक सामूहिक उपासना का महापर्व है। शक्तिसाधना के इस महापर्व में प्राकृत शक्तियों को सिद्ध करने के लिए शक्ति साधक (पंडा पुजारी) वर्ष के संगम कालखंडों कुंवार तथा चैत्र मास के शुक्ल पक्ष में सामूहिक शक्ति पूजा एवं शक्ति साधना अपने कार्य, ज्ञान, स्वभाव एवं संस्कार के अनुसार धार्मिक अनुष्ठानिक पर्व का आयोजन करके अपना–अपना परिचय प्रमाण देते हैं। इस शक्तिपूजा, जवांरा एवं ज्योति कलश स्थापना के लिए पृथवी पूजा करके मिट्टी लाई जाती है। बांस की नई–नई टोकनियों में मिट्टी को रखकर उसमें गेहूं अथवा जौं के बीज बोए जाते हैं। टोकनी के मध्य में ज्योति कलश की स्थापना की जाती है। नौ दिनों तक अखंड ज्योति जलाई जाती है। पंडा (साधक) कठिन व्रत एवं नियम का पालन करता है। नौ दिनों तक देवी–देवताओं के स्तुतिवंदन में पावन जस देवीगीत

गाए जाते हैं। नौ दिनों की शक्तिसाधना के उपरान्त जवारों का विसर्जन पवित्र नदियों में किया जाता है तथा सामूहिक भोज एवं प्रसादी का आयोजन किया जाता है।

जनजातियों के पर्व और त्यौहार में प्रकृति के ही दर्शन होते हैं। इनका महत्वपूर्ण पक्ष यह है कि इनकी संस्कृति का प्रत्येक तत्व प्रकृति की हर चीज मिट्टी जल, वायु में घुल मिल गया है उनका प्रत्येक कार्य, उत्सव एवं पर्व–त्यौहार जनजातीय जीवन के विशिष्ट अंग हैं। इनका वैयक्तिगत एवं पारिवारिक दृष्टि से तो महत्व है ही, सामाजिक एवं सामुदायिक दृष्टि से भी ये अत्यन्त महत्वपूर्ण हैं। यही कारण है कि हमारे मूलभूत पर्वों पर काल का कोई प्रभाव नहीं पड़ा। वे सदियों से निरंतर अस्तित्व में बने हुए हैं और आज भी उनका महत्व बना हुआ है। इन लोक पर्वों को गोंड़ समाज में अति उत्साह, उमंग और उल्लास के साथ मनाने की परंपरा जारी है।

दिवारी

लोक संस्कृति की दृष्टि से देखा जाए तो जनजातियों के सारे त्यौहार आराधना के पर्व कहलाते हैं। चाहे वह हरेली हो, कजलियाँ हो, नवाखाई, बिदरी या फिर दिवाली गोवर्धन पूजा हो। म. प्र. कृषि प्रधान राज्य है। यहाँ की जनजातियों का मुख्य व्यवसाय कृषि है। अतः जनजातियों में धान की बाली को ही लक्ष्मी का स्वरूप माना जाता है। साथ ही कृषि से जुड़े पशुधन वास्तविक धन होते हैं। अतः लक्ष्मी के रूप में उनकी पूजा होती है। दिवारी का प्रारंभ त्रयोदशी तिथि से प्रारंभ हो जाता है। इस दिन घर–आँगन, कोठी (अन्नगार), सार (गौशाला) आदि में तेरह दीपक जलाने की परंपरा है। दूसरे दिन चतुर्दशी को चौदह दीपक जलाकर गौशाला, अन्नगार, घर–आँगन एवं इष्ट देवता की पूजा की जाती है। अमावस्या के दिन लक्ष्मी पूजा की परंपरा है। जनजातीय लोग धान की बाली को लक्ष्मी के रूप में पूजते हैं इसके अतिरिक्त और भी चीजों में लक्ष्मी की कल्पना की जाती है। अन्न जेवर, जायदाद, कोठी, कोठार, तुलसी चौरा, बर्तन–भॉड़ा, सूपा–टोकनी, हल–बखर आदि को लक्ष्मी के रूप में माना जाता है एवं दिवारी के दिन उनकी पूजा की जाती है। सभी चीजों में लक्ष्मी को खोजना बड़ी बात है भले ही ये निर्जीव वस्तुऍ हैं पर जनजातीय जीवन के अभिन्न अंग हैं। लक्ष्मी पूजा के दिन नये

धान के चावल के आटे से बने दीपकों से देव–देवालय, घर–आँगन को प्रकाशित किया जाता है मिट्टी के दियों का उपयोग भी घर को रोशन करने के लिये किया जाता है। दिवाली के दिन दरवाजों पर भूत प्रेतों एवं बुरी नजर से रक्षा के लिए अरंड़ी के पत्ते लगाए जाते हैं। दिवारी की रात्रि में अहीरों की टोली घर–घर जाकर आर्शीवाद लेते व नाचते गाते हैं। अहीर द्वारा अपनी धरती माता, गौमाता, ग्राम देवी जन्मदायिनी माता की महिमा गान अपने दोहों के माध्यम से करते हैं। अहीर कौड़ियों से निर्मित सुन्दर वस्त्र पहनकर दिवारी नृत्य करते हुए भक्तिगीत गाते हैं। यथा–

अरसी के भाई खरसी और खरसी के भाई धूर हो,
जाग जाग रे धरती माता, आज बरसी भरपूर हो।

उन्हें प्रत्येक घर से अनाज एवं रूपया भेंट स्वरूप दिया जाता है। इसके उपरान्त अहीर विभिन्न वनस्पतियों से बनाये गए अपने छाहुर के स्पर्श से घर–आँगन, कोठी, गौशाला आदि को पावन करता है। छाहुर को हल्दी–तेल एवं दही से तिलक करके अहीर टोली को अनाज एवं रूपये जैसे भेंट दिये जाते हैं। भेंट स्वीकार करने के बाद अहीर छाहुराशीष देता है। यथा–

1 जैसे मालिक दयें वैसे लयले मालिक अशीष हो,
घर रहय तोर चोखा चंदन, जीओ लाखों बरीस हो।

2 लीपे–पोते दाई तो देव घार।
पढ़ैं गुनै तोर देवपूत मौनी हार।।
भरे रहय माता तोर दुधहा दहनी।
बुड़े रहय माता दूधमा अंगरी रे कहनी।।
भरे रहय दाई तोर कोठी डोली।
तोर अंगन ले दाई उठय बाईं के डोली।।

गोवर्धन पूजा

दिवारी के दूसरे दिन गोवर्धन पूजा होती है। कृषि से जुड़े पशुधन वास्तविक धन होते हैं। अतः लक्ष्मी के रूप में उनकी पूजा होती है। गाय को

गौमाता कहा जाता है। गोवर्धन पूजा में समस्त पशुधन को नहला धुला कर गेंदे के फूलों से सुसज्जित किया जाता है। गाय–बैलों के गले में छोटी–छोटी घंटियाँ बाँधी जाती हैं तथा उन्हें लोक व्यंजन बनाकर खिलाया जाता है। तत्पश्चात पूरे गाँव के गाय–बैलों को एक बड़े मैदान में एकत्रित करते हैं। जहाँ 10–12 वर्ष के लड़कों द्वारा मौनवृत का संकल्प लेकर बछिया की पूजा करके उसके नीचे से सारे मौनिहार निकलते हैं। ढ़ोल, बाँसुरी, थाली आदि बाद्य बजाए जाते हैं। बाजों एवं ढ़ोल नगाड़ों की आवाज से गायें बिचक कर भागती है। इसी कारण इसे गाय बिचकाना भी कहते हैं। मौनिहार सभी गाय–बैलों को दिन भर चराते हैं और गोधूलि बेला में घर लेकर आते हैं। घर के दरवाजे में बहिन मौनिहार भाई की आरती उतारती है तथा भाई के चिरायु होने के लिये इष्ट देव से प्रार्थना करती है। मौनिहार खीर खाकर अपना वृत समाप्त करते हैं। गाँव की महिलाएँ रीना एवं पुरूष सैला नृत्य करते हैं तथा त्यौहार का जी भरकर आनंद उठाते हैं।

छेरता उत्सव

छेरता उत्सव पूष माह की पूर्णिमा के दिन मनाया जाता है। डिण्डौरी एवं मण्डला जिले के गोंड़, बैगा, कोल, परधान, जनजाति के लोग खरीफ फसल की कटाई के बाद इस त्यौहार को हर्षोल्लास से मनाते हैं। लगभग 6–7 बच्चों की कई टोलियाँ बनाकर प्रत्येक घर से खाने की वस्तुएँ मांगी जाती हैं। छेरता में मांगी हुई अलग–अलग सामग्री को रखने के लिये एक खास तरह की परतदार झोली बनाई जाती है। छेरता मांगने वाले बच्चे लाठी से जमीन को खुरचते हुए छेरता गीत गाते हैं–

"छेर–छेर छेरता माई मुर्गी मार दे
कोठी के धान निकाल दे
नून तेल मिरच दे
बरी–बरी पिसान दे
छेर–छेर छेरता।

एकत्रित सामग्री से शाम के समय नदी किनारे सामूहिक भोजन तैयार किया जाता है। इस सामूहिक आनंदोत्सव में बच्चे और युवा वर्ग के लोग

शामिल होते हैं। बच्चे छेरता नृत्य करते हैं। कौआ की तरह काँव–काँव की आवाज से गीत गाते हैं। राक्षस का मुखौटा लगाकर नृत्य करते हैं, जिसे कठभेभा कहा जाता है। खान–पान, नाच–गान के द्वारा इस पर्व का भरपूर आनंद ग्रामवासी उठाते हैं।

पीढ़ा उपवास (तिल चौथ)

यह त्यौहार माघ माह के कृष्ण पक्ष चतुर्थी को मनाया जाता है। इस त्यौहार में उपवास रखने की परंपरा है। दिन में उपवास करने के बाद सायंकाल शिव–पार्वती एवं गणपति की पूजा की जाती है। साल्हे वृक्ष की लकड़ी से छोटे–छोटे पटे बनाये जाते हैं। उन पटों पर शिव–पार्वती एवं गणेश भगवान को प्रतीक स्वरूप गाय के गोवर से स्थापित किया जाता है तथा चन्द्रमा के दर्शन के बाद शिव परिवार की पूजा की जाती है। उन्हें नवीन वस्त्र पहनाए जाते हैं। रात्रि में चावल के आटे से बना चीला नामक पकवान एवं खीर, तिल के लड्डू आदि का भोग लगाया जाता है। प्रातः काल कौआ बोलने से पहले पटों एवं अन्य पूजन सामग्री को विसर्जित कर नदी में ठण्ड़े पानी से स्नान करने के बाद घर आकर त्यौहार का भरपूर आनंद लिया जाता है।

होली (फाग)

पर्व और त्यौहार जीवन के अभिन्न अंग होते हैं। ये जीवन में खुशी और उत्साह का संचार करते हैं। ये त्यौहार आदिकाल से परंपरा के रूप में आज तक मनाये जा रहे हैं। होली फागुन माह के अंतिम दिन मनायी जाती है। होली के पन्द्रह दिन पहले से उस स्थान पर पूजा होने लगती है। जहाँ होली जलाई जाने वाली है। सुबह गाँव का बैगा (पुरोहित) खरखा डॉड (गाँव भर के मवेशियों को एकत्रित करने का स्थान या बड़ा मैदान) में गाँव का मुखिया एवं कुछ अन्य लोगों के साथ जाकर वहाँ एक छोटा सा गड्ढ़ा खोद कर पुरोहित (बैगा) एक अण्डा, पाँच हल्दी गाँठ ताँबे का पैसा और चावल के कुछ दाने डालकर मंत्र पढ़ता है। इस गड्ढ़े में चार–पाँच फीट ऊँचा अरंडी, तेन्दू, और कनई बाँस की शाखाएँ गड़ा दी जाती है बैगा धूपबत्ती नारियल एवं जल चढ़ाकर मंत्रोच्चार करता है। जिस गाँव में खरखा डॉड नहीं होता वहाँ गाँव के पास किसी खेत में यह आयोजन किया जाता है। जहाँ बैगा नहीं होता वहाँ ग्राम के मुखिया के द्वारा गाँव के लड़के इस कार्य को संपन्न करा लेते

हैं। इसके बाद प्रतिदिन वहाँ गाँव के लड़के थोड़ी–थोड़ी लकड़ियाँ एकत्रित करते हैं। इस प्रकार पन्द्रहवें दिन काफी लकड़ियाँ एकत्रित हो जाती हैं। अंतिम दिन अधिक से अधिक लकड़ियाँ इकट्ठी की जाती हैं। रात्रि के 2 से 3 बजे तक सारे गाँव वाले एकत्रित होते हैं। सबेरे मुर्गा बोलने के पूर्व बैगा धूप बत्ती जलाता है, मंत्र बोलता है, नारियल फोड़ता है तथा सेमल की रूई या पाँच गाँठ के पैरा में चकमक पत्थरों से आग जलाई जाती है। इसे "कुँवारी आगी" कहते हैं। इस कार्य में दियासलाई आदि का प्रयोग नहीं किया जाता। होली जलाने के बाद सब लोग ऋतु फल बेर, गेहूँ की बाली तथा चावल अग्नि में डालकर पाँच या सात परिक्रमा करके उस राख से टीका लगाते हैं तथा वहाँ की आग अपने–अपने घरों के चूल्हा जलाने के लिये ले जाते हैं। दिन के समय फाग गीतों का गायन होता है। जनजातियों में भी रंग खेलने की प्रथा है। ज्यादातर ये लोग प्राकृतिक रंगों जैसे पलाश के पुष्पों से तैयार रंग का प्रयोग करते हैं।

पीढ़ी पूजा (देव मिलौनी)

गोंड़ जनजाति में व्यक्ति की पहचान गढ़, गोत्र एवं देव संख्या से की जाती है। इस पीढ़ी पूजा को अनेक नामों जैसे देवमिलौनी, गुड्डी पूजा, कुंडा मिलाना आदि से जाना जाता है। पीढ़ी पूजा या देवमिलौनी एक ही गोत्र के लोगों का उत्सव है। गोत्रजों के द्वारा बैसाख माह की पूर्णिमा एवं अमावस्या के मध्य दिन तिथि निर्धारित कर गोत्र के पुजारी तथा 'दसौंधी' (परधान) को एवं गोत्र के सभी लोगों को संदेश दे दिया जाता है। जिस दिन पूजा होती है, उसके एक दिन पूर्व बूढ़ादेव एवं बूढ़ी माई को आवाहन कर आमंत्रित किया जाता है। पूजा के दौरान दसौंधी एवं कबीले का मुखिया गोत्रजों के साथ उपस्थित रहते हैं। कबीले के प्रमुख नात सदस्य भी इस उत्सव में आमंत्रित रहते हैं। इस उत्सव को बड़ादेव का न्याय दरबार भी कहा जाता है। दसौंधी के द्वारा कुल देवी एवं कुल देवता का आवाहन बाना वाद्ययंत्र का वादन करते हुए स्तुतिगान अथवा वंशावली पाठ किया जाता है। दसौंधी को वंशावली पाठ करने के कारण पठारी भी कहते हैं। वंशावली का सही वर्णन प्राप्त कर किसी एक शक्तिसाधक को बड़ादेव का भार आता है। इसके बाद वह बरुआ या शक्तिसाधक नदी या तालाब में स्नान के लिए जाता है। इसी बीच गोत्र के लोगों द्वारा अपने–अपने परिवार के मृत आत्माओं के सूक्ष्मजीव के प्रतीक पिंडो

को यत्र–तत्र छिपा देते हैं। इसके बाद बड़ादेव शक्तिभारित बरूआ छिपाए हुए पिण्डों को खोजकर लाता है। यहीं पर उस आलौकिक शक्ति का साक्षात अनुभव होता है क्योंकि छिपाए हुए पिण्डों को बड़ादेव शक्तिभारित व्यक्ति देखा नहीं होता है। फिर भी उन्हें खोजकर पूजनस्थल में उपस्थित करता है। इस पूजनस्थल में अकाल मृत्युकुण्ड तथा सामान्य मृत्युकुण्ड दो कुण्ड होते हैं। बड़ादेव के 'न्याय दरबार' में शक्तिभारित बरूआ फैसला करके सामान्य मृत्युकुण्ड में पुनर्जन्म प्राप्त करने के लिये जीव को बंधन मुक्त करता है तथा अकाल मृत्यु प्राप्त जीव पिण्ड को कैद बंधन देता है। गोंड़ लोगों में ऐसा विश्वास है कि व्यक्ति के पाप–पुण्य के लेखा–जोखा के आधार पर जीवात्मा को पुनर्जन्म अथवा मोक्ष तथा कैद बंधन अथवा सजा प्राप्त होती है। इस संपूर्ण पूजा में सर्वव्यापी देवाधिदेव बड़ादेव की शक्ति का आभास मिलता है। पूजा समाप्ति पर बकरा एवं बकरी की बलि भेंट देकर गोत्र कबीले के सदस्य प्रसाद ग्रहण करते हैं। बचे हुए प्रसाद के अवशेषों को जमीन में गड़ा दिया जाता है। गोंड़ जनजाति में इस पीढ़ी पूजा या 'देव मिलौनी' को अत्यंत श्रद्धा एवं आस्था से बहुत बड़े उत्सव के रूप में मनाया जाता है।

गोंड़ जनजाति में ऐसा विश्वास किया जाता है कि आत्मा अमर है। वह किसी भी जाति, धर्म, समुदाय में जन्म धारण कर सकती है। सामान्य मृतात्मा स्वयं जन्म धारण करने में सक्षम नहीं होती। जन्म के लिए 'देवमिलौनी' संस्कार करने की आवश्यकता होती है। मृत आत्मा का देवमिलौनी संस्कार किए जाने पर कबीले में ही जन्म धारण करती है। अतः गोंड़ समाज में मृत्यु पश्चात कबीले के प्रत्येक सदस्य की आत्मा को पुनः जन्म प्राप्त हो, इस हेतु देव में विलीनीकरण किया जाता है यह देव कार्य प्रत्येक वर्ष, 3 वर्ष, 5 वर्ष या 7 वर्ष में किया जाता है।

जनजातियों के पर्व और त्यौहार में प्रकृति के ही दर्शन होते हैं। इनका महत्वपूर्ण पक्ष यह है कि इनकी संस्कृति का प्रत्येक तत्व प्रकृति की हर चीज मिट्टी जल, वायु में घुल मिल गया है उनका प्रत्येक कार्य, उत्सव एवं पर्व–त्यौहार जनजातीय जीवन के विशिष्ट अंग हैं। इनका वैयक्तिगत एवं पारिवारिक दृष्टि से तो महत्व है ही, सामाजिक एवं सामुदायिक दृष्टि से भी ये अत्यन्त महत्वपूर्ण हैं। यही कारण है कि हमारे मूलभूत पर्वों पर काल का कोई प्रभाव नहीं पड़ा। वे सदियों से निरंतर अस्तित्व में बने हुए हैं और आज भी

उनका महत्व बना हुआ है। इन लोक पर्वों को गोंड़ समाज में अति उत्साह, उमंग और उल्लास के साथ मनाने की परंपरा जारी है।

संदर्भ ग्रंथ सूची

1. गोंड़ी धर्म दर्शन मोतीराम कंगाली पारी कुमार लिंगो प्रकाशन नागपुर 1994।
2. प्राकृत धर्म एवं संस्कृति शिक्षा संदेश डॉ. लीला भलावी।
3. सामायिक संदर्भों में गोड़ी संस्कृति का इतिहास डॉ. लीला भलावी।

----- 000 ----

11

जनजातियों की आस्था और उमंग के पर्व मड़ई–मेले

मड़ई हमारी पुरातन आस्थाओं से जुड़ी हुई जीवंत परंपरा है। जनजातियों का लोक वैभव हमारी प्राचीन संस्कृति का सजीव रूप है जो एक धरोहर के रूप में समाज में विद्यमान है। मड़ई वास्तव में आदिवासियों की वह समृद्ध परंपरा है जिसका वैभव पूर्ण एवं गौरवशाली इतिहास है। जनश्रुति एवं लोक मान्यता के अनुसार मड़ई का प्रारंभ गोंड राजा हृदयशाह ने किया था, सर्वप्रथम मंडला जिले के हृदयनगर ग्राम में मड़ई का आयोजन किया गया था। गोंड राजवंश कालीन सभ्यता एवं परंपरा की समृद्धि के साथ मड़ई–मेला अपने वैभवशाली रूप में आज भी लोकाचार का माध्यम बना हुआ है। मडई–मेला जनजातियों की लोकतांत्रिक आस्थाओं से भी जुड़ा पर्व है। ऐसा माना जाता है कि गोंड़ शासक मड़ई पर्व में शामिल होकर अपनी प्रजा के साथ चंड़ी पूजन कर राज्य की रक्षा–सुरक्षा धन–धन्य की पूर्ति भौतिक उन्नति तथा प्रजा के शारीरिक, मानसिक एवं आध्यात्मिक विकास और दैविक प्रकोपों से रक्षा हेतु माता चंडी देवी से प्रार्थना करते थे। इन महोत्सवों में राजा और प्रजा मिलकर इस संमृद्ध परंपरा को आगे बढ़ाते थे। मध्यप्रदेश के मंडला जिले में कार्तिक मास के शुरुआती मड़ई ग्राम रामनगर एवं जिला मुख्यालय मंडला से प्रारंभ होकर इस का सिलसिला चार–पाँच माह तक निरंतर चलता रहता है तथा हृदयनगर के विशाल मेले के साथ समाप्त होता है मड़ई–मेले की शुरुआत मड़ई ब्याहने के साथ होती है। डिंडौरी जिले में प्रतिवर्ष अगहन मास में ग्राम बोंदर के विशाल मेला से मेला पर्व शुरु होकर शिवरात्रि में कुकर्रामठ की मड़ई–मेला से इन पर्वो का समापन होता है। ये मड़ई मेले अगहन मास से फागुन मास के मध्य लगभग पाँच–छः ग्राम समूहों के केन्द्र ग्राम में लगते हैं।

मड़ई शब्द हिंदी के मंडप शब्द से बना है। गोंड जनजाति के लोग इस पर्व को दोगुन देव और चंडी देवी के विवाह उत्सव के रूप में मनाते हैं। वर्षा ऋतु की फसल पकने के बाद किसान फसल की कटाई–गहाई करके अनाजों को कोठियों (अनाज रखने के बड़े–बड़े बर्तन) में रख लेते हैं तब किसानों को फुर्सत मिलती है। दीपावली के बाद मडई–मेला लगता है गांव का मुखिया मेले का उद्घाटन करता है। मेला– मड़ई आयोजन के निर्धारित तिथि से दो–तीन सप्ताह पूर्व पंडा–पुजारी की सलाह एवं ग्राम मुखिया के आदेशानुसार ग्राम का कोटवार इलाके के हाट–बाजारों में जाकर ढिंढोरा पीटता है (सूचना देता हैं) साथ ही व्यापारियों के द्वारा दूर–दूर के ग्रामों और जिलों में मड़ई आयोजन की सूचना मिल जाती है जिससे क्षेत्रवासी बड़े उत्साह से इस पर्व में सम्मिलित होने के लिए आते हैं। ग्रामवासी चंडी देवी और दोगुन देव विवाह मंडप अर्थात मड़ई बनाने के लिये लगभग 15 से 20 फीट बांस के ऊपरी सिरे को मयूर पंखों एवं लाल, काला, सफेद ध्वजों से सजाते हैं बांस को सात रंगों से रंग कर मड़ई को आकर्षक बनाया जाता है मड़ई के शीर्ष भाग में पीतल की घण्टी फूल माला हरीमिर्च, कालीमिर्च एवं भिलवां की माला एवं गठला–गुरिया और झाडू को बांधा जाता है साथ ही मड़ई को संतुलित रुप से सम्हालने के लिए रेशम की लम्बी डोरी बांधी जाती है। इसके अलावा गोंदली अर्थात जंगली प्याज को काटकर उसकी परतों को अलग–अलग कर के धागे से गूँथ कर श्वेत और अत्यंत सुंदर माला तैयार कर मड़ई का श्रृंगार किया जाता है। इस श्रृंगारित एवं सुसज्जित मड़ई को गोंदीला मड़ई के नाम से जाना जाता है।

लोक मान्यतानुसार चंडी माता क्षेत्र की रक्षा करने वाली देवी है, अतः उनका निवास स्थान गाँव के बाहरी क्षेत्र में माना जाता है, तथा दोगुन देवता का निवास स्थान घर के आंगन में माना जाता है। मड़ई आयोजन के तीन दिन पूर्व पंडा व्रत उपवास का संकल्प कर के देवी देवताओं का आवाहन करता हैं राल का होम लगाकर दाल–चावल एवं हल्दी के द्वारा समस्त देवी देवताओं को आमंत्रण देकर विवाह समारोह में शामिल होने के लिए प्रार्थना करता है। मड़ई के पूर्व संध्या तक आमंत्रित देवी देवताओं का आगमन मान लिया जाता है, विभिन्न गढ़–गढ़ियों से आये हुए देवी–देवताओं का स्वागत ज्योति कलश जलाकर, उनके पैर पखारकर, धूप दीप करके आसन पर

बैठाकर, नारियल भेंट किया जाता है, तत्पश्चात ग्राम वासियों द्वारा सायंकाल में त्रिशूल, खड़ग, भाला, फरसा आदि अस्त्र–शस्त्रों के साथ देवी–देवताओं की शोभा यात्रा गाँव में निकाली जाती है। इस शोभा यात्रा को स्थानीय बोली में ''दहनारत'' कहा जाता है। दूसरे दिन प्रातः चंडी देवी के पूजन स्थल के लिये भारी जन सैलाब मड़ई के साथ प्रस्थान करता है।

मड़ई स्थल में तीन दिन पूर्व सरई की लकड़ी का खाम (खम्भा) चंड़ी देवी के प्रतीक के रूप में गड़ाया जाता हैं। खाम के नीचे दो नारियल, दो सुपारी, तीन हल्दी गाँठ एवं एक रूपये का सिक्का अभिमंत्रित करके गड़ा कर मड़ई ब्याहने की पूर्व तैयारी ग्राम पंडा तंत्र विधि के साथ पूरी करता है।

मड़ई को धारण करने के लिए पंडा, एक साधक का चुनाव करके उसे भभूति खिलाकर उसके माथे में हल्दी का तिलक करके आशीर्वाद देता है। मड़ई धारक के कमर में गमछा बाँधकर मड़ई संतुलन के लिये लोटा रखाया जाता है। लोटा के अंदर मड़ई डाँग को रखा जाता है जिससे मड़ई धारक मड़ई को चंडी देवी स्थल तक आसानी से पहुँचा सके। मड़ई स्थल में जाने के लिये पंडा द्वारा अपना विशेष श्रृंगार किया जाता है। कमर में घांघरा, पूरे आस्तीन का ब्लाउज, कमर में नवरा, पाँव में घुँघरु, माथे में टिकली, हाथ में दर्पण और मयूर झाली तथा लाल ओढ़नी धारण किये हुए होता है। मड़ई–मेले का सबसे अधिक आकर्षक अद्भूत एवं रोमांचकारी वह दृश्य होता है जिसमें पंडा अपने गाल या जीभ मैं त्रिशूल से छेदकर चंडी देवी के धाम तक विजय यात्रा करके पहुँचता है। अन्य पंडे पुजारियों के साथ ग्रामवासी मृदंग, झांझ, मंजीरा, ढोल, शहनाई आदि वाद्य यंत्रों को बजाते हुए उनके पीछे–पीछे चलते हैं। पंडों द्वारा शंख ध्वनि की जाती है देवी भक्ति गीत गाते हुए जन समुदाय अहीरी नर्तक दल के साथ नृत्य करते हुए मड़ई विश्राम स्थल चंडी देवी के धाम तक पहुँचते हैं। मड़ई आगमन के समय आदिवासियों द्वारा चंडी देवी को नमन कर अपने–अपने परिवार तथा गाँव की रक्षा के लिये प्रार्थना करते हैं एवं उड़द दाल एवं चावल को सिर से उतारा कर अपनी रक्षा–सुरक्षा की याचना करते हैं।

मड़ई आगमन के बाद ध्वजा–पताकाओं को चंडी देवी के खाम के चारो और विश्राम दिया जाता हैं पंडा तथा मड़ई धारकों द्वारा माता चंडी को

लाल ओढ़नी, चूड़ी, टिकली, नथनी, बिंदिया, काजल, सिंदूर आदि श्रृंगार सामग्री भेंट अर्पित की जाती हैं। मान्य परंपरानुसार मुख्य पंडा एवं गाँव का मुखिया देवी पूजन कर मड़ई प्रारंभ की घोषणा करते हैं। मड़ई उद्‌घाटन के पश्चात पंडा एवं अहीर नर्तक दल द्वारा बावन दुकानों से मिठाईयाँ एवं फल–फूल एकत्रित किया जाता है इन खाद्य सामग्रियों को चंडी देवी को अर्पित करते हैं जिसे ''बावनबाजार'' कहा जाता है तथा सायंकाल की पूजा के बाद पंडा मड़ई को अपने–अपने गाँव वापस ले जाने एवं मड़ई ब्याह समापन की घोषणा करता है। मड़ई ब्याहने के दूसरे दिन आमंत्रित देवी देवताओं की पूजा–अर्चना करके एवं भेंट देकर उनकी बिदाई की जाती है।

मडई–मेला तीन दिनों का उत्सव होता है। पहले दिन मड़ई पूजन संपन्न होता है इस दिन दोपहर को पूजन के बाद लोग मेला घूमते हैं नाते–रिश्तेदारों से भेंट मुलाकात करते हैं। मेले में खूब मनोरंजन एवं खुशियां मनाते हैं। मेले का दूसरा दिन गोदरी कहलाता है इस दिन लोग मेले में दूर–दूर से आई दूकानों से जीवन उपयोगी चीजों का खरीद–फरोख्त करते हैं। तीसरा दिन अर्थात तितरी का दिन खूब मौज मस्ती करने का होता है गाँव वाले तथा उनके मेहमान मिलकर पारिवारिक और सामूहिक रुप से आनंद मनाते हैं। मड़ई–मेला की अपनी एक मौलिकता है जिसमें प्रकृति से जुड़ा स्वछंद परिवेश है सांस्कृतिक वैभव से भरपूर ये मड़ई–मेले, जिसमें पुरातन मूल्यों से सहज ही साक्षात्कार होता है। मेले में सजी–धजी दुकानें जिसमें ग्रामवासी सोना, चांदी, कपड़े बर्तन तथा तरह–तरह की मनपसंद चीजों को खरीदते हैं मेले में खरीददारी के अलावा मनोरंजन के और भी साधन होते हैं जिसमें सर्कस, झूला, चलता–फिरता सिनेमा घर, जादू का खेल जैसे ग्रामीणों के पसंदीदा साधन होते हैं। वनोपज कृषि और व्यापार की दृष्टि से ये मेला–मड़ई मंडी हैं तथा उपासना की दृष्टि से चंडी है। मडई–मेला जनजातियों के अत्यंत महत्वपूर्ण पर्व होते हैं इन पर्वो को जिस श्रद्धा, भक्ति एवं उल्लास के साथ मनाया जाता है उसका वर्णन शब्दों के सामर्थ्य से परे है।

मध्यप्रदेश की भूमि लोक नृत्यों से सजी हुई है। इन लोक नृत्यों के पोषक है किसान, मजदूर, चरवाहा इत्यादि। हमारा किसान खेती करता है, खेतों में पसीना बहाता है। खेती के प्रमुख आधार बैल–भैंस आदि हैं। मजदूर खेती सँवारते हैं। चरवाहा खेती के पशुओं का रखवाला है। इन सब के

सहयोग से अन्न उपजता है। किसान को फसल पकने की आतुरता से प्रतीक्षा रहती है। फसलें पकने के बाद गोंड़ कृषकों की प्रसन्नता का पारावार नहीं रहता है। तथा अपने हर्षोल्लास को मड़ई–मेले के माध्यम से अभिव्यक्त करते हैं। मड़ई और मेले क्रय–विक्रय के मुख्य आयोजन रहते हैं। मड़ई–मेले सामुदायिक आधार पर किसी स्थान विशेष पर आयोजित होते हैं जब तक इन पर्वों में बड़ी संख्या में जन सामान्य सम्मिलित न हो तब तक न तो मड़ई–मेले में रौनक आती है और न ही आयोजन की सार्थकता होती है।

मड़ई में पारंपरिक अहीर नृत्य जिसमें लगभग सभी जनजाति के लोग साथ ही सारे अंचलवासी भाव विभोर होकर लोक गीतों के साथ नृत्यमग्न हो जाते हैं मड़ई मेले में होने वाला अहीर नृत्य, मृदंग की थाप पर कौड़ियों के आभूषण जड़ित पोशाक घांघरा पैरों में पैजनी से सजे–धजे अहीर जिनमें संगीत साज के रूप में मृदंग, बांसुरी के साथ थालियों से उभरता सुहावना संगीत अपनी अलग मन मोहक स्वर लहरियों से परिपूर्ण होता है। उनके हृदय के भावों की अभिव्यक्ति का स्वर गूंजता है उनका मन उल्लास से भर उठता है और वे सहज रुप से भावाभिभूत होकर मधुर मार्मिक और हृदयस्पर्शी गीत एवं दोहों का गायन करके नृत्य करते हैं। उनके लोकनृत्य एवं लोकगीतों में एक जादुई आकर्षण होता है अहीरों का लाठी नृत्य अद्वितीय करतब एवं कला कौशल पूर्ण होता है इनका कला लक्ष्य प्रदर्शनकारी न होकर आत्मविभोर कारी होता है।

मड़ई और अहीर नृत्य दोनों का चोली दामन का साथ होता है। यदि अहीर नृत्य नहीं है तो मड़ई नहीं है। मड़ई स्थल पर आस–पास के गाँवों से कई नृत्य दल अपनी मौज मस्ती के साथ नाचते हुए मड़ई में आते हैं। ऐसे अहीर नर्तक दलों को ''पहुवा'' कहते हैं। प्रत्येक पहुवा के साथ मोरपंखों से सुसज्जित चंडी अथवा मड़ई रहती है। मड़ई स्थल पर एक निर्धारित स्थान में पंडा द्वारा पूजा इत्यादि करने के पश्चात मड़ई ब्याही जाती है। इस अवसर पर अहीर नृत्य का सर्वाधिक महत्त्व रखता है। मड़ई ब्याहने के उपरांत अहीर नर्तक दल प्रमुख प्रतिष्ठित व्यक्तियों के सम्मुख खूब जीभरकर नाचता है और उपहार प्राप्त करता है।

अहीरी नृत्य में केवल प्रमुख नर्तक ही विशिष्ट वेशभूषा और साज–सज्जा धारण करते हैं। वे सिर में पगड़ी बांधते हैं, घुटनों तक धोती पहनते हैं। शरीर में बंड़ी या सलूखा पहन कर उसके ऊपर काली या लाल जाकिट धारण करते हैं, तथा गले में गमछा डालते हैं। अहीर नृत्य की सबसे महत्वपूर्ण और कीमती वेशभूषा उसकी ''झूमर'' होती है। झूमर का निर्माण वे स्वयं करते हैं इसे बनाने में वर्षों लग जाते हैं। कौड़ी, ऊन और गाय की पूछ के बालों से बने झूमर को नर्तक कंधों में फंसा कर पहनते हैं यह उनके पैरों तक झूलता है। फिरकी लगाते समय झूमर की लड़ें चकरी के सामान फैलकर घूमती हैं जो अत्यंत ही मनमोहक लगती हैं। झूमर के साथ ही कौड़ी, ऊन और बालों से बने बहँकर को बाहों में बांधा जाता है साथ ही नर्तक पैरों में घुंघरू बाँधते हैं एवं पैरों में पैजन पहनते हैं। अहीरी नृत्य में मृदंग, बांसुरी, काँसे की थाली प्रमुख वाद्य होते हैं।

सांस्कृतिक वैभव तथा लोकमंगल की अनूठी परंपरा को बढ़ाते मड़ई–मेले का स्वरुप समय के साथ भले ही बदल रहा हो पर आज भी उसका उतना ही महत्व है। जितना आज से सैकड़ों साल पहले था। पुरातन मान्यताओं की जीवन्त परंपरा मड़ई आपसी सद्भाव धार्मिक मान्यताओं तथा लोकतांत्रिक समृद्धि का अनूठा संगम है।

मड़ई–मेले लोक अभिरुचि के पर्व हैं मड़ई का जहाँ धार्मिक आध्यात्मिक स्वरुप है वहीं मेला लोक आनंद का प्रतीक है। मड़ई पूजन में विधिमान्य ढंग से देवी पूजन कर लोकमंगल की कामना की जाती है। इस अवसर पर ईश्वरीय सत्ता के प्रति आस्थावान आदिवासी अपने तथा अपने परिवार जनों की रक्षा के लिए ग्राम पंडा से झाड़फूंक करवा कर अगली मड़ई तक सुरक्षा कवच धारण कर लेते हैं। इसके बाद शुरु होता है रंग–बिरंगी जिंदगी के आनंद का पर्व मेला।

मेला से आशय मेल–जोल, मुलाकात एवं मेल–मिलाप से है। इस पर्व के आते ही गाँव–गाँव में बसे लोग अपने नाते–रिश्तेदारों से मिलने आते हैं। मीलों दूर शहरों में जाकर बसे ग्रामवासी अपने गाँव के मेला में भाग लेने पहुंच जाते है, लोक मिलन का यह पारंपरिक पर्व आज भी अपनी पुरानी आस्थाओं से भरा पूरा है।

मडई–मेले एकांत में संपन्न करने वाले आयोजन नहीं है इनमें सामुदायिक सहभागिता आवश्यक होती है। ग्रामों में ये पर्व समूहिक एवं पारंपरिक आयोजन ही नहीं होते बल्कि ग्राम के सभी व्यक्ति परस्पर मिल–जुल कर पर्व मनाते हैं। इस प्रकार जहाँ सामाजिक सहयोग और सौहार्द्र विकसित होता है वही मनोमालिन्य दूर कर सामुदायिक संगठन को दृढ़ करने में भी सहायता मिलती है।

मड़ई और मेले जनजातीय संस्कृति के विशिष्ट आयोजन है। इनका वैयक्तिक और पारिवारिक दृष्टि से तो महत्व है ही सामाजिक व सामुदायिक दृ ष्टि से भी अत्यंत महत्वपूर्ण है यही कारण है कि इन मूलभूत पर्वों पर काल का कोई प्रभाव नहीं पड़ा है। वे सदियों से निरंतर अस्तित्व में बने हुए हैं और जन साधारण में आज भी उनका महत्व बना हुआ है तथा इन लोक पर्वों को अभी भी उत्साह के साथ मनाने की परंपरा अनवरत जारी है।

लोक मंगलकारी इन पर्वो में भाग लेने के लिए आए हुए रिश्तेदार एवं बिरादरी के लोगों के साथ नृत्य गान किया जाता है। इन पर्वो के कारण अन्य लोगों के साथ अंतःक्रियाएँ एवं अंतःसंबंधों के अवसर प्राप्त होते हैं। दूसरों के सुख–दुख में सहभागिता का अवसर मिलता है। लोग एक दूसरे के दुखों से व्यथित और सुखो से हर्षित होते हैं। मड़ई–मेले की इन लोक परंपराओं और अद्वितीय संस्कृति की धरोहर को ये जनजातियाँ अलिखित रूप में सुरक्षित रखे हुए हैं, तथा आगामी पीढ़ी को हस्तांतरित करते है। जनजातियों के मड़ई–मेले की प्राणआत्मा कहे जाने वाले लोकगीतों एवं लोकनृतयों से इनकी एक विशेष जीवन विधि का पता चलता है जनजातियों का यह मौखिक साहित्य मानवशास्त्रियों और समाजशास्त्रियों के लिए अत्यंत उपयोगी और महत्वपूर्ण है।

संदर्भ ग्रंथ सूची

1. आदिवासी परंपरा डॉ. शरद सिंह विद्यानिधि शाहदरा दिल्ली
2. गढ़ा मंडला के गोंड राजा राम भरोसे अग्रवाल भवानी पब्लिक ट्रस्ट मंडला
3. भारत के लोक नृत्य प्रो. शरीफ मोहम्मद मध्यप्रदेश हिंदी ग्रंथ अकादमी
4. भील जन जीवन और संस्कृति डॉ अशोक डी. पाटिल मध्यप्रदेश हिंदी ग्रंथ अकादमी
5. गोंडवाना की गौरव गाथा डॉ. राम सिया समता पब्लिकेशन सतना

----- 000 ----

12

जनजातीय कला

कला मानव समाज की एक सार्वभौमिक विशेषता रही है। आदिकाल से ही मानव सौंदर्य प्रेमी है, वह सौंदर्य को आंखों से देखकर ही तृप्त नहीं होता है बल्कि उसे अपनी रचनात्मक कल्पना की सहायता से एक मूर्त रूप देने तथा नवीन सौंदर्य की सृष्टि करने की प्रवृत्ति मानव में सदा से ही विद्यमान रही है। मानव केवल भोजन, वस्त्र, और आवास का सृजन करके संतुष्ट नहीं हुआ है उसने जीवन के सभी संघर्षों के बीच भी इतना समय निकाल लिया कि उस समय में खेल–कूद सके, चित्र बना सके या नृत्य एवं संगीत में सहभागी बन सके।

जनजातीय कला में उमंग, उत्साह एवं उल्लास झलकता है। आदिवासी अपने सीमित संसाधनों में ही संतुष्ट रहते हैं। प्राकृतिक वन संपदा ही इनकी संपत्ति है और प्राकृतिक सहज जीवन ही उनका स्वभाव बन जाता है। इसलिए अपने आस–पास उपलब्ध संसाधन का उपयोग करके ही ये लोग अनेक प्रकार का निर्माण और सृजन करते हैं जिसमें उपयोगिता, कला–कौशल, तंत्र–मंत्र और धार्मिक आस्था सभी एक ही धागे में पिरोये हुए हैं। उपलब्ध प्राकृतिक चीजों से ही यह अपनी अभिव्यक्ति को रूप और आकार देते हैं। जनजातीय कला में जनजातीय लोगों की जीवन शैली परंपरा और सामाजिक मान्यताओं की झलक दिखती है इनके द्वारा किये गए सृजन का किसी प्रसंग, घटना, पर्व–उत्सव और धार्मिक आस्था से संबंध होता है। जनजातीय कलाकृति में उनके आस–पास के परिवेश और प्रकृति से प्रेरित अभिप्रायों की अभिव्यक्ति देखी जा सकती है यह देखने में तो बहुत सरल और सहज प्रतीत होते हैं लेकिन इनमें गहरा अर्थ छिपा होता है।

जनजातीय कला क्या है?

मानव और कला को एक दूसरे से पृथक नहीं किया जा सकता। मनुष्य के साथ इतनी घनिष्टता के कारण कला का क्षेत्र तथा अर्थ भी अत्यधिक व्यापक हो गया है विभिन्न मानव शास्त्रियों ने कला की परिभाषाएं इस प्रकार दी है–

बील्स एवं हाइजर– ''कला एक क्रिया है जो कि इसके व्यवहारिक या उपयोगी मूल्यों के अतिरिक्त कलाकार को तथा उन लोगों को जो कि उसके उस कार्य में दर्शक, श्रोता या सहयोगी के रूप में अंश ग्रहण करते हैं, संतुष्टि प्रदान करती है।''

हाबेल– ''कला से हमारा तात्पर्य रेखा आकृति रंग, ताल तथा शब्द जैसे–रेखाचित्र, रंजनकला, मूर्तिकला, नृत्य, संगीत, कविता व साहित्य के रूप में मानव प्रवृतियां की बाह्‌य अभिवयक्ति है।''

वास्तविकता यह है कि कला की उत्पत्ति मानव मन की आंतरिक प्रवृत्यिों को संतुष्ट करने के लिये हुई है। होम्स का कथन है कि– "मनुष्य एक मात्र ऐसा प्राणी है जो केवल शरीर की मांगों को पूरा करने का प्रयत्न नहीं करता बल्कि मस्तिष्क की मांग को पूरा करता है। कला मस्तिष्क की मांग पूरा करने का सदैव ही सर्वोत्तम साधन रही है।"

डिण्डौरी जिला जनजातीय बाहुल्य जिला है कला की दृष्टि से यहां की जनजातियां अपना एक विशिष्ट स्थान रखती हैं। कला एवं संस्कृति पर पर्यावरण तथा भैगोलिक संरचना का अत्यधिक प्रभाव पड़ता है। इस जिले का स्थानीय परिवेश तथा जलवायु ने यहां की कला को काफी सीमा तक प्रभावित किया है। जनजातीय लोग जिन सामाजिक, आर्थिक तथा बौद्धिक परिस्थितयों के बीच रहते हैं उन्हीं के अनुसार उनकी संस्कृति का निर्माण होता है तथा उन्हीं के संदर्भ में जनजातीय कला का विकास होता है। एक समाज विशेष के चारों ओर जैसी सामाजिक, सांस्कृतिक तथा भैगोलिक दशाएं विद्यमान होती है कला कुछ न कुछ सीमा तक उनका प्रतिनिधित्व अवश्य करती है। जनजातीय कला उपयोगितावादी होने के साथ–साथ शुद्ध सौंदर्य परक भी होती है जनजातीय कला किसी भी अर्थ में व्यवहारिक जीवन से अलग नहींहोती है

बल्कि यह उनके जीवन का अभिन्न अंग होती है। डॉ. मजूमदार ने आदिवासी समाजों में पाई जाने वाली कला को मुख्य रूप से तीन भागों में विभाजित किया है–

(1) किसी आकृति या रेखाओं के रूप में प्रस्तुत की गई कला

(2) मौखिक साहित्य।

(3) संगीत एवं नत्य।

जनजातियों की जीवनोपयोगी आवश्यकता आधारित समस्त कलाएं इस प्रकार हैं।

मृदा कला–

जनजाति अपने दैनिक जीवन में उपयोग में आने वाली वस्तुओं का स्वयं निर्माण करते हैं मिट्टी से बनाई जाने वाली चीजों में प्रमुख हैं।–

बरंड़ा–

यह आकार में चौकोर तथा बहुत बड़ा अन्नगार होता है इसमें कोदो, कुटकी, धान, तथा गेहूँ रखा जाता है बरॅडा बड़े कृषकों एवं भूस्वामियों के घर पर पाया जाता है। इसकी अन्न रखने की क्षमता पॉच सौ क्विंटल से भी अधिक होती है। इसे मिट्टी से बनाया जाता है। इसे बनाने में दो से चार माह तक का समय लगता है।इस के बाहरी तरफ मिट्टी से चित्रकारी करके आस्था के केन्द्र बिन्दु बंरडा को सजाया जाता है।

कोठी–

यह भी अन्नगार होता है परंतु यह बरंडा से आकार में छोटा होता है। कोठियों के बाहरी तरफ तरह–तरह के प्रतीक चिन्ह बनाकर इनका श्रृगार किया जिाता है। भित्ति चित्र में पारंगत महिलाअें को सुघड़ गृहिणी समझा जाता है।

मंदुलिया–

मंदुलिया का आकार गोलाई लिये हुए होता है इसकी ऊँचाई लगभग दो से तीन फीट होती है इसमें चावल कुदुई, दाल आदि रखते है। इसकी क्षमता दस से बीस कुड़ों अनाज रखने की होती है। बहुत ही कलात्मक ढंग से इसे निर्मित किया जाता है। इसके शीर्ष में मिट्टी का प्लेट नुमा ढ़क्कन लगा रहता है।

कुनैता (जाता)–

यह आकार में चक्की नुमा होता है इसके दो पाट होते हैं। ऊपर के पाट में मुठिया लगी होती है। इसमें धान, कोदो, कुटकी, सॉवा आदि दलकर चावल और कुदई तैयार किया जाता है।

चूल्हा–

चूल्हा दो तरह से बनाए जाते हैं, सादा चूल्हा और अवना वाला चूल्हा। अवना चूल्हा में एक साथ दो या तीन बरतन रखकर भोजन पकाया जा सकता है। चूल्हे पर प्रतीक चिन्ह भी बनाए जाने की परंपरा है।

घुरसी (अंगीठी)–

यह टोकरी के आकार की होती है। ठण्ड के दिनों में कमरा गरम रखने के लिये इसमेंअंगार जलाए जाते हैं। कंडे (उपले) को दबाकर आग सुरक्षित रखने के लिये इसका उपयोग किया जाता है।

चित्रकला–

डिण्डौरी अंचल में निवास करने वाली जनजातियों में घरों की दीवारों, दरवाजों, फर्श आदि पर चित्रकारी करने की प्राचीन परंपरा है घरों कों सजाने सॅवारने के लिये दीवारों पर विभिन्न चित्र बनाये जाते हैं। शादी–विवाह के अवसर पर नीले–पीले, हरे आदि रंगों से दीवारों पर तरह–तरह के पेंड़–पौंधे पशु–पक्षियों आदि की चित्रकारी की जाती है। फर्श पर गेरू मिट्टी गोबर तथा छुई मिट्टी (सफेद मिट्टी) से पुताई करते समय आकर्षक आकृतियां बनाई जाती है। बैगा एवं गोंड़ जनजाति की महिलाओं में अंगालेखन (गोदना) की

कला का खास महत्व है। इस कला से इन जनजातियों की पहचान होती है। इन लोगों के द्वारा शरीर के अंगों पर त्रिशूल सूर्य, चन्द्र,बिच्छू आदि चिन्ह गोदे जाते हैं। वर्तमान समय में नगरों से जुड़ाव एवं संस्कृतिकरण की प्रक्रिया के परिणाम स्वरूप गोदना प्रथा में कमी आई है। जनजातीय जीवन में चित्रों का विशेष महत्व है, अपने घरों को सजाने के लिये दीवारों पर चिड़ियों, पशुओं एवं प्रतीक चिन्हों का कल्पनाशील तरीके से आकृतियॉ उकेरने की परंपरा है विवाह के अवसर पर महिलाओं द्वारा आटे से और हल्दी से चौक पूरे जाते है चौक के ऊपर कलश रखा जाता है। गोड़ी चित्रकला के विकास में नवीन चित्रकारों का महत्वपूर्ण योगदान है डिण्डौरी जिले पाटनगढ़ ग्राम निवासी जनगणसिंह श्याम ने गोड़ी चित्रकला के क्षेत्र में राष्ट्रीय एवं अंतराष्ट्रीय ख्याति प्राप्त की है। इन्होंने प्राकृतिक चीजों पर आधारित अपनी कला को कैनवास पर उतारा है उनकी कला कृतियों को भारत भवन में गौरवशाली स्थान प्राप्त है।

काष्ठ कला–

जनजातीय लोग लकड़ी के सुन्दर चौखट एवं दरवाजे निर्मित करते हैं दरवाजों–चौखटों में नक्काशी करके विभिन्न आकृतियां उकेरी जाती हैं। वक्राकार लकड़ियों से नागर(हल) तैयार किया जाता है हल से कृषि कार्य हेतु जमीन की जुताई की जाती है नांगर के साथ जुवांड़ी नामक कृषि औजार बैलों को फांदने के लिये उपयोग में लाते हैं यह जुवाड़ी कलात्मक तरीके से निर्मित होती है। अधिक भागने वाले मवेशियों के गले में बांधने के लिये लकड़ी से ठरकी बनाई जाती है जिसे खिड़खिड़ी भी कहते हैं। दैनिक उपयोंग में आने वाली अनेक चीजों खाट, पलंग, मचिया, पेटी, लकड़ी के बरतने जैसे चटुआ (लकड़ी का चम्मच) अनाज नापने के लिये कुड़ो एवं पायली टब आदि बनाये जाते हैं। अनाज कूटने का मूसल घनौची (पानी की गघरी) रखने का मचान आदि लकड़ी से निर्मित किये जाते हैं।

बांस कला–

कृषि कार्य हेतु बांस से निर्मित उपकरणों में कलारी, पैनारी, आदि प्रमुख हैं। मछली पकड़ने एवं फॅसाने के संसाधन के रूप में स्वयं द्वारा निर्मित झिटका मोरा ढूटी कुमनी झोकनी आदि का प्रयोग करते हैं बांस की ख्पच्ची का धनुष एवं तीर बनाया जाता है। बांस से निर्मित अन्नगार जिसे ढलंगी

कहते हैं कोठी की तरह होता है इसके बाहर एवं भीतर मिट्टी की पतली परत चढ़ाई जाती है जिससे यह बहुत मजबूत एवं टिकाऊ बन जाती है ढलंगी प्रायः प्रत्येक घर में पाई जाती है। पके फलों एवं अण्ड़े बगैरह नाजुक चीजों को रखने के लिये चलंगी का उपयोग किया जाता है। चलंगी टोकरी की तरह होती है इसे लटकाने या पकड़ने के लिये इसके ऊपरी सिरे में कमानी बनी होती है। बांस की पतली एवं लगभग ढाई–तीन फीट लम्बी सीकों को गूंथकर बनाई जाती है जिसे जनजातीय लोग खरेंटा कहते हैं। पतली बांस से सर्व प्रचलित वाद्ययंत्र बांसुरी बनाई जाती है तथा इसे सुन्दर और आकर्षक बनाने के लिये अनेक रंगों से सजाया जाता है।

पत्ता(पत्र) आधारित कला–

अनेक प्रकार के पत्ते जैसे मोहलाइन सरई एवं पलाश के पत्तों से दोना एवं पत्तल बनाये जाते हैं। बरसात के दिनों में बारिश से बचने के लिये खुमरी का उपयोंग किया जाता है बांस को छीलकर ढांचा तैयार करके मोहलाइन पत्ते से खुमरी बनाई जाती है खुमरी दो प्रकार की होती हैं। पुरूषों द्वारा उपयोंग में लाई जाने वाली खुमरी जो छाता की तरह होती है तथा महिलाएँ मजुरहा खुमरी निंदाई के समय ओढ़ती हैं। छींदी के पत्तों से कलात्मक तरीके से गूँथकर झाडू बनाई जाती है। छींदी की झाडू को बुहारी कहते हैं।

सुतली कला–

सन नामक पौधे के रेसों को ढेरा(सुतली बनाने का उपकरण) से बटकर सुतली तैयार की जाती है सुतली से अनेक उपयोगी चीजों का निर्माण किया जाता है जो इस प्रकार हैं–

गोन–

यह अनाज को खलिहान से घर तक तथा अनाज मंड़ी तक ले जाने के लिये उपयोंग में लाया जाता है। गोन की बुनावट बहुत मजबूत होती है यह दो पल्लों में बना होता है दोनों पल्ले एक दूसरे से मजबूती से जुड़े रहते हैं।

इसकी अनाज रखने की क्षमता एक क्विंटल की होती है। यह बहुत कलात्मक तरीके से बना होता है।

गड़ाइन–

खलिहान में फसल गाहनी करते समय बैलों को बॉधने के लिये एक विशेष प्रकार की रस्सी होती है यह सुतली से निर्मित होती है जिसे गड़ाइन कहा जाता है। इसमें पॉच छः से लेकर आठ–दस बैलों को एक साथ बॉधकर फसल की गहाई की जाती है।

खटिया–

लकड़ी की चारपाई में सुतली एवं सूमाडोरी की बुनावट से खटिया बनाई जाती है इसकी लंबाई लगभग साढ़े छः फीट चौड़ाई तीन फीट एवं उंचाई दो ढ़ाई फीट होती है।

मचिया–

मचिया देखने में आकर्षक एवं सुन्दर होती है। यह कुर्सीनुमा बैठने का आसन है। इसकी बुनाई सुन्दर आकृति देकर की जाती है।

सींका–

कॉवर से सामान ढ़ोने के लिये सुतली से सींका तैयार किया जाता है। सींका का उपयोंग पुरूषों द्वारा किया जाता है। सींका का उपयोग दूध–दही के बर्तन टांगने के लिये किया जाता है।

सूमा कला–

मोवा एक प्रकार की घास होती है। इस घास को बटकर सुतली की तरह पतली रस्सी तैयार की जाती है इस घास से बनी रस्सी को सूमा डोरी कहा जाता है। इस सूमा डोरी से विविध प्रकार की चीजें निर्मित की जाती हैं जिनमें मुख्य हैं–

गुढ़नी–

गुढ़नी का उपयोग महिलाएं सिर पर वजन ढोने के लिये करती है। यह सूमा रस्सी से निर्मित होती है इसे बनाने में रंग बिरंगी कागज की पट्टियों को लगाकर इसे आकर्षक और सुन्दर बनाया जाता है।

खटिया–

सूमा रस्सी से सुतली के समान बुनाई करके सुन्दर और मजबूत खटिया बनाई जाती है।

मचिया–

मचिया (बैठने का आसन) सूमा रस्सी से भी बनाई जाती है यह देखने में मनमोहक होती है।

इनके अतिरिक्त मोवा घास से माला (सांकल) बनाई जाती है इसे बनाने में अत्यधिक समय एवं मेहनत लगती है अतिथि सत्कार के लिये जनजातीय कला का प्रतीक इस मोवा माला का खास महत्व है।

मौखिक साहित्य (वाचिक कला)–

जनजातियों का सामाजिक एवं सांस्कृतिक जीवन एक ऐसी विरासत से संबंधित रहा जिसका संचरण मौखिक रूप से आगामी पीढ़ियों के लिये होता रहा है। अपनी अबोधता एवं सीमित साधनों के कारण जनजातीय जीवन में कोई व्यवस्था नहीं है जिसकी सहायता से वे अपने विचारों को लिखित रूप दे सकें अथवा लिखित साहित्य के रूप में अपने अनुभवों और ज्ञान को सुरक्षित रख सकें। जनजातियों का संपूर्ण साहित्य मौखिक होता है तथा इसी के द्वारा वे संसार की उत्पत्ति, देवी–देवताओं के अस्तित्व, प्रकृति तथा मनुष्य के संबंध, दुष्ट आत्माओं के प्रभावों, आत्मा की प्रधानता तथा नैतिक मानदंड़ों को अभिव्यक्त करने का प्रयत्न करते है।

इस प्रकार मौखिक साहित्य के रूप में जनजातीय समाजों के अन्तर्गत अनेक ऐसी लोक कथाओं आखनाओं, कहावतों एवं पहेलियों का विकास हुआ

है जो उनकी सामाजिक एवं सांस्कृतिक विरासत का महत्वपूर्ण आधार है जनजातीय मौखिक साहित्य के कुछ प्रमुख अंग इस प्रकार हैं–

(1) लोककथा–

जनजातीय साहित्यिक परंपरा में लोक कथाओं का अद्वितीय स्थान है। मानवीय कलाओं में कहानी कहने की कला अत्यंत प्राचीन है। संस्कृति के धरातल पर प्रत्येक मानव समूह में दो प्रकार की कहानियों का प्रचलन है। पहले वर्ग में वे कहानियॉ आती हैं तात्कालिक घटनाओं तथा अनुभवों का यथार्थ चित्रण करती हैं। द्वितीय स्तर पर वे कथाएं आती हैं जो अपनी कथा वस्तु तथा कथा की कलात्मक शैली के कारण एक विशिष्ट साहित्यिक सौंदर्य प्राप्त कर लेती हैं। इस द्वितीय वर्ग की कहानियों को ही लोककथा कहते हैं यह गद्य तथा पद्य दोनों रूपों में होती है। जनजातीय संस्कृति में लोक कथाओं का अपना विशेष स्थान होता है। ये लोककथाएं इनकी परंपराओं मान्यताओं, मूल्यों एवं आदर्शों के अनुरूप होती हैं। कथाओं के माध्यम से समाज के आदर्श स्वरूप को प्रस्तुत किया जाता है। लोक कथाओं के द्वारा पशु–पक्षियों प्रकृति, पृथ्वी, जल, देवी–देवता, राजा–रानी आदि के माध्यम से ऐसी बातें कही जाती हैं जिनसे शिक्षा लेकर सामान्य व्यक्ति उपयोगी व्यवहारों को समझ सके। लोककथाओं का उद्देश्य यद्यपि मनोरंजन का होता है किन्तु यह इनका गौण उद्देश्य होता है, इनका प्राथमिक उद्देश्य अपने मूल्यों, परंपराओं, आदर्श और संस्कृति को प्रस्तुत करना तथा व्यवहार के सामाजिक ढ़ंगों से परिचित कराना होता है। गोंड़ जनजाति में गायन के रूप में सुनाने की प्रथा है। तीन प्रसिद्ध कथाएं हैं जिसे ये लोग सुनने में रूचि रखते हैं– (1)पंड़वानी, इसमें पांड़वों की गाथा है, पांड़वों की वीरता शौर्य एवं जीवन संघर्ष की गाथा पंडवानी को सुनने में दिलचस्पी रखते हैं। (2) गोंड़वानी गाथा–गोंड़वानी गाथा में गोंड़ जनजाति की उत्पत्ति एवं इतिहास का वर्णन रहता है इस गाथा को परधान समाज के कथावाचक (दसौंधी) से सुनते हैं। (3) रामायण गाथा – इसमें रामचरित मानस कथा मर्यादा पुरूषोत्तम श्रीराम चन्द्र की गाथा का वाचन एवं श्रवण करते हैं।

(2) आखना–

इनके प्रयोग से भाषा में सौंदर्य, प्रभाव चमत्कार और विलक्षणता आती है। इनका सामान्य अर्थ न होकर गूढ़ अर्थ होता है। जीवन के गंभीर अनुभव उनमें छिपे होते हैं गोंड़ जनजाति में प्रचलित कुछ आखना प्रस्तुत हैं–

(1) चलनी मा दूध दुहय किस्मत ला दोस
अर्थ– अविवेक पूर्ण कार्य का हानिकारक परिणाम।

(2) हाथ के ओत डउआ जब हाथ जर थय ता डउआ के कोन काम।
अर्थ– (काम–काज में छोटे सदस्यों, या आलसी और निठल्ले सदसयों) से सहयोग न मिलना।

(3) घर मा मूसा बिदा मांगथय अर परगना ला निवता ।
अर्थ– बड़बोला पन

(4) जेखर जसना घर दुआर तेखर तसना फरका
जेखर जसना दाई–दादा तेखर तसना लरका।
अर्थ– जैसा बाप वैसा बेटा।

(5) जोग मा ठिकाना नहीं, भभूतन मा ऑखी फुटय।
अर्थ– आडम्बर

(6) हूमन देवतखा हाथ जरय।
अर्थ– परोपकार में कठिनाईयों का आना।

(7) नाचत तो बनय नहीं मड़वा दोस।
अर्थ– कार्य सिद्ध न होने पर दूसरे पर दोषारोपण करना।

(8) देवी फिरे बिपत के मारे पंड़ा कहय कला दिखाव।
(समस्या ग्रस्त से व्यर्थ मदद की उम्मीद)

(9) ढोंग धतूरा कनपटी मा जूरा आधा खेत ला खावय सूरा।
(कर्तव्य विमुखता)

(10) जियत मा दंगी दंगा मरे मा दाई दादा ला पहुंचाये गंगा।
अर्थ–दुख–सुख की अनुभूति।

पहेली–

तीन चलैं तेखर एक कोरी दुई गोड़
या धंधा ला जान ले तबै घर जाबे मोर।

(गर्भवती महिला गर्भवती घोड़ी और घुड़सवार) इन सभी के मिलाकर चौदह पैर।

फुर्सत के क्षणों में बच्चे, वृद्ध नवजवानों के लिये पहेलियाँ मनोरंजन का साधन होते हैं। गोंड़ जनजाति में पहेलियों को धंधा नाम से जाना जाता है। पहेलियाँ सभी जनजातियों में प्रचलित हैं। पहेलियों का प्रयोग वुद्धि–कौशल परीक्षण एवं बुद्धि चातुर्य वृद्धि के लिये किया जाता है। पहेलियों में वस्तुओं के आकार प्रकार, रूप–रंग, एवं विशेषताओं का सांकेतिक वर्णन होता है।

उदाहरण स्वरूप कुछ पहेलियाँ निम्नलिखित हैं–

(1) एक घैला मा दुई रंग पानी
("अंडा")

(2) जाबे ता जाबे मोला छोंड़िच के जाबे
(पैर के निशान)

(3) जाबे तो जाबे लगाय के जाबे
(फाटक)

(4) काटे मा कटरय नहीं पूजे मा पुजरय नहीं
(छाया)

(5) लरका पेट मा ओखर दाढ़ी उड़य हवा मा
(भुट्टा)

(6) पर्रा भर लाई गगन धराई
(आसमान और तारे)

(7) छींदी छपाटी नौ लाख बाटी या धंधा ला नहीं जाने ता तोर नाक ला काटी
(आंवला)

(8) एक टूरा के कनिहा भर पूरा
(मेढ़क)

(9) सरसट लम्बडोर तीन मूड़ दस गोड़
(नोई गाय बछड़ा और चरवाहा)

(10) इहँय रहबे थप्पक थैंया, मैं जाथूँ गंगाजी मैंया
(पैर के निशान)

(11) कहाँ जाथस लम्म–लम्म गाँव मा तोला देहीं धम्म–धम्म
(साँप)

(12) चक्रभुवन से निकले जोगी पानी के गजराज अतना पानी गिरत रहय ता कहाँ रहस रे महाराज।
(बड़ा नामक पकवान में साबुत उड़द)

(13) फूल हवय पर बेला नहीं बेटा है पर बाप नहीं सागर है पर आकार नहीं,
(सूर्य देव एवं बड़ा देव)

(14) नानस अस टूरा बुचक–बुचक के पार बाँधैय
(सुई)

(15) चालू चलत आवै दुई सूपा झूलत आवै, दुई दिया बरत आवै, एक नागिन झूमत आवै।
(हाथी)

(16) बत्तीस पीपर के एक पान
(जीभ)

कहावतेंः–

अपनी बोली–भाषा को प्रभाव पूर्ण बनाने के लिये तथा सांस्कृतिक ज्ञान के हस्तांतरण के लिये भी कहावतों का प्रयोग किया जाता है। किसी उचित एवं निर्णयात्मक नीति संगत बात करते समय प्रभावकारी उक्तियों और कहावतों का प्रयोग जनजातीय समाज में किया जाता है कतिपय कहावतें निम्नानुसार हैं–

(1) दहरा मा मछरी टिकरा मां मोल
(दुर्लभ साधन से लाभ की आशा)

(2) घर के देवी भूखे रहेंय अर बाहर पूजा देय
(बाहर वालों को महत्व देना)

(3) खाये पतरी मा छेदा
(कृतघ्न)
(4) चिंगरी के पकरत मुरवा
(सहारा पाकर उन्नति करना)
(5) बिल्ली के गू लीपे के ना पोते के
(अयोग्य)
(6) पोसे कुक्कुट कांधे पॉव
(आश्रय दाता को कष्ट पहुँचाना)
(7) कानी गाय के दीगर कोठा
(भिन्न विचार)
(8) कौआ हॉकनी देना
(परित्याग करना)
(9) नंगा पाइस पीतर बाहर धरैय अर भीतर
(थोड़ी से सफलता में अधिक आडम्बर)
(10) धरम करैय धक्का पाय
(परोपकार में परेशानियों का आना)
(11) नंगा पाय झंगा ता धरी–धरी जाय गंगा
(आडम्बर)
(12) हूमन देत हाथ जरय
(परोपकार में कष्ट मिलना)
(13) नंगा लेवय लुटिया ता धरी–धरी जाय टटिया
(आडंबर)
(14) आगे सगा न पीछे पगहा
(एकाकी जीवन)
(15) आगे जात न पीछे नात
(एकाकी जीवन)
(16) ऑखी कोचय आंसू आवय
(मेहनत का प्रतिफल लाभ के रूप में मिलना)

संगीत कलाः—

जनजातीय संगीत अपनी सरलता और स्वभाविकता के कारण अत्यंत मोहक होता है। संगीत समाज की धरोहर ही नहीं लोक जीवन का दर्पण भी है। मानव अपने मन की भावना को भाषा के माध्यम से व्यक्त करता है। मन की भावना को जब छंद रूप में प्रस्तुत किया जाता है तब उसे कविता कहते हैं। कविता संगीत का कच्चा माल है। ताल और सुर के मेल से संगीत बनता है, कविता को जब नियमानुसार ताल तथा सुर के आधार पर प्रस्तुत किया जाता है तब उसे संगीत कहते हैं। संगीत के तीन आवश्यक तत्व हैं— ताल, सुर तथा वाद्ययंत्र। ताल, सुर को नियमित तथा निर्देशित करने के लिये नाना प्रकार के संगीत यंत्रों या वाद्ययंत्रों की सहायता ली जाती है। जनजातियों में प्रचलित वाद्ययंत्रों में मृदंग मुख्य बाजा है कच्ची मिट्टी के घाघरे पर चमड़ा चढ़ा रहता है कच्ची मिट्टी धूप में सुखाई जाती है इसे आग में नहीं पकाते मृदंग (मादर) का स्वर ढ़ोलक के स्वर से अधिक मधुर होता है। अन्य वाद्ययंत्रों में टिमकी, बॉसुरी, झॉझ मंजीरा आदि प्रचलित है। जनजातीय लोग सरल एवं सहज मनोभाव वाले होते हैं यही कारण है उनका संगीत को प्रस्तुत करने का ढंग भी अत्यंत सरल होता है। जनजातीय लोग के संगीत सामाजिक धरोहर होते हैं इसीलिये अधिकतर सामूहिक रूप से ही गाए जाते हैं। भारतीय लोकगीतों के संग्रहकर्त्ता देवेन्द्र सत्यार्थी ने कहा है कि— "लोकगीत किसी संस्कृति के मुँह बोलते चित्र है।" जनजातीय लोक संगीत उनके लोक गीतों से अभिव्यक्त होता है इनकी धुनों में समूहगत भावों को उनके प्राकृतिक स्वरूप में देखा जा सकता है।

लोकगीतों को कई भागों में बॉटा जा सकता है-

(1) मनोविनोद तथा उमंग के समय गाए जाने वाले गीत।

(2) उत्सव त्यौहार पर्वों के अवसर पर गाए जाने वाले गीत जैसे रीना लोकगीत सैला लोकगीत बिरहा लोकगीत।

(3) धार्मिक उत्सवों में गाए जाने वाले गीत जैसे देवी गीत, जस लोकगीत, बंबुलिया लोकगीत।

(4) शादी—विवाह एवं मांगलिक अवसरों पर गाए जाने वाले लोकगीत।

संक्षेप में जीवन के विभिन्न पक्षों की सरल तथा स्वाभाविक अभ्व्यिक्ति लोक गीतों में होती हैं लोक गीत मानव जीवन या सामूहिक जीवन के किसी विशेष पक्ष से नहीं वरन प्रायः सभी पक्षों से संबंधित होते हैं लोकगीतों के निम्न लिखित उदाहरणों से यह बात और भी स्पष्ट हो जाएगी।

ददरिया लोकगीत– ददरिया यौवन गान तथा प्रेमगीत है। युवकों एवं युवतियों द्वारा अपने प्रेमाभिव्यंजन की अभिव्यक्ति के लिये गाये जाते हैं इस गीत को लोग काम करते समय खेतों में निंदाई करते समय, रोपा लगाते समय जंगल से आते या जाते समय गाते हैं। लोकगीतों में संवाद की अद्‌भुत क्षमता होती है। जब लड़का–लड़की अपनी बात को सीधे तरीक से एक दूसरे को नही कह सकते तो उसे ददरिया और करमा लोकगीत के माध्यम से कह देते हैं –

(1) तोरय तो बोली आय धीरे गायले
पॉच लगत पचीस लगी जाय
तोला नहीं छोंड़ो जवांरा पुलिस लगी जाय।

(2) जाए ला बजार लयेला दवरी
चीनी अंगरी ला पकड़के किंजरले भॅवरी।

(3) अयल्हे साजा पयल्हे सुरतेली सुरता मा राखो
सुरता मा राखो बाई, हम परदेशी माया मा राखो।

करमा लोकगीत– करमा लोकगीतों में दैनिकजीवन के आचार–व्यवहार आदि का वर्णन सोच–विचार संयोग वियोग, कृषिकार्य, शिकार वर्णन, अकाल दर्शन, देव पूजा यह लोकगीत सामाजिक उत्सवों या अन्य विशेष अवसरों में गाया जाता है। करमा गीत का एक उदाहरण प्रस्तुत है–

हाय कहॉ डोंगरा मा, बोलाथय मंजूर मोर,
हारिल छौना डोंगरा मा रे।
कुहू–कुहू बोलय मोर कारी कोयलिया,
टैघों टैघों बोलाथय मंजूर मोर, हारिल छौना डोंगरा मा रे।

बिरहा लोकगीत– बिरहा एक नृत्यगीत है। यह उत्सव त्यौहार, शादी –विवाह तथा पर्व समारोह आदि के अवसर पर नृत्य के समय गाया जाता है। बिरहा लोकगीतों के माध्यम से सुख–दुख, प्रेम और परिहास, मिलन और बिरह आदि मानव जीवन से संबंधित भावों को बखूबी अभिव्यक्त किया जाता है। उदाहरणार्थ–

(1) दादर ऊपर भीरी जमत है
या भीरी उखड़ झिन जाय
बीसे बरस मा जोड़ी भिड़त है
या जोड़ी बिछड न जाय।

(2) चना ला मारै चना घंघरिया
मसरी ला मारै तुसार रे।
महुआ ला मारै कड़क बिजुरिया
घर–घर रोवैं किसान रे।।

विवाह गीतः– विवाह के समय अनेक प्रकार के लोक गीत गाए जाते हैं जिनमें मुख्य हैं– मंडप जगाने का गीत, हल्दी भिंगाने का गीत, मांगरमाटी गीत, मंडप छाने का गीत, कलस करवा गोंदने का गीत, रोटी खिलाने का गीत, द्वारचार गीत तथा बिदाई गीत। संपूर्ण विवाह संस्कार में तरह–तरह के गीत गाने की प्रथा है।

उदाहरण स्वरूप कुछ गीत इस प्रकार हैं।–

मंडप जगाने का गीत–

जागो कि जागो रे दादी बाबू के मंडो 2
कैसे के जागों रे पूता रात से नींद
1 रात से नींदो रे नीदों दिन से भूख 2
मै कैसे जागों रे पूता रात से नींद
जागों कि जागो...................................... ।

2 दिन खवाहूँ रे दादी बरा रे भात
रात पियाहूँ रे दादी फुलमंद के छाक
जगो कि जागो.. ।

करस करवा गीतः–

सातों सुआसिन सोई गइने मोर बाबू
कलसा ला कोन गोदय तोर
हाय हाय रे मोर बाबू
कलसा ला कोन गोदय तोर
1 दुल्हा के दीदी मयागुर आय गइसे
कलसा ला ओही गोदय तोर
सात सुआसिन...................... ।

बिदाई गीतः–

मंझोटा मा जनमय दुश्मन धियरी रे मोर दादी
धियरी ला लिखो बनवास हाय–हाय रे मोर दादी
धियरी ला लिखो बनवास।
1– खोलो की खोलो बजुर कॅवरिया रे मोर दादी
आज भर बसैं दे रे रात हाय–हाय रे मोर दादी
आज भर बसैं दे रे रात।
मंझोटा माजनमय.......................... ।

नृत्यकला–

मानव जब उमंग और उल्लास से भर उठता है तो वह अपने उल्लास को अनेक प्रकार से प्रकट करना चाहता है, नृत्य भी उस उल्लास को प्रकट करने का माध्यम है। केवल उल्लास ही नहीं अन्य प्रकार के मनोभाव को भी नृत्य के माध्यम से प्रकट किया जा सकता है। जनजातियों में नृत्य की लोक प्रियता अन्य समाजों से कही अधिक है, बच्चा–बच्चा नृत्य का शौकीन होता है। जनजातीय समाजों की परंपरा के अनुसार उनके प्रत्येक उत्सव, त्यौहार,

शादी–विवाह पर्व–समारोह, मनोविनोद एवं उमंग के अवसर पर तथा धार्मिक एवं सांस्कृतिक समारोह पर नृत्य एक अनिवार्य अंग है इसके बिना सभी आनंद के क्षण फीके होते हैं।

करमा लोक नृत्य जिले की गोंड़ जनजाति में प्रचलित प्रमुख लोक नृत्य है करमा नृत्य अनेक प्रकार के होते है ठाढ़ी करमा, खलती करमा, लहकी करमा झरपट करमा, झूमर करमा आदि इन सभी की नृत्य कियाएँ अलग–अलग होती हैं। इस लोक नृत्यों में स्त्रियों की टोलियॉ आमने–सामने होती है।

गोंड़ जनजाति में प्रचलित पारंपरिक नृत्य चार प्रकार के होते हैं–

(1) **धार्मिक नृत्य–** प्रत्येक वर्ष शक्ति साधकों (पंड़ा, गुनिया) द्वारा प्रकृति पूजा जंवारा ज्योति, यज्ञ अनुष्ठान का आयोजन वर्ष के उन दो ऋतु परिवर्तन महीना कुंवार मास एवं चैत्र मास में आयोजित किये जाते हैं इसमें जस गीत के साथ साधक नृत्य करता है। ये नृत्य मनोरंजन के लिये नहीं बल्कि अनुष्ठानिक होते हैं। इसी प्रकार के नृत्य मड़ई के अवसर पर भी देखने को मिलते हैं। जनजातियों में इस नृत्य को प्रकृति पूजा का एक अंग के रूप में माना जाता है।

(2) **सामाजिक नृत्य–**समाजिक उत्सव त्यौहार आदि के अवसरों पर किये जाने वाले नृत्य सामाजिक नृत्य कहलाते हैं इनमें करमा नृत्य, रीना नृत्य, मुख्य हैं।

(3) **युद्ध नृत्य–**जनजातियों के अनेक समूहों ने अधिकांश समय युद्ध तथा संघर्षों में ही बिताया जिसका प्रभाव उनकी कला पर भी पड़ा है। युद्ध नृत्य का अनेक जनजातियों में प्रचलन है। सैला नृत्य गोंड़ जनजाति का एक लोकप्रिय नृत्य है लाठी तथा बलुवा, फरसा का प्रयोग इस नृत्य में कुशल नर्तकों द्वारा विशेष रूप से किया जाता है। प्राचीन समय में गोंड़ राजा के दरबार में प्रस्तुत किया जाने वाला सैला नृत्य युद्ध नृत्य कहलाते थे। यह पुरूषों द्वारा युद्ध शैली में किया जाने वाला नृत्य है।

(4) विवाह नृत्य–विवाह नृत्य अत्यंत हर्षोल्लास पूर्ण होता है। इस मांगलिक अवसर पर विभिन्न रस्मों जैसे हल्दी तेल चढ़ाने के समय बारात परघौनी के अवसर पर तथा बिदाई के समय घराती एवं बरातियों द्वारा नृत्य किये जाते हैं।

नृत्य के संबंध मे आदिवासियों की मान्यता है कि जिस प्रकार नृत्य से मनुष्य आनंदित होते हैं उसी प्रकार देवी–देवता भी नृत्य से प्रसन्न होते हैं। इनका आक्रोश आनंदोल्लास में परिवर्तित हो जाता है।

लोक नृत्य एवं लोकगीतों का चोली–दामन का साथ होता है। जनजातियों में प्रचलित लोक नृत्य एवं उससे संबंधित लोकगीत निम्नानुसार हैं–

करमा नृत्य– लोक नृत्य एवं गीत का आयोजन किसी सामाजिक उत्सव त्यौहार एवं अन्य विशेष अवसरों पर किया जाता है। इस नृत्य के समय नर्तक दल विशेष वस्त्राभूषणों से सुसज्जित होते हैं। स्त्रियों एवं पुरूषों के अलग–अलग दल होते हैं इस लोक नृत्य में वाद्ययंत्रों का अपना खास महत्व है। नृत्य के समय मृदंग, टिमकी, बॉसुरी तथा झॉझ वाद्ययंत्रों को बजाया जाता है। नर्तक दलों द्वारा गाए जाने वाला एक गीत प्रस्तुत है–

घुमाड़ी रहे चारों खूँट कारी बादर
घुमाड़ी रहे 2
कौन कती गरजय कौन कती बिजलय
कौन कती बूँदा ला चुहावय कारी बादर.................................।
पूरब कती गरजय पश्चिम कती बिजलय
दक्षिण कती बूँदा ला चुहावय कारी बादर घुमाड़ी..................।

रीना नृत्य– यह लोक नृत्य महिलाओं के द्वारा किया जाता है दशहरा एवं दिवारी पर्व में यह नृत्य किया जाता है। महिलाएँ गोल घेरा बनाकर ताली की ताल के साथ सामूहिक गान करते हुए नृत्य करती हैं। रीना लोक गीत का एक उदाहरण–

 री रीना रीना रीहल रीना,
हे ना रे सुवा हो,
री रीना रीहल आय।
खेलत कूदत हम चले आयन,
रे सुवा हो भोई के अंगना दुआर,
रे सुवा हो..................... ।
2 नाचत–कूदत हम चले आयन,
रे सुवा हो खेरो के नाव बता, ... रे सुवा हो।
खेरो के नाव बोंदर खेरो है ना रे सुवा हो,
री रीना रीहल आय,

सैला नृत्यः–यह पुरूषों द्वारा कौशल प्रदर्शन करने वाला नृत्य है इसमें युद्ध शैली में नृतक के डण्डों की खट–खट तथा पैजन की झन–झन की मधुर आवाज में चारों तरफ घूम–घूम कर नृत्य करते हैं तथा दूसरी ओर स्त्रियॉ रीना नृत्य करती हैं। यह नृत्य दशहरा के उपरांत प्रारंभ हो जाते हैं सैला के अनेक भेद होते हैं जिनमें दशरैली सैला, झूमर सैला, लहकी सैला, वंदना सैला, डंडा सैला प्रमुख है। सैला नृत्य पुरूषों की टोली के द्वारा किया जाता है इसमें ढोल, मृदंग, टिमकी बॉसुरी आदि वाद्ययंत्रों को बजाया जाता है। इस नृत्य में कोई विशेष साज–सज्जा नहीं की जाती है नर्तक नई धोती, कमीज या कुर्ता तथा सिर में पगड़ी बॉधकर नृत्य करते हैं। सैला नृत्य करते समय गीत भी गाये जाते हैं। सैला गीत का उदाहरण–

तय नाना मोर नाना रे नाना,
तय नाना मोर नाना हो,
मैं बंजारी जाहूॅ का नय का मैं बंजारी......... ।
1 बैठेला सीखय दाऊ रेवाना के टूरा रे,
मैं बंजारी.. ।
2 नाचे ला उतरय दाऊ रेवाना के टूरा रे,
मैं बंजारी.. ।

गेड़ी नृत्य – गेड़ी पुरूषों के द्वारा किया जाने वाला समूह नृत्य हैं गेंड़ी बॉस की लाठियों से बनाई जाती है इस के लिये लगभग चार–चार फीट बॉस की लाठियों की आवश्यकता होती है। लाठियों के एक –डेढ़ फीट की ऊँचाई में बांस की खपच्चियॉ लगा कर गेंड़ी तैयार की जाती है इन खपच्चियों पर नृर्तक अपने पैरों को रखता है। गेंड़ी पर चढ़कर नृत्य करना नृर्तकों के लिये चुनौतीपूर्ण कार्य होता है क्योंकि गेड़ी पर अपना शारीरिक संतुलन बनाकर सुर एवं ताल के साथ नृत्य करना होता है।

सन् 1955 में वी. शांतराम द्वारा निर्मित चलचित्र "झनक–झनक पायल बाजे" में वाद्ययंत्र मृदंग, टिमकी, एवं गेड़ी नृत्य को विशेष स्थान मिला है। इस चलचित्र में डिण्ड़ौरी जिले के बोंदर ग्राम में स्थित बापा बनवासी सेवा मंड़ल नामक संस्था द्वारा संचालित उच्चतर माध्यमिक विद्यालय में अध्ययनरत छात्रों द्वारा किये गये गेड़ी नृत्य का दृश्य लिया गया है।

गेड़ी नृत्य दर्शक को मंत्र मुग्ध कर देने वाला खूबसूरत नृत्य है। इस नृत्य में नृर्तकदल के सभी लोग एक समान धोती–कुर्ता और जाकेट पहनते हैं। सिर में कलगी लगाकर अपना श्रृंगार करते हैं इस प्रकार लोकगीतों एवं लोक नृत्यों से जनजातियों की एक विशेष जीवन विधि का पता चलता है। इनके रहन–सहन आचार विचार खान–पान रीति–रिवाज का सच्चा चित्र इनके लोकगीतों एवं लोक नृत्यों में देखने को मिलता है।

जनजातीय कला किसी भी अर्थ में व्यवहारिक जीवन से कटी हुई नहीं है बल्कि यह उनके जीवन का अभिन्न अंग होती हैं। जनजातीय कला के संदर्भ में वैरियर एलविन का कथन है कि– जनजातीय कला को उपयोगिता पक्ष या सामाजिक महत्व से पृथक करके इनकी विवेचना संभव नहीं है "कला केवल कला के लिये है" इस प्रकार की कला का दर्शन जनजातीय ग्रामों में बहुत कम होता है। अधिकतर कला का एक धार्मिक या जादुई उद्देश्य होता है साथ ही इसका सामाजिक महत्व भी होता है। केवल सौंदर्य की सृष्टि करने या सजाने के उद्देश्य से कला का सृजन जनजातीय समाज में बहुत कम होता है।

कला का संस्कृति से अत्यधिक निकट का संबंध होता है जनजातीय संस्कृति को जीवित रखने के लिये यह आवश्यक है कि उनकी कला को संस्कृति की विषयवस्तु न बनाकर उनके विकास की ओर ध्यान दिया जाना

चाहिए। सरकार द्वारा आदिवासियों को मुख्य धारा में लाने की कोशिशों का परिणाम है कि आज आदिवासी जनजीवन और कला में दिलचस्पी जगी है और उनके अर्थों प्रतीकों को समझने का प्रयास किया जा रहा है उनकी कला की सराहना इस बात का सबूत है कि उनका समाज और उनकी मान्यताएं आधुनिक समाज से कमतर नहीं हैं। जनजातियां कला के क्षेत्र में उतनी पिछड़ी नहीं हैं जितनी कि आर्थिक क्षेत्र में अतः शिक्षा के माध्यम से इनके अस्तित्व को बनाए रखने की आवश्यकता है।

गोंडी बोली वाचिक साहित्य में संपन्न है। इसे लिखने का कोई व्यवस्थित प्रयास अभी नहीं किया गया है। आदिवासी साहित्य के अध्येताओं के द्वारा देवनागरी लिपि के माध्यम से इसे संकलित एवं सुरक्षित किया जाना चाहिए। यह आवश्यक इस लिये है कि विज्ञान और टेक्नोलॉजी का प्रसार आदिवासी क्षेत्रों में भी तीव्र गति से हो रहा है राष्ट्र की मुख्य धारा में समाहित करने के प्रयास भी तेजी से हो रहे हैं साथ ही यह भी महत्वपूर्ण है कि इसाई धर्म प्रचारक धर्मांतरण के अपने उद्देश्यों को पूर्ण करने की दृष्टि से आदिवासियों को अपने लोक साहित्य से विमुख एवं इसाई धार्मिक साहित्य की ओर आकर्षित कर रहे हैं। इसलिय इन संघातों को देखते हुए यदि लोक साहित्य के अध्येताओं ने गोड़ी लोक साहित्य को संकलित और लिपिबद्ध करने का प्रयास नहीं किया तो यह अमूल्य धरोहर जिसे आदिवासियों ने सदियों से सुरक्षित रखा है आने वाले समय में निश्चत ही नष्ट हो जाएगी।

संदर्भ सूची

1 अनुभव एवं साक्षात्कार के आधार पर

2 श्रीमती आर. बी. तेकाम रिटायर्ड प्रधानअध्यापिका निवासी डिण्ड़ौरी साक्षात्कार दिनांक 09.09.15

3 सामाजिक मानवशास्त्र की रूपरेखा रवीन्द्रनाथ मुकर्जी, विवेक प्रकाशन दिल्ली

4 सामाजिक मानवशास्त्र डॉ. एस. अखिलेश, साहित्य भवन आगरा

5 सामाजिक मानवशास्त्र डॉ. जी के अग्रवाल साहित्य भवन

6 गढ़ा मंडला के गोंड़ राजा राम भरोसे अग्रवाल, गोंड़ी पब्लिक ट्रस्ट मंड़ला
म.प्र. का पूर्वांचल प्रो. अमर सिंह उद्दे विभूति प्रकाशन डिण्डौरी

----- 000 ----

13

जनजातीय जीवनोपयोगी वस्तुएँ

मनुष्य को जीवित रहने के लिये जीवन निर्वाह संबधी अनेक आवश्यकताओं को पूरा करना पडता है भरण पोषण जीवन की एक अनिवार्य शर्त है। इस हेतु किसी न किसी प्रकार का उपक्रम करना मनुष्य का एक अपरिहार्य कर्त्तव्य है। आदिकाल से मनुष्य अपने इस कर्त्तव्य का पालन कहीं एकाकी रूप में तो कहीं सामुदायिक रूप में करता रहा है। इस आर्थिक कार्य व्यवस्था में चल तथा अचल संपत्ति का महत्वपूर्ण स्थान है अचल संपत्तिमें प्रकृति एवं मानव निर्मित वस्तुए जैसे भूमि, मकान, खेती, बगीचा, बाड़ी एवं चल संपत्ति में पशुधन, आभूषण, यंत्र, औजार बर्तन शामिल हैं। जनजातीय समाज में संगीत, नृत्य, शिल्प, धर्म, जादू–टोना का ज्ञान भी व्यक्तिगत संपत्ति के रूप में महत्व रखते हैं।

प्रकृतिपुत्र गोंड़ आदिवासी दुर्गम क्षेत्रों में निवासरत ऐसे मानव समूह हैं जो हजारों वर्षों से शेष विश्व की सभ्यताओं से दूर अपनी सामाजिक एवं सांस्कृतिक चेतना की पहचान बनाये हुए हैं। उनके जीवन मूल्यों की चेतना में उनकी सामाजिक प्रथाओं तथा मनोवृतियों भावनाओं आचरणों तथा भौतिक पदार्थों को आत्मसात करने की विशेषता है। इनमें अपने सीमित संसाधनों में ही जीवन की अपनी आवश्यकता पूर्ति की कला दृष्टि गोचर होती है।

आदिमकाल से लेकर वर्तमान समय तक अगम्य वन एवं पर्वतीय क्षेत्रों में निवास करने के कारण गोंड़ जनजाति का संपर्क उन क्षेत्रों में समाप्त हो गया था जो सभ्यता और संस्कृति की उथल–पुथल संघर्ष समन्वय और सामंजस्य की एक दीर्घ कालीन प्रक्रिया में से होकर गुजरे हैं परिणाम यह हुआ है कि यह जनजाति राष्ट्रकी मुख्य धारा से अलग–थलग पड़ गई और उन

प्रथाओं परंपराओं और जीवन शैली से जुड़ी रही जो मौलिक थी और उन्हीं के अनुरूप अगम्य क्षेत्रों की भौगोलिक परिस्थितियों में संघर्ष करते हुए अपनी एक विशिष्ट जीवन शैली का निर्माण किया। स्थिति यह हुई की कालान्तर में यह जनजाति समकालीन एंव तथा कथित सभ्यता एवं संस्कृति के संपर्क में आने से वंचित रह गई।

परंपरा वादी समाज में असमतावादी मूल्य होते है, सांस्कृतिक विलंबना तत्व सक्रिय रहता है। उनकी परंपराओं मान्यताओं में आसानी से परिवर्तन नही आ पाता है। डार्विन के उद्विकास के सिद्धान्त के आधार पर स्पेंसर ने सामाजिक उद्विकास धारणा का प्रतिपादन किया हैं। स्पेंसर का मत है कि उद्विकास की प्रक्रिया केवल जैवकीय परिवर्तनों के क्षेत्र में ही देखने को नहीं मिलती बल्कि सामाजिक जीवन सामाजिक संस्थाओं और सांस्कृतिक प्रतिमानों में भी उद्विकासीय परिवर्तनों को स्पष्ट रूप से देखा जा सकता है।

चूँकि जनजातीय समाजों की सामाजिक संरचना और सामाजिक व्यवस्था बहुत ही सरल है अतः सभ्यता के वर्तमान शिखर तक पहुँचने के लिए उसे स्तरों से हो कर गुजरना पड़ेगा। क्योंकि ऐसा कभी नहीं हो सकता कि मनुष्य के जीवन में शैशवावस्था के तुरन्त बाद वृद्धवास्था आ जाये। जनजातीय समुदाय अभी विकास के शैशवावस्था में हैं इस कारण जनजातीय समाजों में सामाजिक गतिशीलता आने में समय लगना स्वाभाविक है। शासन के प्रयासों के परिणाम स्वरूप इनमें शनैः–शनैः जागृति आ रही है।

गोंड़ जनजाति की अपनी परंपराएँ प्रथाएँ रूढियाँ रहन–सहन विश्वास जीवन के तौर तरीके हैं जो अपने–आप में अनूठे हैं। जनजातीय जीवन की भौतिक संस्कृति कला, वाचिक परंपरा की सामग्रियों को उन्हीं के स्वाभाविक वातावरण के अनुरूप प्रस्तुत किया जा रहा है। जनजातियों की भौतिक संस्कृति की विस्तृत झलक इस अध्याय में वार्णित है।

खेती के उपकरण :–

भोज्य पदार्थो को उत्पन्न करने के लिये अनेक साधनों की आवश्यकता पड़ती है। कुछ का विवरण निम्नानुसार है :–

नागर (हल) :– इससे जमीन भुरभुरी बनाने के लिये भूमि के जोताई के लिये उपयोग में लाई जाती है।

जुआड़ी :– इससे बैलों को फांदते हैं इसे हल के साथ रस्सी से कसा जाता है।

नाधा (नहनी) :– यह रस्सी की बनी होती है हल और जुआडी को इससे एक साथ कसा जाता है।

जोता :– वह रस्सी जो बैलों के गले में बाँधी जाती है।

दतारी :– बीज बोने के बाद ऊपर से चलाने पर जल्दी काम होता है।

कुदाली एवं फावड़ा :– मिट्टी खोदने, पार बंदी करने व खाद फैलाने के काम आता है।

गैती :– मिट्ठी खोदने के काम आती है।

ओड़ी–टुकना :– यह बांस का बना होता है, इसे अनाज, बीज आदि लाने–लेजाने के लिय उपयोग में लाया जाता हैं।

सूपा :– अनाज उड़ाने एवं अनाज बीनने साफ करने के काम आता है।

हँसिया :– फसल काटने के काम आता है।

कलारी :– गाहनी के समय पैरा कोड़ने के काम आता है।

कांवर :– खाद एवं अनाज ढ़ोने के काम आता है।

पैनारी :– हल से गीली मिट्ठी को निकालने के काम आती है।

दाँय (गड़ाइन):– इससे बैलों को नाथकर गाहनी करते है।

खुमरी :– वर्षा के समय पुरूष ओढ़ते हैं।

मजुरहा खुमरी :– स्त्रियाँ निदाई के समय ओढ़ती हैं।

अन्य यंत्र औजार :–

गोंड़ जनजाति के लोग मकान बनाने खेती का समान बनाने एवं लकड़ी काटने के लिये निम्न यंत्रों का उपयोग करते हैं :–

क्रमांक	उपकरण का नाम	निर्मित धातु का नाम
1	साबल	लोहा
2	टंगिया कुल्हाड़ी	लोहा
3	फरसा	लोहा
4	बलुआ	लोहा
5	बका	लोहा
6	गिरमिट	लोहा
7	हँसिया	लोहा
8	आरी	लोहा
9	संधी	लोहा
10	बसूला	लोहा
11	बिंधनी	लोहा
12	गैंती	लोहा
13	कुदारी	लोहा
14	बखर	लोहा

रसोई संबंधी पात्र (बरतन) :–

भोजन बनाने के लिये मिट्टी, एल्यूमीनियम एवं पीतल के बर्तनों का उपयोग किया जाता है। मिट्टी के निम्नलिखित बर्तन उपयोग में लाए जाते हैः–

क्रमांक	पात्र का नाम	उपयोग
1	हाँड़ी (हण्डी)	भोजन पकाना पानी लाना एवं पानी रखना
2	गगरी	पानी लाना
3	घैला	पानी रखना (इस में पानी ठण्डा रहता हैं।)
4	तलाई	दाल, सब्जी एवं भाजी बनाने के लिये
5	बजरा	दही जमाने के लिये
6	दोहनी	दूध दुहनी
7	चुकिया	तेल रखना
8	डुढ़वा	तेल रखना
9	तवा	रोटी बनाना
10	परई	बर्तन ढांकना
11	दबकी	दारू रखने के लिये

हाँड़ी पेज एवं भात पकाने के काम आती है। गगरी पानी लाने के काम आती है। सब्जी बनाने दाल एवं भाजी बनाने के लिये तलाई का प्रयोग किया जाता है। चुकिया में तेल रखा जाता है इसका मुँह सुराही की तरह संकरा होता है। तवा गहरा होता है तथा इसके किनारे बाहर की ओर मुड़े होते हैं। पानी की हण्डी गगरी, तलाई ढंकने के लिये परई काम में आती है।

ये लोग धातु के बर्तनों का भी उपयोग करते हैं पानी रखने के लिये पीतल की गघरी का उपयोग होता है जिसे कसेंडी एवं गघरा भी कहा जाता है। धातु के निम्नलिखित बर्तन उपयोग में लाए जाते हैं :–

क्रमांक	पात्र का नाम	उपयोग
1	बटुआ	भोजन पकाना पानी लाना एवं पानी रखना
2	गगरी	पानी लाना
3	कसेड़ी	पानी रखना

कोठियाँ :– धान, कोदो, कुटकी, गेहूँ आदि के लिये दीवारों के सहारे बनाई जाती हैं। इनको ऊपर से बंद किया जाता है। अनाज निकालने के लिये नीचे से एक छेद रहता है, जिसे "अवना" कहते हैं इसे अनाज निकालने के बाद बंद कर दिया जाता है।

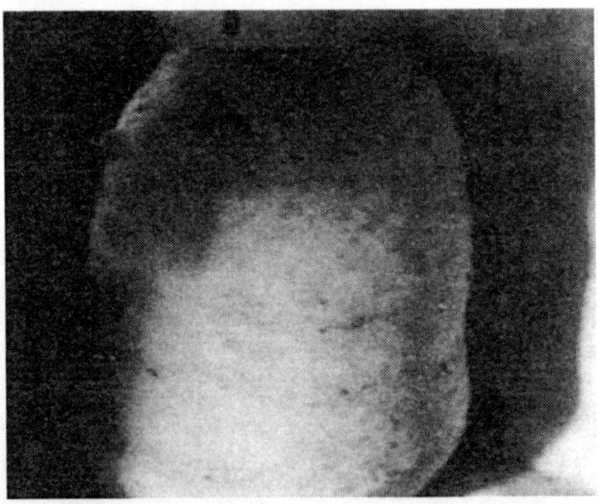

ढेंकी :– यह धान कूटने के काम आती है, इसकी लम्बाई 6 फुट की होती है। एक सिरे पर दो फुट की दूरी पर एक छेद रहता है जिसमें से एक लकड़ी दो छोटे खूँटे पर टिकी रहती है सामने के हिस्से में एक लकड़ी आड़ी लगाई जाती है। इसके सिरे में लोहे का ढक्कन नुमा हिस्सा रहतर है, जिससे धानकूटा जाता है।

तिरही (गेंड़ा):– यह तेल निकालने का यंत्र है इसमें दो पाटें रहती हैं। इसमें तेल निकालने के लिये तिलहन के बीजों को कूट–पीस कर पिटला (एक पोटली नुमा उपकरण) में रखकर गेंड़ा के मध्य में रखकर रस्सी से कसकर बाँध दिया जाता है जिससे तेल निकलता है।

जाता :– मिट्टी की चक्की जिसे कुनैता भी कहते है। यह धान,कोदो, कुटकी, एवं सांवा दलने के काम आता है। जाता से दलने के बाद मूसल से कूट कर चावल एवं कुदई बनाई जाती है।

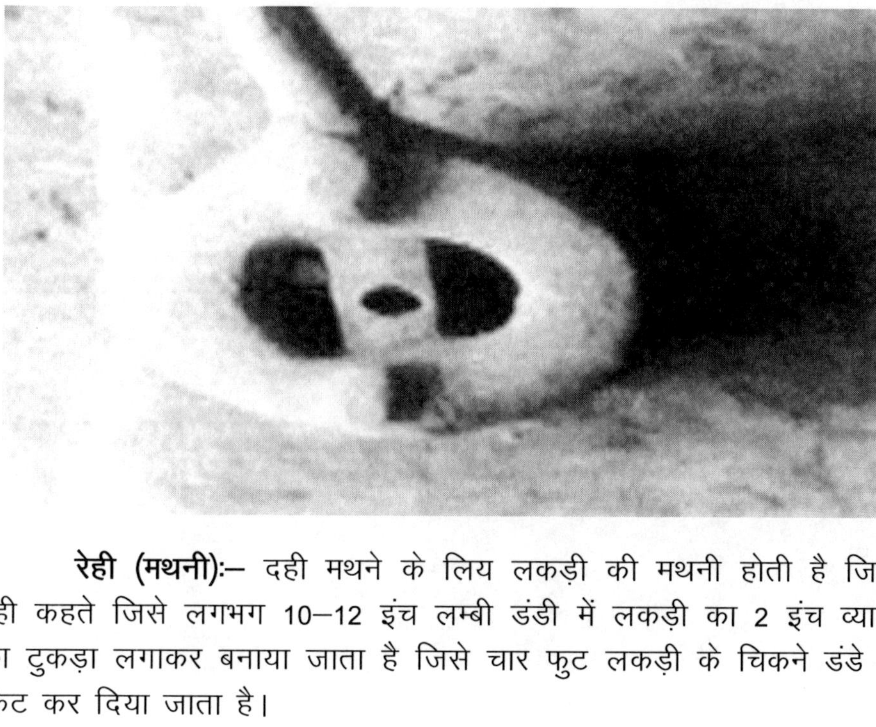

रेही (मथनी):– दही मथने के लिय लकड़ी की मथनी होती है जिसे रेही कहते जिसे लगभग 10–12 इंच लम्बी डंडी में लकड़ी का 2 इंच व्यास का टुकड़ा लगाकर बनाया जाता है जिसे चार फुट लकड़ी के चिकने डंडे में फिट कर दिया जाता है।

ढेरा :– सुतली एवं रस्सी बनाने के लिये ढेरा को उपयोग में लाया जाता है। बगई घास की रस्सी एवं सन की रस्सी इसी से बनाते हैं।

पत्थर की वस्तुएँ :–

पत्थर का एक आयता कार कुंड होता है इसे कटना या डोंगी कहते हैं इसमें गाय, बैल के लिये पीने का पानी एवं भूसा खाने के लिये डाला जाता है।

सिलबट्टा :– मसाले एवं चटनी पीसने के लिये सिलबटटा का प्रयोग किया जाता है।

चकिया :– आटा बनाने के काम आती है, इसमें गेंहूँ, मक्का, बाजरा आदि की पिसाई की जाती है।

अन्य काष्ठ सामग्री :–

गाय के गले में बाँधने के लिये ठरकी (खिड़खिड़ी) बनाई जाती है। यह अधिक भागने वाले जानवरों के गले में बाँधी जाती है। मवेशियों के पानी पीने के कटना लकडी से भी बनाया जाता है। इसके अलावा अनाज कूटने का मूसर अनाज नापने के बर्तन जिन्हें कुड़ो एवं पायली कहते हैं भी लकड़ी से बनाये जाते हैं। लकड़ी की करछुली का प्रयोग दाल, सब्जी, भाजी चलाने के लिये करते हैं जिसे ''चटवा'' कहा जाता हैं।

काँच की वस्तुओं का उपयोग :—

स्त्रियाँ काँच की चूडियाँ पहनती हैं, एवं तेल आदि रखने के लिये काँच की बोतल व लैम्प के लिये काँच की चिमनी एवं लालटेन का उपयोग होता है, स्त्रियाँ श्रृंगार के समय के लिये आइने का इस्तेमाल करती हैं। काँच मढ़े हुए चित्रों को घर की शोभा बढ़ने के लिये दीवारों पर सजाते हैं।

बाँस की वस्तुओं का उपयोग :—

बाँस की टोकनी, झालखंडी (अनाज ढोने की बड़ी डलिया) झांपी (ढक्कन वाली टोकरी जिसमें कपड़े आदि चीजें रखते हैं) मत्स्याखेट में उपयोग वस्तुएँ झिटका, मोरा, टुकना, ढूटी, चुनका, बिजना, सूपा, डाली, दौरी आदि वस्तुओं का उपयोग घरेलू कार्यो में किया जाता है।

अन्य उपयोगी वस्तुएँ :—

पिटला :— उदार नामक वृक्ष से पिटला बनाया जाता है यह तेल पेरने के काम में आता है तिलहन को अच्छी तरह से कूट कर पिटला में भरते हैं तथा उसे गेंड़ा के मध्य रखकर रस्सी से कस कर बाँध देते हैं। पिटला से टपकते हुए तेल को किसी बर्तन में इकट्ठा कर लिया जाता है। तेल निकालने की यह प्राचीन पद्धति है।

महलाइन की रस्सी :– महलाइन की छाल से मजबूत रस्सियों का निर्माण किया जाता है। महलाइन की रस्सियों से अपने मकानों के छप्पर–छानी के मलगों बासों को मजबूती से से बाँधते हैं अपनी बाड़ियों में टट्टा बाँधने के उपयोग में इन रस्सियों को लाया जाता है।

----- 000 ----

14

गोंड जनजातीय संस्कृति : आभूषण एवं साज श्रृंगार

मनुष्य एक चेतन संवेदनशील और मेधावी प्राणी है। सुन्दर और असुन्दर अथवा दर्शनीय और कुरूप के बीच वह स्पष्ट भेद कर सकता है। प्रकृति की विलक्षणता जहाँ उसमें आश्चर्य और भय का संचार करती है वहीं प्रकृति की विविधता और छटा उसे पुलकित भी करती है। प्रकृति के सौंदर्य का दर्शन उसे आल्हादित तो करता ही है उसे मानसिक तनावों से भी मुक्त करता है। यही कारण है कि वह सदैव एक ऐसे वातावरण का निर्माण करना चाहता है जो स्फूर्त और सुन्दर हो। इस उद्देश्य से वह एक ओर तो प्रकृति की विविधता को रंगों के केनवास पर उतरता है वहीं दूसरी ओर शब्दों और स्वरों के माध्यम से भी अभिव्यक्त करता है। वह न केवल अपने परिवेश को बल्कि स्वयं को भी इस भावना से प्रेरित होकर सजाने–संवारने का प्रयास करता है।

मनुष्य में एक नैसर्गिक प्रवृति यह होती है कि वह दूसरों के बीच अपनी पृथक और प्रभावोत्पादक पहचान बनाना चाहता है। कला इस क्षेत्र में उसकी सहायता करती है। स्वयं को सजा–संवरा रखना भी कला का ही एक अंग है श्रृंगार उसे प्रफुल्लित तो करता ही है साथ ही दूसरों से अलग हटकर दिखाई देने की उसकी आकांक्षा की पूर्ति भी करता है। अतः वह सौंदर्य की रचना और सौंदर्य अभिवृद्धि के लिये सदैव प्रयत्नशील रहता है। यह प्रवृति सभी मनुष्यों में पाई जाती है चाहे वे नगरीय हो अथवा जनजातीय। शिक्षा–अशिक्षा इसे प्रभावित नहीं करती है सभी वर्गों एवं स्तरों के व्यक्ति अपनी–अपनी पसंद और परंपरा के अनुरूप स्वयं को सजा–संवरा और सुन्दर बनाये रखने का प्रयत्न करते हैं।

श्रृंगार करने की विधि, श्रृंगार के साधन :–

श्रृंगार करने का अवसर और मनोवृत्ति में समाज तथा संस्कृति के अनुसार भिन्नता पाई जाती है। प्रत्येक संस्कृति में श्रृंगार और सजावट के कुछ मान्य प्रतिमान होते हैं इनके अनुरूप ही व्यक्ति को श्रृंगार करने और सौंदर्य प्रदर्शन की अनुमति रहती है तथापि संस्कृति प्रसार के फलस्वरूप इनमें कुछ सीमा तक परिवर्तन और परिवर्धन मान्य रहता है। वर्तमान परिप्रेक्ष्य में हम कह सकते हैं कि साज–सज्जा के इस सांस्कृतिक आदर्श पर संस्कृति ग्रहण घातक प्रभाव डाल रहा है।

आभूषणों के प्रति आकर्षण किसे नहीं रहता है? यदि नगरीय एवं अन्य ग्रामीण जन सोने–चाँदी व हीरे–मोतियों से श्रृंगार कर लेते हैं तो आदिवासी इनके अभाव में भी अपनी–अपनी हैसियत के अनुसार आभूषण पहनते हैं परंतु पुरूषों की अपेक्षा महिलाओं में आभूषणों के प्रति आकर्षण अधिक है।

आदिम जातियाँ अपनी अनूठी जीवन शैली की वजह से समाज के अन्य समुदायों से भिन्न नजर आती हैं। प्रकृति से घनिष्ठता उनकी समग्र दिनचर्या का अभिन्न हिस्सा बन चुका है। जनजातियों का रहन–सहन, खान–पान, रीति–रिवाज, सामाजिक व्यवस्था, उनकी संस्कृति, उनकी अर्थव्यवस्था सब कुछ विलक्षण तथा अपनी ओर आकर्षित करने वाली है।

आदिकालीन मानव हो या आधुनिक, सौंदर्य प्रियता मानव की सहज और जन्मजात विशेषता है। आनंद से परिपूरित यह वह भाव बोध है जो अकथनीय भी है। प्राचीन काल से ही साज–श्रृंगार करना मानव की प्रवृत्ति रही है। साज–श्रृंगार जीवन के अभिन्न अंग हैं ये जीवन में खुशी और उत्साह का संचार करते है। श्रृंगार मन को अच्छा लगने वाला एक भाव बोध मात्र ही नहीं हैं बल्कि यह व्यक्ति को पहचान दिलाने वाला एक तत्व भी है यही कारण है कि मनुष्य के जीवन में आभूषणों का अत्यधिक महत्व है। जनजातीय समुदाय के लोग अपनी संस्कृति और जीवन मूल्यों के अनुरूप श्रृंगार एवं आभूषण धारण करते हैं। प्रस्तुत शोध आलेख डिण्डौरी जिले में निवास करने वाली विभिन्न जनजातियों (गोंड़, बैगा, कोल, भरिया, परधान, अगरिया) द्वारा श्रृंगार के लिये धारण किये जाने वाले आभूषणों पर आधारित है। इन जनजातियों के अनूठे श्रृंगार एवं अलंकार बराबर ही सबका ध्यान अपनी ओर खींचते हैं।

साधारणः स्त्री–पुरूष दोनों आभूषण के शौकीन होते हैं अपनी विपन्नता के बाद भी वे आभूषणों से लदे रहते हैं। अपनी आर्थिक हैसियत के अनुरूप धातुओं जैसे काँस, पीतल, गिलट, चाँदी आदि का चयन करते है कुछ सम्पन्न लोग सोने के आभूषणों का भी उपयोग करते हैं।

प्राकृतिक वस्तुओं से श्रृंगार :–

प्रकृति की गोद में पले–बढ़े आदिवासियों की श्रृंगारिक आवश्यकताएँ भी प्रकृति ही पूरी करती है यही कारण है कि जनजातियाँ जंगली फूल – पत्तियों से, पक्षियों के रंगीन पंखों से स्वयं को सजाते सँवारते थे। फूलों की माला, वेणी इनके श्रृंगार में सहायक बनते थे। इसके अतिक्ति वे सस्ते सुलभ प्राकृतिक वस्तुओं को भी आकर्षक रूप देकर श्रृंगार सामग्री बना लेते थे जैसे रीठा के बीजों की माला बच्चों को नजर लगने से बचाने के लिये पहनाते हैं इसी प्रकार गुंजा (घुंघची) के बीजों से बहुत ही सुन्दर और मनमोहक माला तैयार कर अपने इष्ट देवता को अर्पित करते हैं तथा ऐसी ही माला लोक नृत्य के समय महिलाएँ एवं पुरूष गले में धारण कर अपना श्रृंगार करते हैं। दैनिक जीवन में सस्ती मालाएँ पत्थर, काँच और लाख से बने अलंकारों का प्रयोग भी जनजाति करते हैं।

श्रृंगार के अवसर :–

जनजातियों के श्रृंगार की भावना का प्रदर्शन उनके रंग–बिरंगे कपड़ों एवं तरह–तरह के आभूषणों द्वारा होता हैं। नृत्य एवं तीज त्यौहारों पर उनका साज–श्रृंगार देखते ही बनता है। उनकी लोक वाणी में श्रृंगार झलकता है, लोक गाथाओं, लोकगीतों एवं लोकनृत्य में श्रृंगार की उपस्थिति अवश्य दिखती है। इस अवसर के लिये उनके विशेष पोशाक और आभूषण होते हैं। मडई–मेले के अवसर पर एवं हाट–बाजार के दिन भी ये अपने को पूरी तरह सजा–धजा कर गॉवों से बाजार में आते हैं। मडई–मेले एवं हाट–बाजार उनके लिये केवल वस्तुओं का सौदा करने के ही स्थान नहीं होते बल्कि सामाजिक एवं सांस्कृतिक विनिमय या आदान–प्रदान के केन्द्र होते हैं और इसी हेतु इन अवसरों पर पूरी तरह साज–श्रृंगार के माध्यम से अपनी संस्कृति का संचरण करते है।

संस्कृतिकरण एवं आधुनिकीकरण की परिवर्तनकारी प्रक्रियाओं के प्रभाव स्वरूप वर्तमान समय में उनके आभूषणों में रूपान्तरण देखा जा रहा है उनके पारंपरिक आभूषण लुप्त प्राय हो रहे है और ऐसा प्रतीत होता है कि भविष्य में ये आभूषण जनजातीय संग्रहालयों की शोभा बढ़ाएँगे। डिण्डौरी जिले के आदिवासियों की लुप्त हो रहे हैं पारंपरिक साज, श्रृंगार एवं आभूषणों की खोज का एक लघु प्रयास किया गया हैं। आइये एक दृष्टि इन पर डालते हैं–

जनजातियों में प्रचलित प्रमुख पारंपरिक आभूषण इस प्रकार हैं–

क्रमांक	आभूषण का नाम	धातु	उपयोगकर्त्ता	अंग विशेष जहाँ आभूषण पहना जाता है।	जनजाति का नाम जिसमें आभूषण प्रचलित है।
1	ककई (कंधी)	बाँस(कनई)	महिलाएँ एवं लड़कियाँ	जूड़े में सजाया जाता है।	गोंड़, बैगा
2	बेंदी (बिंदिया)	चाँदी	महिलाएँ	माथा एवं बालों में	गोंड़, परधान
3	तरकी	मेहलाइन पत्ता एवं लकड़ी	महिलाएँ	कान	गोंड़, बैगा
4	ढ़ार (कर्णफूल)	चाँदी	महिलाएँ	कान	गोंड़, परधान
5	उतरना (बारी)	सोना	पुरूष एवं महिलाएँ	कान के उपरी भाग में	गोंड़, परधान
6	पोला (लुरकी)	सोना	पुरूष	कान के निचले भाग में	गोंड़, परधान
7	लौंग,खुटिया, फुलगुना	सोना	महिलाएँ एवं लड़कियाँ	नाक के बाई तरफ	गोंड़, परधान, कोल, भरिया अगरिया
8	गाँठी, गुरिया	कृत्रिम, मूगा, मोती	महिलाएँ एवं लड़कियाँ	गला	गोंड़, बैगा, परधान, कोल, भरिया अगरिया
9	ताबीज	लोहा,तांबा, चाँदी	बच्चे	गला	गोंड़, बैगा, परधान, कोल, भरिया अगरिया

क्रमांक	आभूषण का नाम	धातु	उपयोगकर्त्ता	अंग विशेष जहाँ आभूषण पहना जाता है।	जनजाति का नाम जिसमें आभूषण प्रचलित है।
10	सुतिया	चाँदी	महिलाएँ	गला	गोंड़, बैगा, परधान,
11	हमेल, माला	चाँदी	महिलाएँ	वक्ष स्थल	गोंड़, बैगा, परधान, कोल, भरिया अगरिया
12	बहुँटा	चाँदी	महिलाएँ	बाँह	गोंड़, परधान
13	नागमोरी (बखौरा)	चाँदी	महिलाएँ	बाँह	गोंड़, परधान, कोल
14	एँठवा	चाँदी	महिलाएँ	हाथ (कलाई)	गोंड़, परधान, कोल
15	छन्नी, ककनी	चाँदी	महिलाएँ	कलाई	गोंड़, परधान, कोल
16	अगोटा चूरा	चाँदी, गिलट	महिलाएँ	कलाई	गोंड़, परधान, कोल
17	पाँता	चाँदी	महिलाएँ	कलाई	गोंड़, बैगा,
18	चूड़ी	काँच	महिलाएँ	कलाई	सभी जाति के महिलाएँ
19	चूड़ा	चाँदी	पुरूष	कलाई	सभी जाति के महिलाएँ एवं पुरूष
20	मुंदरी (अंगूठी)	लोहा,तांबा, चाँदी	पुरूष एवं महिलाएँ	हाथ की अंगुलियों में	सभी जाति के महिलाएँ एवं पुरूष
21	करधनी	चाँदी, गिलट	महिलाएँ	कमर	गोंड़, परधान, कोल
22	पैरी (पैजन)	चाँदी, गिलट	महिला	पाँव	भरिया अगरिया
23	तोड़र	चाँदी, गिलट	महिला	पाँव	गोंड़, बैगा,
24	लच्छें	चाँदी,	महिला	पाँव	परधान

क्रमांक	आभूषण का नाम	धातु	उपयोगकर्त्ता	अंग विशेष जहाँ आभूषण पहना जाता है।	जनजाति का नाम जिसमें आभूषण प्रचलित है।
25	तीन कोर चूड़ा	काँसा, पीतल, चाँदी	महिला	पाँव	बैगा
26	चुटकी	लोहा, चाँदी	महिला	पैर की अंगुलियों में	सभी जाति के महिलाएँ

ककई (कंघी) :– श्रृंगार के क्षेत्र में ककई की महत्वपूर्ण भूमिका होती है। ककई बाँस (कनई) की बनी होती है जिससे महिलाएँ बाल सँवारने के उपयोग में लाती हैं महिलाएँ इसे फुंदरा के साथ जूड़े में लगाकर रखती हैं।

बेंदी (बिंदिया) :– बेंदी चाँदी से बना हुआ एक खूब सूरत आभूषण हैं। रूप सौंदर्य को निखारने के लिये इस आभूषण को धारण किया जाता हैं। उत्सव त्यौहार जैसे विशेष अवसरों में इस अलंकार को महिलायँ अपने माथे में सजाती हैं। किन्तु वर्तमान समय में इसका प्रचलन बहुत कम हो गया हैं।

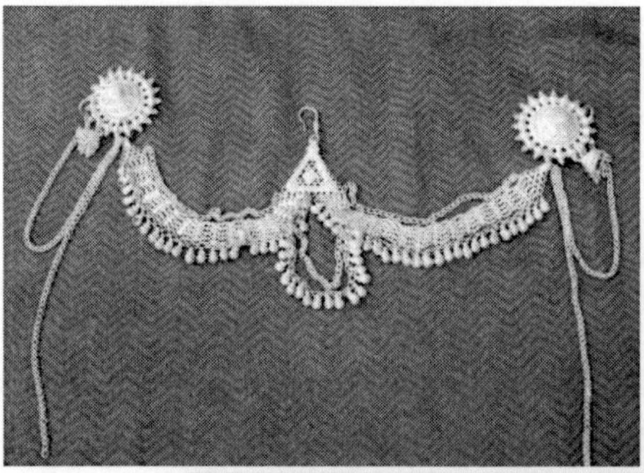

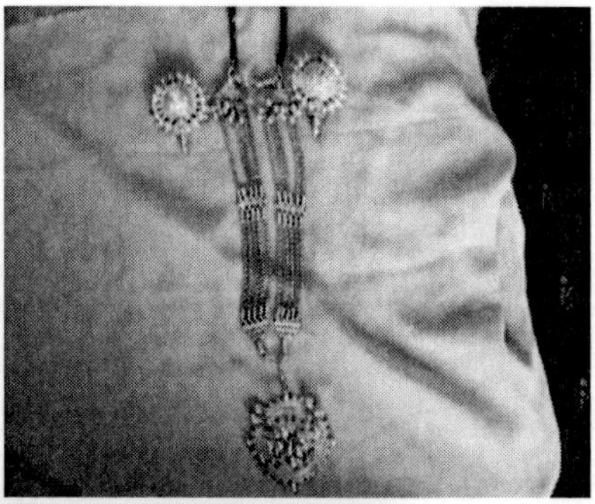

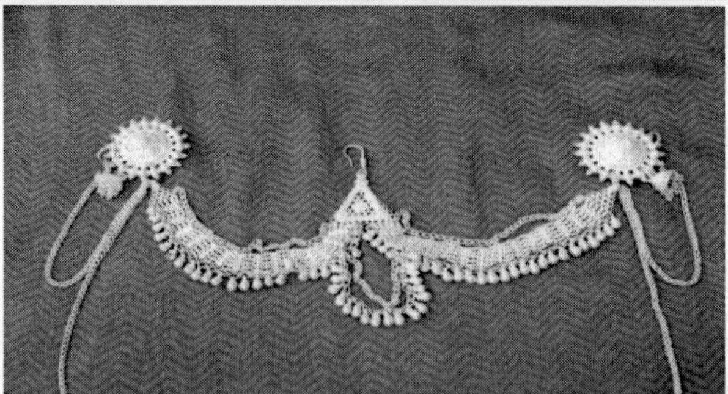

ढारः– ढ़ार विशेष अवसरों जैसे उत्सव–त्यौहार विवाह समारोह आदि में पहने जाने वाले कान के आभूषण हैं। यह चाँदी के बने होते हैं इसमें दो–दो जंजीरें लगी होती हैं एक जंजीर को कान में लपेटा जाता है तथा दूसरी जंजीर को कान में पीछे से जूड़े में फँसाया जाता है।

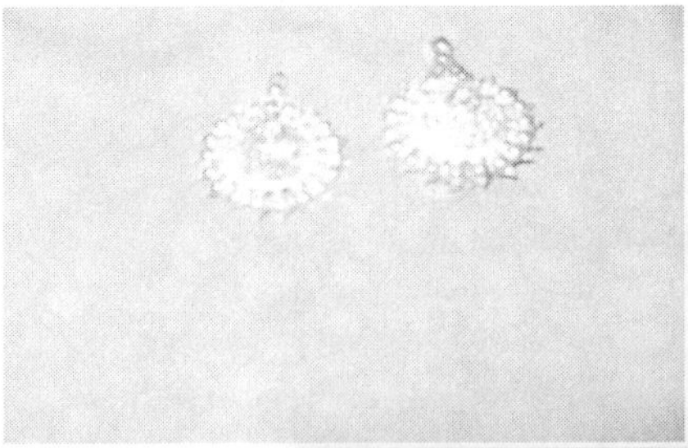
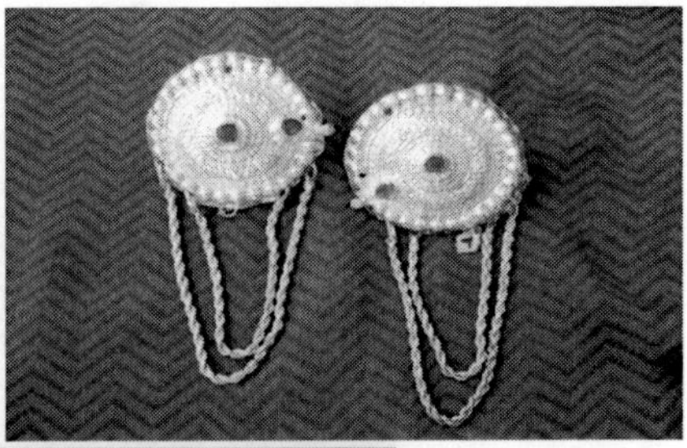
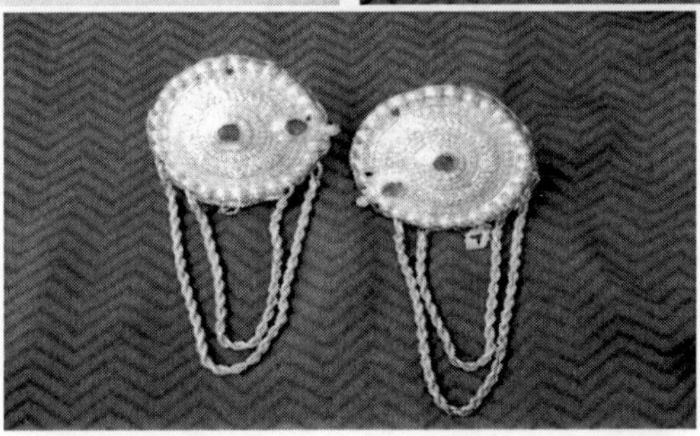

लौंग (खुटिया,फुलगुना) :–नाक में पहना जाने वाला इस आभूषण को खुटिया लौंग या फुलगुना कहा जाता है। सौंदर्य वृद्धि के लिये इसे महिलाएँ नाक के बायी ओर धारण करती हैं यह सोना या पीतल का बना होता है। बैगा जनजाति की महिलाओं में नासिका भूषण की प्रथा नहीं है।

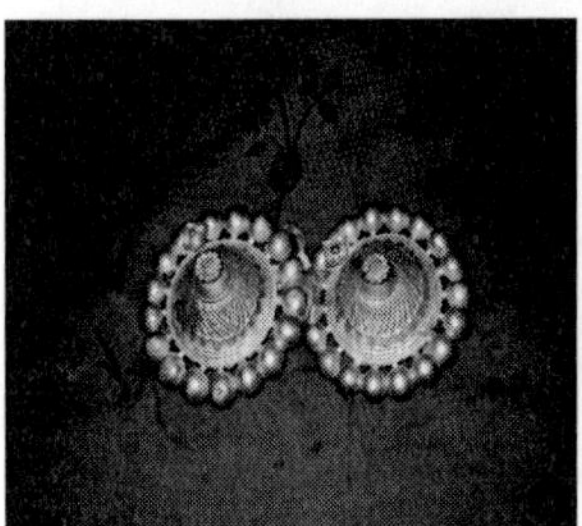
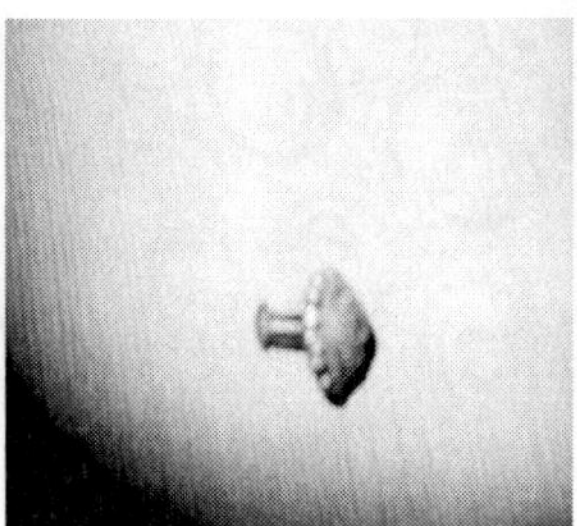
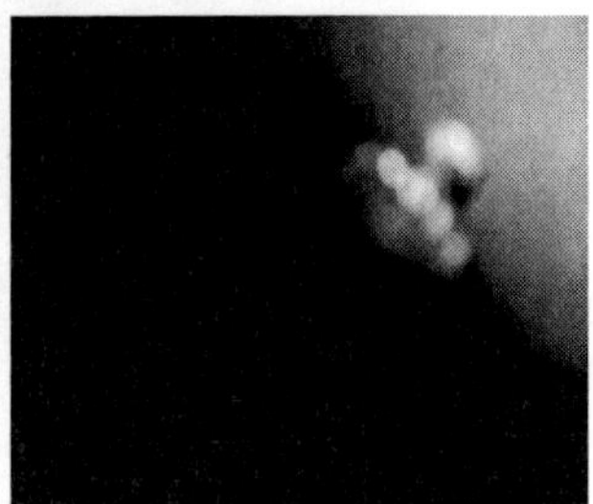

गाँठी–गुरिया :– विभिन्न रंगों की नकली मूंगे–मोतियों की माला को गुरिया कहते है। यह गला में पहने जाने वाला आभूषण होता है। कुछ रंगबिरंगी लड़ियों को जोड़ कर गाँठी तैयार की जाती है जो बहुत सुन्दर और आकर्षक होती है।

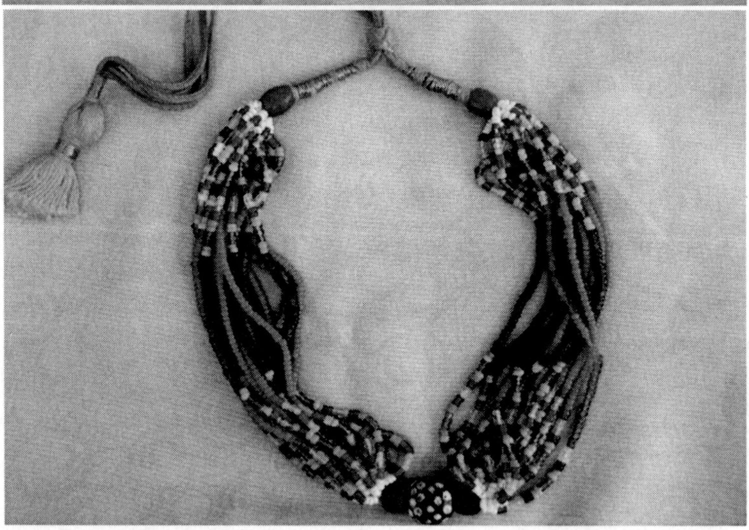

ताबीज :– ताबीज गला में धारण करने वाला सुन्दर आभूषण होता है। साज–श्रृंगार के साथ ही महिलाएँ एवं बच्चे विभिन्न रोगों से अपनी रक्षा के लिए टोटका के रूप में भी इसे धारण करते है।

सुतिया :– इस आभूषण को गले में धारण किया जाता है इसे टोटका के रूप में शिशुओं को पहनाई जाती है मान्यता है कि इसे पहनाने से बच्चों की हँसुली नहीं टलती है। यह चाँदी का बना अलंकार है गोंड़ एवं बैगा महिलाओं का यह अत्यंत प्रिय आभूषण है यह दो तरह से निर्मित होता है एक सादा और दूसरा गोदावरी जिसमें सुन्दर आकृतियाँ बनी होती है।

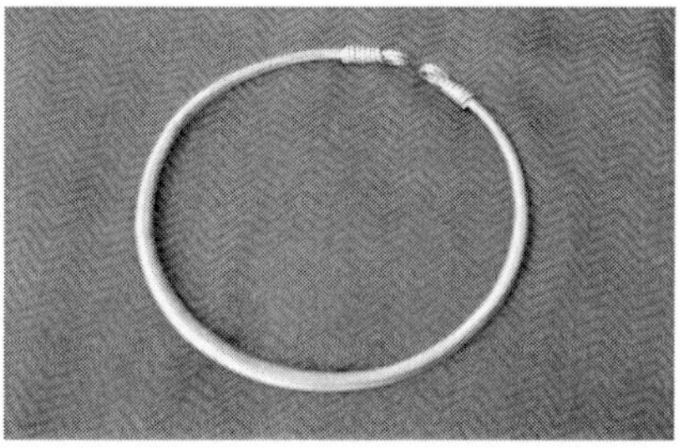

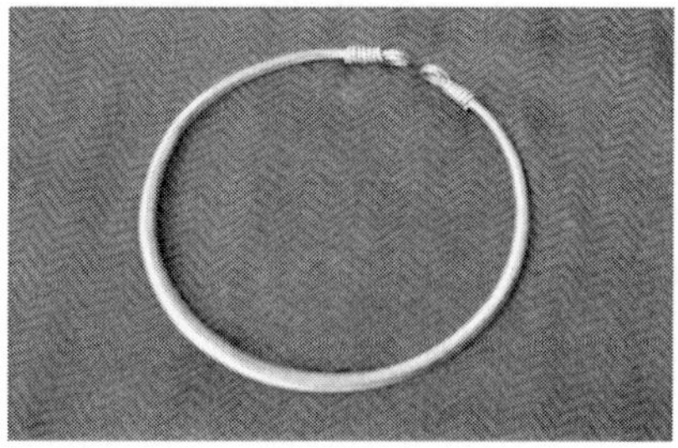

हमेल :– चाँदी के रूपयों की माला को हमेल कहते हैं। बैगा और गोंड़ महिलाएँ इस हमेल माला को बहुत ही शौक से धारण करती हैं। शादी–विवाह के अवसर पर बुरी नजर से बचाने के लिये वर के गले में हमेल एवं सुतिया पहनाया जाता हैं।

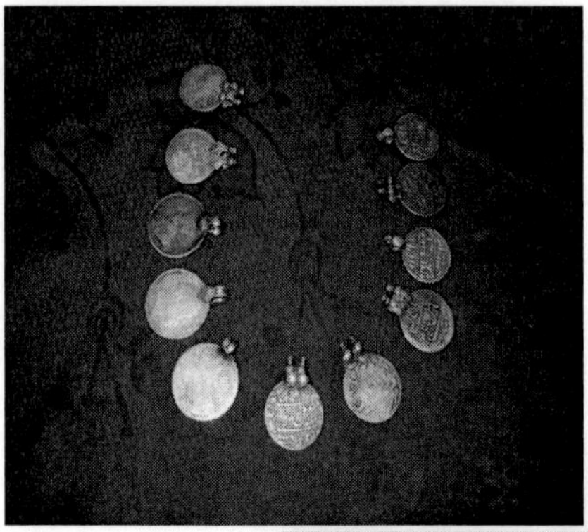

बहुँटा :– इस आभूषण को कोहनी के ऊपर बाँह में धारण किया जाता है यह चाँदी से निर्मित अंदर से खोखला टायर की आकृति का आभूषण हैं। इसे धारण करने संबंधी मान्यता यह है कि इसको पहनने से हाथ मजबूत रहेंगे। ताकि सरलतम ढ़ंग से अधिक वजन को महिलाएँ आसानी से उठा सकेंगी और अपने घर एवं बाहर के कार्यो को दक्षता पूर्वक संपादित कर पाएँगी।

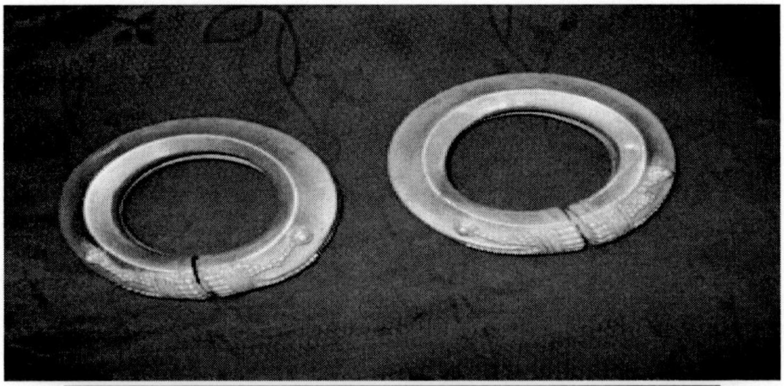

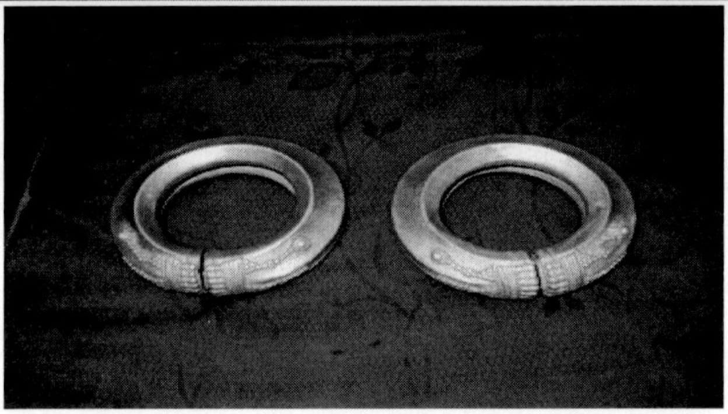

नागमोरी (बखौरा) :– नागमोरी चाँदी से निर्मित आभूषण होता हैं जिसे स्त्रियाँ कोहनी के ऊपर बाजुओं में पहनती हैं पहनने के उपरान्त यह बाँह से चिपका हुआ रहता हैं यह नाग की आकृति का होता है इसी कारण इसका नाम नागमोरी है इसे बखौरा नाम से भी जाना जाता है।

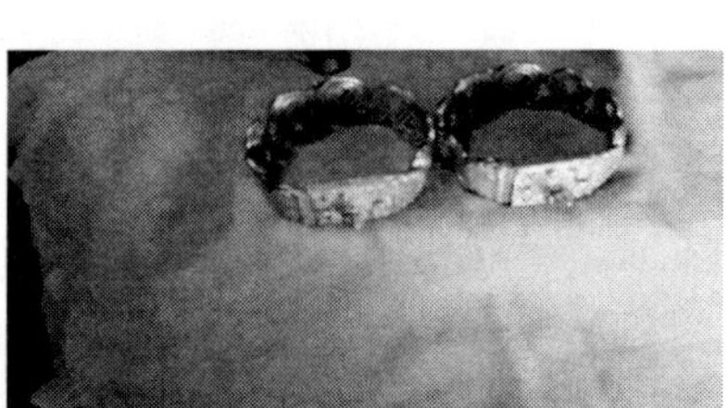

ऍंठवा :– ऍंठवा चाँदी से निर्मित हाथ में पहना जाने वाला आभूषण है इसकी आकृति घुमावदार एवं ऍंठी हुई रहती है जिसके कारण इसे ऍंठवा कहा जाता है हाथों के सौदर्य वृद्धि के लिये माहिलाएँ इसे धारण करती हैं।

छन्नी :– यह चाँदी से निर्मित हाथ में पहने जाने वाला फूलदार कलात्मक एवं सुन्दर आभूषण है। यह आभूषण सभी जनजातियों में प्रचलित है।

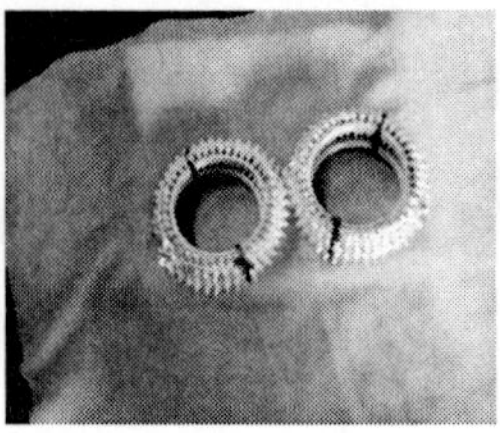

पाँता :– पाँता शुद्ध चाँदी (बिना मिलावट की चाँदी) से निर्मित कलाई में पहना जाने वाला आभूषण है पहनने के बाद यह कलाई में चिपका हुआ रहता है इस आभूषण से संबंधित धारणा यह है कि इससे कलाईयाँ मजबूत रहती हैं जिससे कठिन से कठिन श्रमसाध्य कार्य को महिलाएँ आसानी से कर सकती हैं।

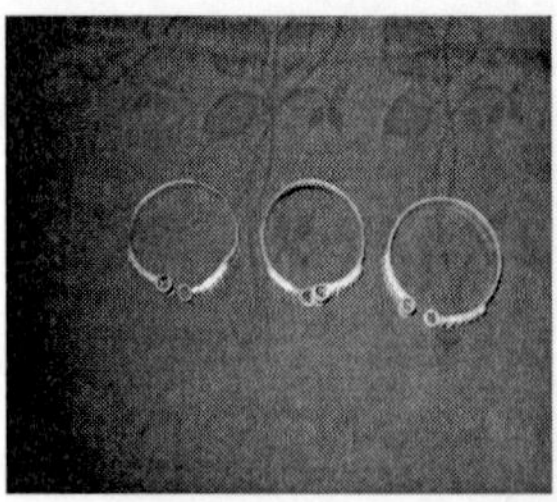

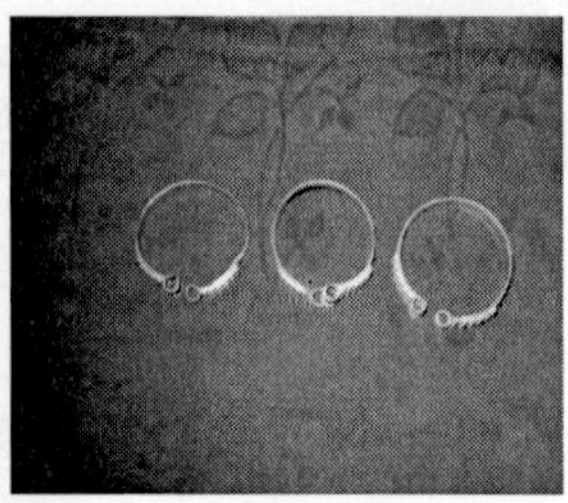

अगोटा चूरा :– ये हाथों में धारण करने के आभूषण होते हैं। यह चाँदी, गिलट से निर्मित विभिन्न प्रकार के डिजाईन में होते है। अपने रूप सौदर्य को निखारने के लिये महिलाएँ इन्हे बहुत ही शौक से पहनती हैं।

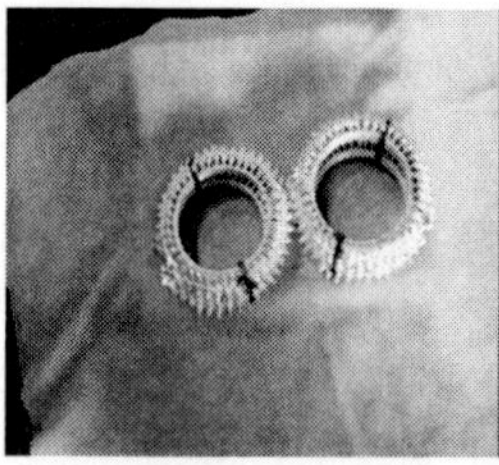

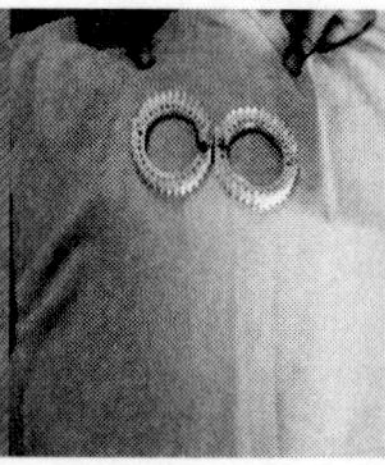
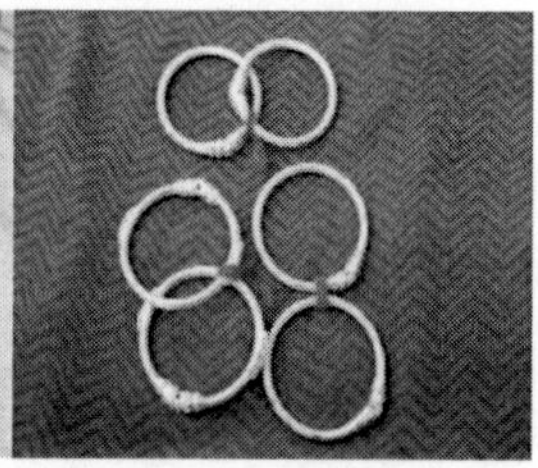

करधनी :– करधनी कमर में पहने जाने वाला आभूषण है यह चाँदी अथवा गिलट का बना होता हैं। बहुत सारी जंजीरों की लड़ियों को खड़ी पट्टियों के माध्यम से जोड़कर पट्टे नुमा चौड़ी करधनी निर्मित की जाती है इस आभूषण को पहनने का वैज्ञानिक महत्व भी है। जनजाति महिलाएँ कठोर परिश्रम करती है साथ ही नैसर्गिक ऋतु चक्रों एवं विशेष जैवकीय संरचना के कारण कमजोरी एवं कमर दर्द आदि समस्याओं का सामना करती है और इसके निदान स्वरूप सौदर्य के प्रतीक इस अलंकार को धारण करती हैं।

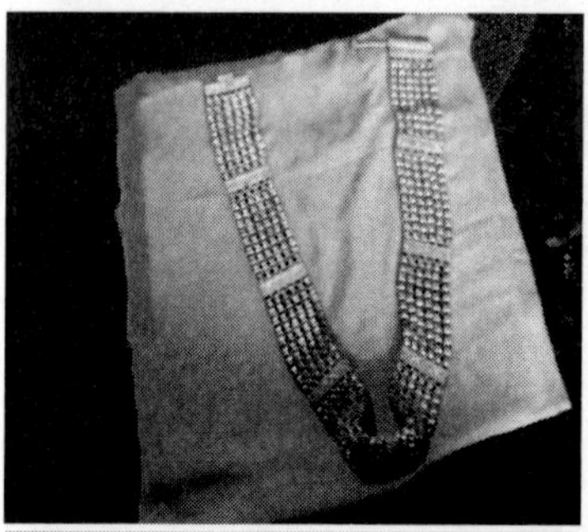

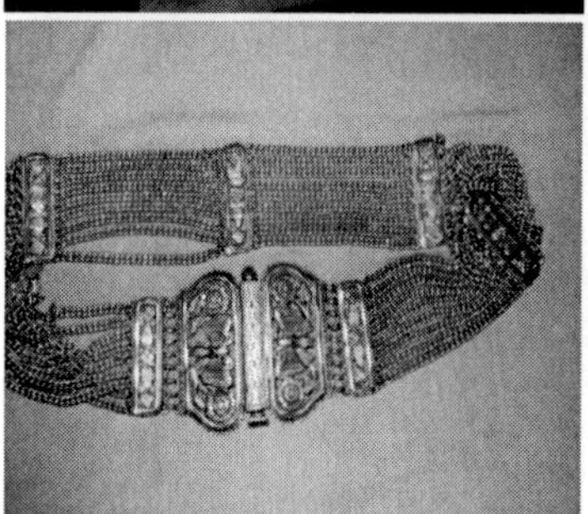

पैरी (पैजन) :– पैरी पाँव में पहनने का एक वजनी आभूषण है पैरों की सुन्दरता बढ़ाने के लिये महिलाए इसे धारण करती हैं। वर्तमान समय में पैरियों का स्थान पायल ने लिया है।

टोड़र :– टोड़र पैरों में पहना जाने वाला टायर के आकार का लगभग एक किलोग्राम वजन का मोटा आभूषण होता है। इसको धारण करने के संबंध में वैज्ञानिक तथ्य यह है कि इसे पहनने से पैरों की माँस पेशियाँ मजबूत होती हैं। इसे पहन कर महिलाएँ गौरव की अनुभूति करते हैं।

लच्छें :– यह पैर में धारण करने वाला गहना है। ये चाँदी से निर्मित होती हैं तथा ये एक–एक पैर में कम से कम तीन–तीन या उससे अधिक (समूह में) की संख्या में इन्हे पहना जाता हैं।

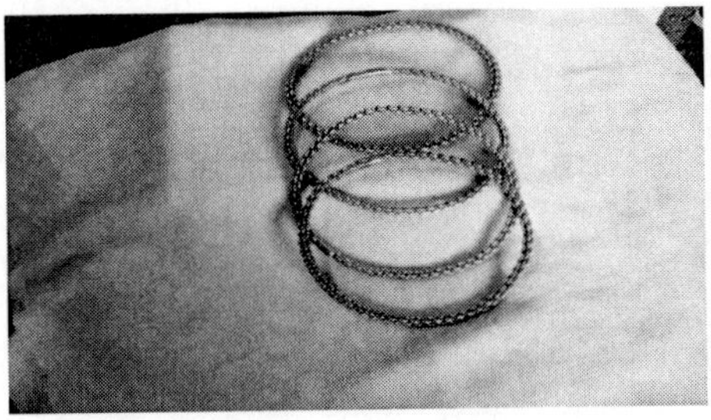
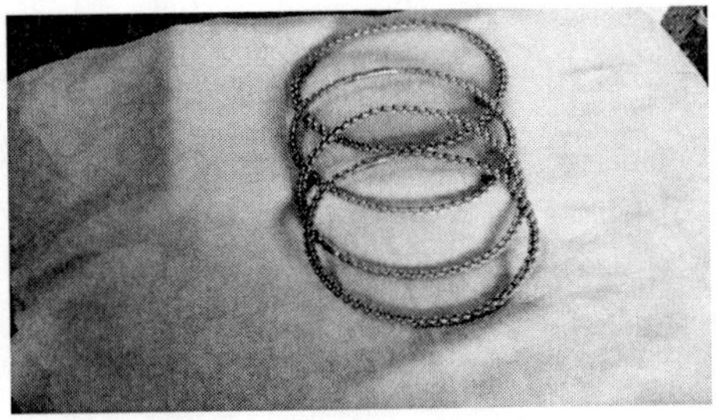

चुटकी :– पैरों की अंगुलियों में धारण की जाने वाली अंगूठी की आकृति के आभूषण को चुटकी कहते है पैर की तीन अंगुलियों में कम से कम 3–3 चुटकीयाँ पहनी जाती थी, ये चाँदी, लोहा, या काँसा की बनी होती थी इसका चलन लगभग समाप्त हो गया है चुटकियों के स्थान पर अब महिलाएँ बिछिया पहनने लगी हैं।

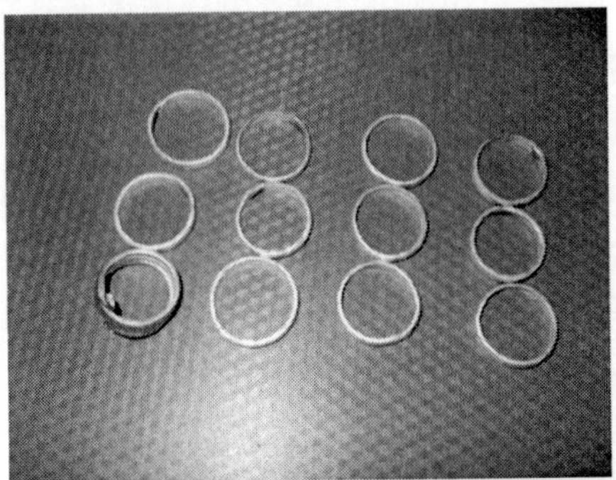
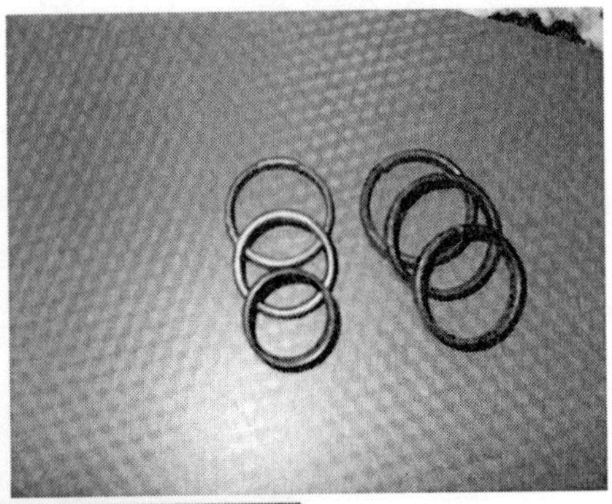
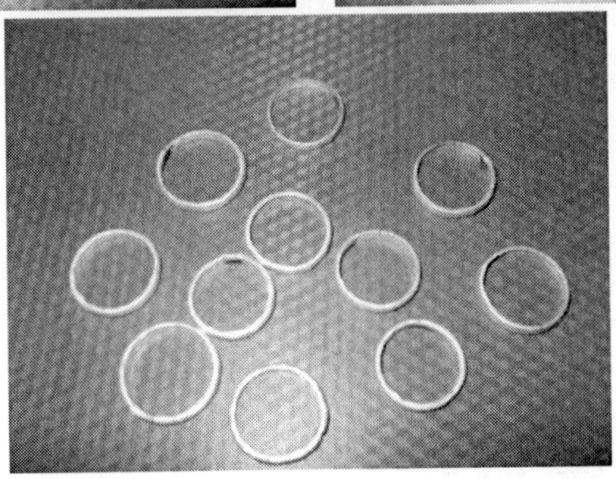

गोदना :– हम जनजातीय आभूषण एवं श्रृंगार की बात करे और गोदना का जिक्र न हो तो संपूर्ण आभूषणों एवं श्रृंगार का वर्णन ही अधूरा रह जाएगा। जनजातीय स्त्रियों का पूरा जीवन ही श्रृंगार मय होता है उनके श्रृंगार में गोदना का महत्वपूर्ण स्थान है। गोदना आभूषण की श्रेणी में आता है यह एक ऐसा आभूषण है जिसे रोज उतारना और पहनना नहीं पड़ता स्त्रियाँ इसे स्थाई गहना समझती हैं। गोदना उनके लोक विश्वास की देन है, जनजातीय समाज में गोदना का आध्यात्मिक महत्व भी हैं। उनका विश्वास है कि मृत्यु के समय अन्य आभूषण तो शरीर से हटा दिये जाते है, परन्तु गोदना ही ऐसा आभूषण है जो मृत्यु के बाद भी साथ रहता है। जनजातियों में मान्यता है कि मृत्यु के पश्चात भौतिक जगत की सभी वस्तुएँ इसी लोक में छूट जाती हैं किन्तु गोदना आत्मा के साथ परलोक तक जाते हैं तथा ये शारीरिक अलंकार ही नहीं है बल्कि आत्मा के अलंकार है जो मृत्यु उपराँत आत्मा के साथ परमात्मा तक पहुँचते हैं। तथा मोक्ष की प्राप्ति में सहायक होते है। इसे दो बार गोदवाया जाता है पहली बार छोटी उम्र में बलिकाओं को तीन बिन्दु गुदवाए जाते हैं पहला ठुड्डी में दूसरा नाक के पास और तीसरा मस्तक पर। दूसरी बार विवाह के कुछ समय पूर्व गोदना संस्कार को पूर्ण कराया जाता है। बैगा स्त्रियाँ बाहों, हाथों, कंधों, पिंडलियों, कलाईयों, पंजों यहाँ तक कि पीठ और छाती में भी गुदना अंकित करवाती है। उनकी ये गुदना आकृतियाँ बिन्दुओं सीधी रेखाओं, वक्र रेखाओ, वृत्तों, धन, चिन्ह आदि होती हैं। इनके अतिरिक्त सूर्य चन्द्र तारे, चूल्हा की आकृति बिच्छू घड़ौची (पानी के बर्तन रखने का स्टेण्ड़) आदि का रेखांकन गोदना आकृतियों में प्रायः उपलब्ध होते है। गोदने के लिये प्रत्येक वर्ष शरद ऋतु में बदनिन और अगरनिन महिलाएँ गॉव में आकर गोदना गोदने का कार्य करती हैं।

किसी भी जनजाति के पुरूषों में गुदना गुदवाने की परंपरा नहीं है। इस गुदना प्रथा के पीछे वैज्ञानिक दृष्टि कोण यह है कि गोदना गोदवाने से शरीर की अनेक बीमारियों गठिया बात, चर्म रोग आदि से रक्षा होती है। गोदना एक प्रकार की एक्यूपंचर चिकित्सा प्रणाली का ही हिस्सा है।

पारंपरिक गुदना आकृतियाँ धीरे–धीरे परिवर्तित हो रही हैं इस परिवर्तन में मशीन की सहायता से गुदना गोदने वाले कलाकारों द्वारा किये जाने वाले प्रयोगों की महति भूमिका है। नगरीय व कस्बाई संपर्क के फलस्वरूप शरीर के

अधिकाधिक भागों को वस्त्रों से आवृत रखने के कारण भी गोंड़ महिलाओं में गुदने के प्रति उत्साह घट रहा है। छात्रावासों में रहकर अध्ययन करने वाली गोंड़ बालाओं में विकसित हो रही अभिजात्य मानसिकता भी उन्हें गुदनाकृतियों के प्रति निरूत्साहित कर रही हैं। फिर भी यह सत्य है कि शरीर सज्जा एवं जातीय पहचान के रूप में गोंड़ जनजाति में गुदना का महत्व है तथा भविष्य में भी उसके बने रहने की संभावना है।

जनजातीय आभूषण जनजातीय सांस्कृतिक अभिव्यक्ति के सशक्त वाहक बने हुए हैं इन्हीं से सांस्कृतिक जीवन की विकास यात्रा सदियों से सतत प्रवाह मान है। जनजातीय समाज में सामाजिक संगठन एवं व्यवस्था के क्षेत्र में महत्वपूर्ण भूमिका निभा रहे हैं। इन आभूषणों से विशेष जीवन विधि का पता चलता है जनजातीय समाज की संरचना समतावादी मूल्यों पर आधारित होने के कारण हर प्रकार की सामाजिक स्थिति को धारण करने वाली महिलाएँ, युवतियाँ, वृद्धाएँ एवं विधवाएँ भी अपने मन भावन आभूषणों को श्रृंगार के लिये उपयोग करती हैं। इतनी उदारता, एकता एवं समन्वय का गुण जिस संस्कृति में हो वह निश्चित ही महानतम संस्कृतियों में से एक हैं। परन्तु आज के इस संस्कृतिकरण, आधुनिकीकरण एवं संचारमाध्यमों के स्पर्धापूर्ण समय में सदियों से चली आ रही यह सांस्कृतिक धरोहर खतरे में हैं। समाज के बदलते मूल्यों के साथ सांस्कृतिक अभिव्यक्ति की विकास यात्रा के चिन्ह मिटते जा रहे हैं, जनजातीय पहचान एवं परंपरा को प्रदर्शित करने वाली इस विरासत को संरक्षित किये जाने की महती आवश्यकता है।

आभूषण एवं गोदनों के प्रति नारी के लोक विश्वास

कोमल भावनाओं से परिपूर्ण नारी सृष्टि में विधाता की वह कृति है, जिसमें अपने प्रबल सौदर्य बोध एवं श्रृंगार की कभी समाप्त न होन वाली ललक विद्यामान होती है। यह ललक शादी, विवाह, तीज– त्यौहारों या अन्य सामाजिक उत्सवों के अवसर पर और बलवती हो जाती हैं। जनजातीय नारी में गहने पहने एवं गोदना गोदवाने का अर्थ केवल स्त्रियोचित सौंदर्य में अभिवृद्धि मात्र नहीं है। वरन् सांस्कृतिक रूप से उनमें लोक विश्वासों एवं आस्था का लक्ष्य निहित होता है। गूढ़ अर्थो से परिपूर्ण प्रचलित मान्यताओं पर

आधारित श्रृंगार के जो भाव आभूषण एवं गोदना में निहित है वे निम्नानुसार प्रस्तुत है।

आभूषण :–

बिदिया	–	बैरनाशक।
खुटिया	–	बड़प्पन का प्रतीक।
लौंग	–	नेक काम की प्रेरणा।
टीका	–	टोना आदि से रक्षा।
करनफूल	–	कर्णप्रिय प्रशंसा की कामना।
ढारें	–	ढकोसलों से घृणा।
हंसली	–	हंसमुख व्यवहार।
हमेल	–	हंसी–खुशी की अनूभूति।
कंठी	–	कुंठा से मुक्ति।
माला	–	मन की मलीनता की स्वच्छता।
बाजूबंद	–	बाजी मारने की प्रवृति।
नागमोरी	–	नाग से रक्षा।
बोंहटा	–	बाहुल्यता से परिपूर्ण।
कड़ा	–	कडुवे बोलों से परहेज।
चूरा	–	चोरी नाशक प्रवृत्ति।
चूड़ियाँ	–	पति की चाह की पूर्ति।
ककना	–	कर्म के प्रति निष्ठा।
पाता	–	पाप से मुक्ति पाने का कामना।
मुंदरी	–	प्रेम मोहब्बत का प्रतीक।
छल्ला	–	छल–कपट की प्रवृत्ति का त्याग।
करधन	–	अपने करों (हाथ) से धन एकत्र करना।
कड्डोरा	–	सत्कमों की डोर से भव सागर पार करना।
पायल	–	प्रसिद्धि प्राप्त करना।
पैरी	–	प्रसन्नता एवं परहित।
चुटकी	–	चोटी के कामों में सफलता।

गोदना :–

दाहिने कंधा एवं छाती पर –शत्रु पर विजय एवं हानि से रक्षा होती है।

कलाइयों और हाथों में –मृत्यु के पश्चात स्वर्ग में पति, भाई,बहिनों एवं सहेलियों से भेंट होती हैं।

मूंह पर – तांत्रिक अनुष्ठान, यथा–टोना, टोटका, जादू आदि प्रभावहीन होकर उनसे रक्षा होती है।

पैरों में – स्वर्गारोहण होता हैं।

बाहों में – शक्ति प्राप्त होती हैं।

जांघों में – अश्व के समान शक्ति प्राप्त होती हैं।

गला में – महादेव का वास होता हैं।

कमर में – कष्ट व विपदाओं आदि से मुक्ति मिलती हैं।

मस्तक में – भाग्य निर्माण होता हैं।

वक्षस्थल में – दाम्पत्य जीवन सुखमय होता हैं।

शरीर के अंगों में गोत्र चित्रांकन –पूर्वजों व मृतात्माओं का संरक्षण एवं आशीर्वाद प्राप्त होता हैं।

पिंडलियों में –अपार शक्ति की प्राप्ति का प्रतीक माना जाता हैं।

श्रृंगार करने की विधि, श्रृंगार के साधन, श्रृंगार करने का अवसर और मनोवृत्ति में समाज तथा काल के अनुसार भिन्नता पाई जाती है। प्रत्येक संस्कृति में श्रृंगार और सजावट के कुछ मान्य प्रतिमान होते हैं, इनके अनुरूप ही व्यक्ति को श्रृंगार करने और सौंदर्य प्रदर्शन की अनुमति रहती है। तथापि संस्कृति प्रसार के फलस्वरूप इनमें कुछ सीमा तक परिवर्तन और परिवर्धन मान्य रहता है। वर्तमान परिप्रेक्ष्य में हम कह सकते हैं कि साज सज्जा के इस सांस्कृतिक आदर्श पर संस्कृतिग्रहण घातक प्रभाव डाल रहा है।

संदर्भ ग्रंथ सूची

1. सांस्कृतिक मानवभाास्त्र हर्शकोविट्स अनुवादक रघुराज गुप्त।
2. सामाजिक मानव शास्त्र की रूपरेखा आर. एन. मुखर्जी
3. म.प्र. की जनजातियाँ शिवकुमार तिवारी, कमल भार्मा

4. प्रकृतिपुत्र बैगा डॉ. विजय चौरसिया
5. आदिवासी सत्ता(मासिक पत्रिका) अंक दिसम्बर 2009
6. बारह भाई बिंझवार डॉ. ठाकोर लाल भाणाभाई नायक
7. भारत के लोकनृत्य प्रो. शरीफ मोहम्मद म.प्र.हि.ग्रं.अ.भोपाल

----- 000 ----

15

गोंड़ जनजीवन में लोकगीतों एवं लोकनृत्यों का महत्व

लोकगीत एवं लोकनृत्य गोंड जनजातीय संस्कृति का अविभाज्य अंग है। जिनकी विवेचना किए बिना गोंड़ जनजातीय संस्कृति का परिचय अधूरा ही रहेगा। कला एवं संस्कृति एक दूसरे के अभिन्न अंग हैं। संस्कृति जितनी विकसित होगी कला उतनी ही परिष्कृत होगी। कला ही वह माध्यम है जिसके द्वारा व्यक्ति अपनी भावनाओं, कल्पनाओं एवं विचारों को सुंदर ढंग से अभिव्यक्त करता है। जनजातीय कला जनजाति जीवन की अनुभूतियों को मुखरित करती है। जनजातीय कला में लोकगीत एवं लोकनृत्य अत्यंत साधारण एवं चित्ताकर्षक है। इस जनजाति में गीत, संगीत एवं नृत्य की परंपरा प्राचीन काल से चली आ रही है। अनेक त्योहारों, उत्सवों,मड़ई–मेले व विविध संस्कारों के अवसर पर पारस्परिक मिलन की खुशी को इस समुदाय के लोग लोकनृत्य व लोकगीतों के माध्यम से व्यक्त करते हैं।

जनजातियों का संपूर्ण जीवन प्रकृति की गोद में पला होता है। अतः उनका प्रकृति से गहरा संबंध होता है, गोंड जनजाति ने आर्थिक, सामाजिक और भौगोलिक सीमाओं के अंदर निवास करते हुए अपनी आवश्यकताओं के अनुसार अपनी कला एवं संस्कृति को विकसित किया है। हमारे जीवन के सभी कृत्य संस्कारों से ओतप्रोत होते हैं। जन्म से लेकर मृत्यु तक हमारे जीवन में कोई न कोई संस्कार होते ही रहते हैं। यद्यपि कुल संस्कारों की संख्या 16 है, परंतु गोंड समाज में जन्म, विवाह और मृत्यु संस्कार प्रमुख माने जाते हैं। इन संस्कारों के अवसर पर (अंतिम संस्कार को छोड़कर) स्त्रियां कोकिल कंठ से गीतों को गा–गाकर अपने हार्दिक उल्लास और आनंद को प्रकट करती है। जहां इन गीतों में प्रसन्नता और उल्लास दिखाई पड़ता है, वहां मृत्यु गीतों

जिसे (रुदन और विलाप कहा जा सकता है) में विषाद की अमिट रेखाएं उपलब्ध होती है। जन्मोत्सव पर गाए जाने वाले गीतों को गोंड जनजातीय समुदाय में मंगल गीत कहते है। इस अवसर पर आस पड़ोस की मातायें विशेषतः लोकगीतों में पारंगत वृद्धाएँ एकत्र होकर प्रसूता स्त्री के भावी जीवन की खुशियों एवं नवागंतुक शिशु की दीर्घायु के लिए गीतों के द्वारा मंगल कामना करती हैं। ये गीत शिशु के बरहों संस्कार के दिन, जो जन्म के 12 वें दिन संपन्न किया जाता है उस अवसर पर गाए जाते हैं।

गोंड जनजाति समुदाय में दूसरा महत्वपूर्ण संस्कार विवाह संस्कार है यही कारण है कि इस उत्सव को बड़े ही उत्साह के साथ मनाया जाता है। विवाह के अवसर पर विवाह गीत वर और कन्या पक्ष दोनों के घरों में गाए जाते हैं। मंडप के 1 दिन पूर्व से गीतों का गाना प्रारंभ हो जाता है इसे हल्दी गीत अथवा मंडप जागरण कहा जाता है। वर तथा कन्या दोनों के घरों में गाए जाने से इनमें स्वतः पार्थक्य हो जाते हैं। जहां वर पक्ष के गीतों में उल्लास और उत्साह की प्रचुरता दिखाई देती है वहां कन्या पक्ष के गीतों में विछोह और विषाद की अनुभूति होती है। ये गीत बड़े करूण और मार्मिक होते हैं। विवाह के अवसर पर अनेक प्रकार के विधि–विधान किए जाते हैं। जिनमें गीतों का गाना एक आवश्यक अंग माना जाता है। इन विधि–विधानों के अनुसार इन गीतों का विभाजन इस प्रकार से किया जा सकता है, जिनमें मुख्य हैं– हल्दी के गीत, मंडवा जगाने के गीत, माटी कोड़ने के गीत, मागर माटी के गीत, कलसा धराई के गीत, रोटी खिलाने के गीत, भावर के गीत, बारात की विदाई के गीत आदि।

इन लोकगीतों के अतिरिक्त और भी लोकगीत गोंड जनजाति में प्रचलित हैं जो उनके उत्सव, त्योहारों एवं मड़ई–मेले के अवसर पर गाए जाते हैं, जिनमें प्रमुख हैं–

ददरियाः– यह लोकगीत गोंड जनजाति में बहुत प्रचलित है। यह किसी भी उत्सव, त्यौहार, बारात के प्रस्थान एवं आगमन के अवसर पर तथा खेतों में कार्य करते समय गाया जाता है। कहा जाता है कि लोकगीत एवं लोक नृत्य के मध्य चोली–दामन का साथ है, ऐसे लोकनृत्य एवं गीत की जब हम बात करते हैं तो बरबस ही ध्यान करमा लोकनृत्य की ओर जाता है। गोंड

जनजाति का प्रमुख नृत्य करमा है। करमा की उत्पत्ति करम से हुई है। पर्यावरण एवं प्रकृति प्रेमी यह जनजाति वृक्षों की पूजा करते हैं। कदम के पेड़ को गोंड जनजाति के लोग करम कहते हैं। इस वृक्ष की पूजा और आराधना का एक पक्ष यह नृत्य और गीत है जिसका नाम करमा पड़ा। गोंड जनजाति समुदाय के लिए यह नृत्य एक प्रार्थना है, इबादत है जो ईश्वर उपासना का ही एक तरीका है जो घोर निराशा में आशा की किरण दिखती है। यह लोकनृत्य एवं लोकगीत सामाजिक उत्सव त्यौहारों, मेहमानों के आगमन एवं अन्य विशेष अवसरों पर किया जाता है। इस नृत्य में स्त्रियों एवं पुरुषों के अलग अलग दल होते हैं और सामूहिक रूप से इस नृत्य में सहभागी होते हैं।

रीना लोकनृत्य और लोकगीत भी गोंड जनजाति में बहुत अधिक प्रचलित है। यह लोकनृत्य स्त्रियों के समूह द्वारा दीपावली त्यौहार पर किया जाता है इसी प्रकार दीपावली दशहरा के अवसर पर पुरुषों के समूह द्वारा किए जाने वाले नृत्य को शैला नृत्य कहते हैं। गोंडी लोकगीत एवं लोकनृत्यों में बिरहा लोकगीत भी बहुत अधिक प्रचलित है। बिरहा शब्द बिरह से निर्मित हुआ है। जनजाति समुदाय के व्यक्ति सामाजिक उत्सवों एवं मड़ई में एकत्रित होते हैं। साथ रहकर उत्सव मनाते हैं किंतु मन के किसी कोने में एक दूसरे से बिछड़ने का दर्द तो रहता ही है। अपने अंतर्मन के भावों को मर्म स्पर्शी गीतों द्वारा व्यक्त करते हैं ये गीत बिरहा गीत कहलाते हैं, इस बिरहा गीत के साथ नृत्य भी किया जाता है।

मानव प्रारंभ से ही मनोरंजन पसंद प्राणी है। वह इसके लिए विभिन्न साधनों को अपनाता है जिसमें लोक गीत एवं लोकनृत्य प्रमुख हैं। लोकगीत एवं लोकनृत्य से उनका मनोरंजन तो होता ही है वह इनसे जीवन का अर्थ जान लेता है। उनमें अनुशासन आता है इनके माध्यम से मानव अपनी संस्कृति का संवर्धन हिफाजत करता है। अपनी संस्कृति का हस्तांतरण आगामी पीढ़ी को करता है। लोकनृत्य एवं लोकगीत जनजातियों के अंतर्मन के उल्लास की अभिव्यक्ति का सशक्त माध्यम होते हैं। उनमें स्वाभाविकता अकृत्रिमता तथा सफलता होती है। लोकगीतों में जीवन का जितना सच्चा और स्वाभाविक वर्णन उपलब्ध होता है उतना अन्यत्र नहीं। यदि किसी समाज का वास्तविक चित्र देखना है तो उसके लोक साहित्य का अध्ययन जरूरी है। अतः

लोकगीतों एवं लोकनृत्यों के रूप में इनके मौखिक साहित्य का अध्ययन महत्वपूर्ण है।

वन ग्रामों में लोगों का जीवन तपस्यापूर्ण, समस्यापूर्ण एवं बहुत कठिन होता है। जीवन के दुखों और समस्याओं को थोड़े समय के लिए भुलाकर लोकगीतों एवं लोकनृत्यों के माध्यम से ये लोग अपना मनोरंजन करते हैं। तदुपरांत उत्साहित और प्रसन्नचित होकर पुनः जीवन संघर्ष में जुड़ जाते हैं।

लोकगीतों एवं लोकनृत्यों से जन समुदाय के मनोरंजन का व्यक्ति के जीवन में अद्वितीय महत्व है। सामाजिक दृष्टि से भी इनका बहुत अधिक महत्व है। इन लोकगीतों एवं लोकनृत्यों से सामाजिक संरचना मजबूत बनती है। समाज के अन्य लोगों के साथ अंतः क्रिया एवं अंतः संबंध के अवसर प्राप्त होते हैं। दूसरों के सुख–दुख में सहभागिता का अवसर मिलता है। लोग एक दूसरे के सुखों से हर्षित और दुखों से व्यथित होते हैं। लोकगीत एवं लोकनृत्य परंपरा नहीं है, जीवित वर्तमान है उनके नृत्य में हमें विराट मानवीयता के दर्शन होते हैं।

लोकनृत्य एवं लोकगीतों में एकता एवं समन्वय का अपना एक विशेष स्थान है। यह लोकगीत एवं लोकनृत्य गोंड जनजातीय समाज में सामाजिक संगठन एवं सामाजिक व्यवस्था के क्षेत्र में महत्वपूर्ण भूमिका निभा रहे हैं। वन ग्रामों में निवास करने वाली इस जनजाति की विभिन्न संस्कृति है। साहित्यिक और शैक्षणिक चेतना के अभाव में पर्याप्त ग्रंथ उपलब्ध नहीं हैं। इस जनजाति की अपनी एक संस्कृति है अपनी परंपराएँ एवं अपने रीति रिवाज है जो दीर्घकाल से मूलतः विद्यमान है। यह जनजाति अपनी संस्कृति की धरोहर को अलिखित रूप में ही सुरक्षित रखते हैं और अपनी विविध कलाओं के माध्यम से आगामी पीढ़ी को हस्तांतरित करते हैं। लोक कलाओं से इनकी विशेष जीवन विधि का पता चलता है। इनके जीवन का सच्चा चित्र इनके लोकगीतों, लोक कथाओं में देखने को मिलता है। अतः मानव शास्त्रीय एवं समाजशास्त्रियों के लिए यह मौखिक साहित्य अत्यंत उपयोगी एवं महत्वपूर्ण है।

परंतु वर्तमान समय में गोड़ जनजाति संक्रमण के दौर से गुजर रही है। बाह्य समाज के संपर्क से संस्कृतिकरण की प्रक्रिया शुरू हुई है। संचार के साधनों, आवागमन, औद्योगीकरण, नगरीकरण, शिक्षा और योजनाबद्ध

कार्यक्रमों ने जनजातीय जीवन में परिवर्तन के अवसर उपस्थित किए है। परिवर्तन की इन शक्तियों ने इस जनजाति की संरचना को एक नवीन स्वरूप दिया है। इन परिवर्तनों से धीरे–धीरे या जनजाति अपनी संस्कृति से दूर होती जा रही है जिससे वह स्वयं ही अपने सामाजिक एवं सांस्कृतिक संगठनों के प्रति उदासीन होती जा रही है और अपनी संस्कृति के प्रति हीन भावना से ग्रसित हो रही है। विद्वत समाज के समक्ष एक चुनौती है कि विलुप्त होती इन जनजातीय कलाओं को किस प्रकार सुरक्षित रखा जाये।

संदर्भ ग्रंथ सूची

1. गढा मंडला के गोंड राजा– रामभरोस अग्रवाल
2. गोंडवाना की गौरव गाथा– डॉ. समसिया सिंह
3. गोंडवाना सगा– मार्च 1987
4. गोंडवाना दर्शन– जून 1990
5. मध्यप्रदेश संदेश– 25 नवंबर 1988 पृ. 23
6. मध्यप्रदेश संदेश– 25 फरवरी 1982 पृ. 15
7. नवभारत– 26 अक्टूबर 1994
8. लोक–साहित्य की भूमिका– डॉ. कृष्णदेव उपाध्याय

----- 000 ----

16

गोंड़ जनजाति का अन्य जनजातियों एवं जातियों के मध्य अंतः संबंध

संपूर्ण जाति व्यवस्था कार्यात्मक आधार पर बहुत सी जातियों तथा उपजातियों में विभाजित है। जातिगत व्यवस्था में परंपरागत रूप से प्रत्येक जाति के लिये एक निश्चित व्यवसाय अथवा पेशा निर्धरित था तथा एक जाति के सभी सदस्यों के लिये अपना जातिगत व्यवसाय करना अनिवार्य होता था। जिससे प्रत्येक जाति अपने आनुवंशिक व्यवसाय के द्वारा ही आजीविका उपार्जित करते हैं। ऐसी स्थिति में प्रत्येक जाति को अपनी विभिन्न आवश्यकताओं की पूर्ति के लिये अनिवार्य रूप से अन्य जातियों द्वारा की जाने वाली सेवाओं पर निर्भर रहना पड़ता है। इसके अति रिक्त खान–पान शिष्टता, वस्तुओं के उपयोग धार्मिक समारोहों तथा कर्मकाण्डों में व्यक्ति के सहभाग तथा विवाह के क्षेत्र में भी प्रत्येक जाति के संबंध अन्य जातियों के संदर्भ में सुनिश्चित हैं इसका तात्पर्य है कि जाति व्यवस्था के अंतर्गत अनेक ऐसे आदेशों एवं निषेधों को स्पष्ट किया गया है जिनके अंतर्गत ही प्रत्येक व्यक्ति को व्यवहार एवं दूसरी जातियों के व्यक्तियों से अपने संबंध स्थापित करने होते हैं। इस प्रकार विभिन्न जातियों के बीच पाये जाने वाले संस्थात्मक संबंधों की प्रणाली को ही अंतर्जातीय संबंध कहा जाता है।

गोंड़ जनजाति का अन्य जनजातियों एवं जातियों से व्यवसायिक संबंध होते हैं। अपनी आवश्यकताओं को गोंड़ समाज के लोग अपने आस–पास ही अन्य जातियों के सहयोग से पूर्ण कर लेते हैं। गोंड़ लोगों ने अपने बारह भाई समाज व्यवस्था के अंतर्गत अपने सहयोगी जाति एवं जनजातियों से

जीवनोपयोगी सेवाएँ प्राप्त करते हैं। प्राचीन श्रम विभाजन की दृष्टि से ये जाति एवं जनजातियाँ निम्नानुसार हैं :—

क्रमांक	जातियों के कार्य	जाति
1	कृषि कार्य हेतु बीज बनाने के लिये एवं झाड़—फूक करना।	बैगा जनजाति
2	पशुचारण	अहीर जाति
3	बाजा बजाने के लिये	ढुलिया जाति
4	बाँस के बर्तन के लिये	ढुलिया जाति/बसोर जाति
5	वंशावली पाठ के लिये	परधान या पठारी जनजाति
6	चौकीदार (कौटवार) खिदमत के लिए एवं कपड़ा बुनाने के लिये (जुलाहा)	पनिका जाति
7	गोदना गोदने के लिये	बदिया जनजाति
8	मजदूरी के लिये	कोल जनजाति
9	मनोरंजन नृत्य के लिये	कोल, भूता एवं भिम्मा
10	कृषि के लिये औजार बनाने के लिये	लुहार जाति
11	मिट्टी के बर्तन बनाने के लिये	कुम्हार जाति
12	मरे जनवरों के चमड़े से उपयोगी सामानबनाने के लिये	चमार जाति

गोंड़ समाज में भिन्न—भिन्न सामाजिक आर्थिक स्तर के लोग हैं किन्तु जातीय मामलों में वे सभी लगभग समान माने जाते हैं। रोटी—बेटी का रिश्ता छोड़कर परिवारिक संबंधों में बँधे होते है।

जनजातीय ग्रामों की एक विशेष सामाजिक प्रथा है, इस प्रथा से उत्पन्न संबंध वैवाहिक संबंध एवं रक्त संबंध के समान ही गहरा होता है इसका अधार अनौपचारिक तथा मधुर व्यवहार ही होता हैं। जनजातीय समाज में मित्र बनाने की बेजोड़ एवं बेमिशाल प्रथा है। इसे ''मितान बदना'' या ''सखी बदना'' कहते हैं। इसके द्वारा सभी जातियों के सदस्य एक—दूसरे को मित्र बना सकते हैं। इसमें एक पति—पत्नी दूसरे पति—पत्नी से आपस में मितान बद सकते हैं। दोनों मितान एक ही गाँव के हों यह आवश्यक नहीं हैं। मितान बदने का कोई निश्चित समय नहीं होता और न ही इसमें किसी पंड़ा पुजारी, पुरोहित आदि की आवश्यकता होती है।

जब मितान बदने वाले एक ही गाँव के होते हैं तो अन्य गाँव वालों को निमंत्रण देने की आवश्यकता नहीं होती। यदि मितान बदने वाले दो पृथक गाँव के निवासी हैं तो किसी एक गाँव में मितान बदने का कार्यक्रम संपन्न किया जाता है तथा दोनो पक्षों के मित्रों एवं रिश्तेदारों को आमंत्रित किया जाता है। साधारणतया मितान बदने के लिये नारियल, मिठाई, रूपया एवं वस्त्र आवश्यक होते है। यह समारोह आँगन में संपन्न किया जाता हैं। किन्तु बरसात के दिनों में घर के भीतर संपन्न कर लेते है। आँगन को गोबर से लीप कर आटे से चौक पूरते हैं जिसके ऊपर कलश एवं दीपक जलाकर रखा जाता है फिर दोनो व्यक्ति जो मितान बदने वाले हैं नारियल, मिठाई, रूपये एवं वस्त्र एक दूसरे को भेंट देकर गले मिलते हैं यही उपक्रम उनकी पत्नियाँ भी करती हैं। इसके बाद आये हुए अतिथि एवं आमंत्रित लोगों को प्रसाद एवं मिठाई दी जाती है।

मितान का रिश्ता बड़ा ही पवित्र माना जाता है एक के रिश्तेदार दूसरे के रिश्तेदार होते हैं। जिस प्रकार एक व्यक्ति अपने रिश्तेदार के साथ व्यवहार करता है उसका मितान भी उनके साथ वैसा ही व्यवहार करता है। यदि किसी अन्य जाति का है तो वे एक–दूसरे के यहाँ पका भोजन नहीं करते हैं लेकिन उनका आपसी व्यवहार स्नेह युक्त और आदर पूर्ण होता है। प्रत्येक पारिवारिक उत्सव एवं समारोह में एक मितान दूसरे मितान को आमंत्रित करता है और वह उसे स्वीकार भी करता है। एक मितान दूसरे मितान के यहाँ खाली हाथ कभी नहीं जाते है। अपनी स्थिति के अनुसार उपहार भेंट लेकर ही जाया जाता है जब मितान लौटता है तो उसकी विदाई होती है यथा शक्ति भेंट–उपहार देकर उसे विदा किया जाता है। मितान एक दूसरे के सुख से हर्षित और दुख से द्रवित होते हैं जनजातीय जीवन में मितान प्रथा का अत्यधिक महत्व है।

गोंड़ समाज का अन्य समाज के साथ संबंध :–

मध्य प्रदेश के विशाल भू–भाग में रहने के कारण गोंड़ अनेक द्रविड़ एवं कोल प्रजातियों के संपर्क में आये। सदियों तक साथ रहने के कारण उनमें तथा अन्य जाति–जनजातियों में परंपरागत संबंधों का विकास हो गया तथा इनका सह अस्तित्व भी है। गोंडों की सहयोगी जनजातियों में से बैगा, अहीर, लुहार, पनिका, परधान या पठारी, ढुलिया, कुम्हार, भिम्मा, बदिया प्रमुख हैं।

बैगा :– आदिवासी जातियों में बैगा जाति प्रमुख है। यह जनजाति अपने आपको प्रकृति पुत्र कहती है। बैगा, गोंड़ो के बिदरी बनाने का कार्य करते हैं। ग्राम देवता की सेवा करना बैगा का प्रधान कार्य होता है, मुसीबतों से ग्राम की रक्षा करना, फसल की वृद्धि एवं महामारी की रोकथाम करना इसकी प्रमुख जिम्मेदारी होती है। बीज कब बनाना है, कुपित देवी शक्ति को किस प्रकार शाँत करना आदि महत्वपूर्ण प्रश्नों पर बैगा की सलाह ली जाती है एवं उसके बताए अनुसार कार्य किया जाता है। आकस्मिक इलाज के लिये लोग बैगा के पास जाते हैं बैगा अपने मंत्र से इलाज करता है एवं जड़ी–बूटियाँ देता है। बैगा अनुभवी व्यक्ति होता हैं वह समझ जाता है और बीमारी की पहचान भी बड़ी सावधानी से कर लेता है। ग्रामों में महत्वपूर्ण व्यक्ति होने के कारण बैगा गाँव की रक्षा के लिये तत्पर रहता है। वर्ष के अंत में गाँव के प्रति परिवार से धान की फसल कटने पर उसे 3 कुडे धान दिया जाता है इसके अतिरिक्त अन्य अवसरों पर जैसे पुजाई, बिदरी के समय जो चढ़ोत्तरी होती है वह बैगा की कमाई मानी जाती है।

अहीर :– अहीर लोग पूरे गाँव के मवेशियों को चराने का कार्य करते हैं पारिश्रामिक के रूप में प्रत्येक घर से अनाज दिया जाता है। जिसे ''भांड़ी'' कहते हैं तथा जिस घर में गाय–भैंसों का दूध होता है उस घर से सप्ताह में एक दिन का दूध भी चरवाहा (अहीर) को दिया जाता है जिसे ''बारो'' कहा जाता है। वर्तमान में भांड़ी एवं बारो की प्रथा कम होती जा रही है। अहीरों को त्यौहारों विविध पर्वो के अवसर पर हरेली दिवारी आदि में उपहार दिये जाते हैं।

लुहार :– लुहार गोंड़ जनजाति की व्यवसायिक सहयोगी जाति है। यह कृषकों के लिये कृषि औजार एवं अन्य उपयोगी समान बनाने का कार्य करती है त्यौहारों में इन्हे खनिहारी (अनाज भेंट) दी जाती है। विवाह के अवसर पर चौक पूरने का कार्य भी करते हैं लोहे की लगभग एक फुट लम्बी तथा 3–4 इंच व्यास वाली जालीदार पाईप में हल्दी, चावल का आटा एवं गुलाल कई परतों में भर कर आँगन में चौक पूरते हैं तथा उपहार में कपड़े रूपये प्राप्त करते हैं।

पनिका :– पनिका जाति के लोग दो पंथों के अनुयायी होते है :–

कबीर पंथी :– ये कपड़ा बुनने का कार्य करते हैं तथा अपने आप को संत कबीर के अनुयायी कहते हैं। अपने बुने हुए कपड़े बेचकर परिवार का खर्च चलाते हैं।

सकतहा :– इस पंथ के लोग कृषि व्यवसाय से जुडे रहते हैं। साथ ही कोटवार का मुख्य कार्य जन्म मरण का लेखा तैयार करना, हर पखवाड़े में इसकी रिपोर्ट थाने में दर्ज करवाना तथा गाँव की चौकसी का कार्य भार कोटवार पर होता है। लोगों को एकत्रित करने बुलैवा देने का कार्य कोटवार के द्वारा किया जाता है।

पठारी या परधान :–

गोंड़ राजवंश के शासन काल में परधान लोग मंत्री हुआ करते थे। परधान का कार्य राजस्व वसूल करना था राजस्व का दसांश इन्हें पारिश्रमिक के रूप में प्राप्त होता था दसांश प्राप्त करने के कारण इन्हें दसोंधी भी कहा जाता था। इनका एक कार्य गोंड़ो की वंशावली पाठ करना भी था। ये आज भी गोंड़ों की वंशावली का पाठ करते हैं तथा देव मिलौनी, कुंड़ा मिलाना अथवा गुड्डी पूजा जैसे मृतक कार्य को संपन्न कराते हैं। इस कार्यक्रम में गोंड़ लोगों के इष्ट देव बड़ादेव का आवाहन एवं पूजन किया जाता है। परधान अपना वाद्ययंत्र ''बाना'' बजाकर बड़ादेव की स्तुति वंदना गायन के मध्यम से करता है। तथा पूजन कार्य वाद्य यंत्र बजा कर संपन्न करता है। उसके इस सेवा कार्य के लिये उसे रूपये अनाज बर्तन आभूषण एवं कपड़े दिये जाते हैं।

ढुलिया :– ढुलिया जाति का मुख्य व्यवसाय बाजा बजाना है। जब कभी भी विवाह कार्य एवं मृत्यु संस्कार संबंधी कार्यक्रम होते हैं तो ढुलिया बाजा बजाने का कार्य करते हैं इनके इस कार्य के बदले में इन्हें रूपये एवं अनाज दिया जाता है। बाजा बजाने के अतिरिक्त ये लोग बाँस के बर्तन बनाने का कार्य करते हैं। बाँस के बर्तनों में सूपा, टोकनी, झाल, झापी, डाली, दौरी, बिजना आदि मुख्य हैं। फसल गाहनी के समय गोंड़ लोग इन्हें खनिहारी देते है।

कुम्हार :– कुम्हार जाति का व्यवसाय मिट्टी के बर्तन बनाना है दैनिक जीवन में उपयोग में आने वाले सभी बर्तन गोंड़ लोग इन से खरीदते हैं। विवाह के अवसर पर मंगल कलश जिसे " करसकरवा" कहते है निर्मित करके देते हैं। गर्मी के दिनों के लिये अकती के दिन घैला (लाल रंग का मटका) प्रत्येक गोंड़ परिवार में पहुँचाते है तथा खनिहारी प्राप्त करते है।

भिम्मा :– भिम्मा लोग गायन वादन और नर्तन का कार्य करते है। भिम्मा अत्यंत पिछड़ी जनजाति हैं। इनका घुमंतू जीवन होता है इलाके के एक गाँव से दूसरे गाँव घूम–घूम कर नाचते गाते एवं लोगों का मनोरंजन करते हैं। गोंड़ समाज के लोगों के घरों में वर्ष में एक बार नृत्य कार्यक्रम करते हैं। इस प्रकार इनका जीवन यापन बजाना गाना और नाचना है। डिण्डौरी और मंडला अंचल में प्रचलित भिम्मा गीत इस प्रकार है:–

भिम्मा – बारी के चाकी तूमा,
भिम्मिन– ले जा मोरे दाना।
भिम्मा– लौकी फरे लाम लाम,
भिम्मिन– सेमी फरे चपटी।
बारी के चाकी तूमा,
ले जा मोरे दाना।

भिम्मा तूमा (गोल लौकी) से निर्मित तार वाला तूमा बाजाकर पहली पंक्ति गाता है। भिम्मिन गीत की पंक्ति दुहराते हुए नाचती थिरकती है। इस मनोरंजन कार्य के लिये इनको अनाज एवं रूपया प्राप्त होता है।

कोलभूता :– कोलभूता एक घुमंतू जनजाति है। यह जाति गाय, बैल, भैंस बकरी आदि मवेशियों को खरीदने एवं बेचने का कार्य करती है ये लोग महीनों बाहर घूमते फिरते रहते है। जड़ी–बूटियों का संकलन एवं घूम–घूम कर रोगोपचार भी करते है। साथ ही लोगो का मनोरंजन करने के लिये नाचते गाते भी है और अनाज मांग कर अपना गुजर–बसर करते हैं।

बदिया :– बदिया समाज की महिलाएँ गोदना गोदने का कार्य करती हैं। इस जाति की महिलाएँ अपने इस पारंपरिक कार्य में पारंगत होती हैं। बाँस

की टोकरी में अपने गोदने की सामग्री को सिर पर रखकर एक गाँव से दूसरे गाँव घूम–घूम कर गोदना गोदती हैं। कभी–कभी इन्हें गोदने के लिये घर पर अमंत्रित किया जाता है। इस समाज के पुरूष जड़ी–बूटी एवं औषधि संकलन का कार्य करते हैं गोदना की सामग्री तैयार करने में महिलाओं का सहयोग करते हैं।

आदिवासी समाज में मुख्य रूप से सबसे अधिक कला कौशल पूर्ण और आनुपातिक एवं संतुलित रूप से गोदना गोदने वाली जाति है। वर्तमान समाज में गोंड़ जनजाति के गोदना प्रथा का चलन लगभग समाप्त हो रहा है।

----- 000 ----

17

गोंड जनजाति की परंपरागत चिकित्सा पद्धति एवं जड़ी–बूटियाँ

जनजातीय चिकित्सा पद्धति मूलतः वनौषधियों पर आधारित है। जनजातियाँ हजारों वर्षों से इन वनों में निवास करती चली आयी हैं, फलतः इन्हें इन वनौषधियों के विषय में भरपूर ज्ञान है। इनकी चिकित्सा पद्धति में पारंगत ज्ञाता को "बैगा" या 'गुनिया' कहते हैं। बैगा वैद्य शब्द से बना है। वैद्य का कार्य बीमारियों का इलाज करना होता है। बैगा इलाज कार्य में निपुण होते हैं। इन बैगाओं को विभिन्न प्रकार की बीमारियों एवं उनके लक्षणों का ज्ञान होता है। ये शीघ्र ही उन बीमारियों की पहचान कर जड़ी–बूटी से उनका इलाज करना प्रारंभ कर देते हैं। कुछ विशेष बीमारियों में ये जादू–टोना का भी उपयोग करते हैं। इसके लिये दिन विशेष का काफी महत्व है।

जनजातियों की चिकित्सा पद्धति में कुछ कर्मकाण्ड तथा जादू–टोना का भी विशेष दखल है। इनमें इनका विशेष विश्वास है कि इनके पूजन के अभाव में ये औषधियाँ ठीक तरह से प्रभाव नहीं कर सकती हैं। अपनी इन चिकित्सा पद्धतियों से ये लोग असाध्य से असाध्य रोगों का भी उपचार कर लेते हैं। जंगलों से प्राप्त इन जड़ी–बूटियों का प्रचार इन वनवासियों तक ही सीमित था। इसके पश्चात आयुर्वेद ने इसका व्यवसायिक रूप ले लिया। बैगा जनजाति के लोग सदियों से वैद्य का कार्य करते आ रहे हैं। ये लोग असाध्य से असाध्य रोगों का उपचार अपने वन परिसर में पाई जाने वाली जड़ी–बूटियों से करते आ रहे हैं। इस जनजाति के लोग अपने आप को सुषेन वैद्य के वंशज बताते हैं। जब लक्ष्मणजी को शक्ति बाण लगी थी, तब सुषेन वैद्य ने संजीवनी बूटी देकर उनको जीवन दान दिया था। बैगा जनजाति के लोग अभी भी इन जड़ी–बूटियों एवं तंत्र–मंत्र के द्वारा अपना उपचार करते हैं।

अपने रोगों के उपचार के लिये आज भी डॉक्टर या बाहरी किसी व्यक्ति की सहायता लेना पसंद नहीं करते हैं।

डिण्डौरी जिले की गौड़ एवं बैगा जनजातियों में जड़ी–बूटियों के प्रयोग का अविछिन्न क्रम आज भी है, जिनसे आसाध्य रोगों का सफलतापूर्वक उपचार होता है। प्रत्येक बीमारी की जड़ी–बूटी अलग–अलग होती है। अन्य व्यक्तियों की अपेक्षा गुनिया को जड़ी–बूटी की जानकारी अधिक होती है। कुछ विशिष्ट जड़ी–बूटियों को केवल गुनिया ही जानता है। रोगी की नाड़ी को देखकर रोग का पता लगाया जाता है। यदि चिकित्सा करने के बदले में रोगी व्यक्ति से रूपया–पैसा लेता है, उसके इलाज का प्रभाव समाप्त हो जाता है। ऐसी मान्यता इन जन–जातियों में है। जड़ी–बूटियों का जानकार आदिवासी किसी अन्य व्यक्ति को अपना ज्ञान देने मे बहुत संकोची होता है। उसकी इस प्रवृत्ति के कारण जड़ी–बूटियों के ज्ञान का दायरा संकुचित होता जा रहा है।

जनजातीय लोग जड़ी–बूटियों का उपयोग तीन तरह से करते हैं। सब्जी के रूप में कंद के रूप तथा मिश्रण के रूप में। यहाँ के आदिवासियों के मतानुसार जड़ी–बूटियों का खनन एवं संग्रहण केवल शरद पूर्णिमा के पश्चात् ही करना चाहिए। उनका विश्वास है कि शरद पूर्णिमा की रात्रि को आकाश से अमृत की वर्षा होती है। जिसके कारण जड़ी–बूटियों को विशेष विधि द्वारा पूजित कर तथा आमंत्रित करके ही लाया जाता है और इसके बाद ही वे प्रयोग में लाई जाती हैं। सर्व प्रथम बैगा या गुनिया द्वारा किसी भी शनिवार या मंगलवार को सायंकाल जंगल में जाकर इच्छित जड़ी–बूटी को हल्दी एवं चावल चढ़ाकर श्रद्धापूर्वक आमंत्रित किया जाता है। दूसरे दिन सूर्योदय से पूर्व जड़ी–बूटी को लाया जाता है। रविवार एवं बुधवार के दिन जो जड़ी–बूटियाँ रोगी को दी जाती हैं, वे ज्यादा असरकारक होती हैं। नर एवं मादा प्रजाति की जड़ी पूजन के लिये अलग–अलग विशेष विधियाँ अपनाई जाती हैं। नर प्रजाति की जड़ी को हल्दी, चावल, नारियल तथा एक बोतल दारू पूजन में चढ़ाई जाती है, जबकि इसके विपरीत मादा किस्म की जड़ी का स्त्रियोचित श्रृंगार अर्पित किया जाता है। इसके पश्चात जड़ी–बूटी से भक्ति भावना से प्रार्थना की जाती है– हे वनस्पति देवता, तुम्हें अमुक–अमुक कार्य के लिये ले जाना चाहता हूँ। तुम मेरे इस कार्य में सहयोग प्रदान करो ताकि कार्य सिद्ध हो सके। प्रार्थना करने के पश्चात् जड़ी–बूटी प्राप्त कर लिया जाता है।

जनजातियों में आज भी यह परंपरागत विश्वास कायम है कि विधिवत पूजन करने के बाद किसी भी जड़ी–बूटी द्वारा कार्य सिद्धि में संशय बना रहता है।

डिण्डौरी जिले की जनजातियाँ विभिन्न रोगोपचार के लिये वनों में उपलब्ध कन्द–मूल, बेल, वनस्पति एवं वृक्षों की छाल एवं पत्ते फल–फूल एवं जड़ों का उपयोग करते हैं। कतिपय जड़ी–बूटियों को भिन्न–भिन्न रोगों में वे निम्नानुसार प्रयोग करते हैंः–

बिलाई कांदाः– बिलाई कंद का शाक बनाकर खाने से रक्त शुद्ध होकर रक्त विकार दूर होते हैं। बिलाई कंद के चूर्ण को शहद के साथ सुबह–शाम बच्चों को खिलाने से उनकी दुर्बलता मिटती है।

पाताल कुम्हड़ाः– इसे भुई कुम्हड़ा भी कहते हैं इसके कंद के चूर्ण को दूध और मिश्री के साथ सेवन करने से दूर्बलता दूर होती है, माताओं में दूध वृद्धि के लिये इसके चूर्ण को दूध के साथ सेवन किया जाता है। सिर दर्द में इसके कंद को पीस कर लेप किया जाता है।

चिरचिराः– इसे सरग तरैया भी कहा जाता है। इसके बीजों को कूटकर गाय के दूध में खीर बनाकर खिलाने से दमा रोग दूर हो जाता है। जनजातीय लोग सुख पूर्वक प्रसव कराने के लिये इसकी जड़ को प्रसूता के कमर या बालों में बाँध देते है और प्रसव के तुरंत बाद निकाल देते हैं। ततैया बिच्छू आदि जहरीले कीड़ों के काटने पर इसके पत्तों का रस लगा देने पर जहर उतर जाता है। इसके ताजी जड़ से प्रतिदिन दातून करने से दाँतों का हिलना मसूढ़ों की कमजोरी दूर होकर दाँत मोती की तरह चमकने लगते हैं।

भुई आँवलाः– इसके पत्तों को पीसकर उसमें नमक मिलाकर लगाने से गीली खुजली में लाभ होता है इसके कोमल पत्तो और काली मिर्च (चौथाई भाग) पीस कर जामुन गुठली के बराबर गोलियाँ बना कर दो–दो गोली दिन में दो बार सेवन करने से मलेरिया ज्वर तथा बार–बार आने वाला ज्वर समाप्त हो जाता है। छाया में सुखया हुआ 10 ग्राम भुई आँवला को मोटा–मोटा कूटकर आधा लीटर पानी में पकाकर जब एक चौथाई से भी कम रह जाए तो खाना खाने से पहले खाली पेट लेने से पीलिया एवं अल्सर आदि रोगों में चमत्कारिक औषधि है।

दुधीः– रतौंधी होने पर छोटी दूधी के दूध को आँख में सलाई के माध्यम से अच्छी तरह से लगा दें कुछ देर बाद नेत्र में तीव्र वेदना होगी तथा एक-दो घंटे में शांत हो जाएगी एक बार में ही रतौंधी का रोग जड़ से चला जाता है। दूधी की 15 ग्राम पत्तियों को 5–7 नग काली मिर्च के साथ पीसकर साँप के काटे हुए वयक्ति को खिलाने से साँप का जहर उतर जाता है।

अरंड़ीः– शीघ्र प्रसव के लिये प्रसूता को अरंड़ी की जड़ की अंमूठी बनाकर पहनाते है जिससे प्रसव शीघ्र हो जाता है। अरंड़ी तेल के अंजन से जल स्राव होता है इसलिये इसे नेत्र विरेचन कहते हैं अंरड़ी तेल दो बूँद नेत्रों में डालने से इनके भीतर का कचरा निकल जाता है और आँख की किर किरी बंद हो जाती है। प्रसव के समय प्रसूति महिला को अरंडी का जड़ खिलाने से उसे शीत (ठण्ड) नहीं लगती है।

गुरबेलः– नीम की छाल के साथ गुरबेल की डंठल को कूट कर उसका काढ़ा बनाकर पीने से मलेरिया ज्वर में लाभ होता है। गुरबेल की डंठल लगभग दो फुट लंबी एवं गेहूँ का जवारा 15 ग्राम लगभग लेकर पानी के साथ पीसकर उस रस का सुबह–शाम सेवन करने से कुछ ही दिनों में केंसर जैसे भयानक रोग से मुक्ति मिल जाती है।

गोरखमुंडीः– एक गोरखमुंडी को प्रातःकाल खाली पेट एक माह तक साबुत निगलने से आँख की बीमारियाँ नहीं होती हैं। नेत्र ज्योति कम हो जाने पर इसके पुष्पों एवं पत्तियों का रस नेत्रों में दिन में दो बार डालने से लाभ होता है।

ग्वारपाठाः– ग्वारपाठा का गूदा जले हुए स्थान पर लगाने से फफोले नहीं उठते हैं शीतलता मिलती है घाव जल्दी ठीक होता है तथा जलने का दाग नहीं होता है।

हल्दीः– हल्दी को भून कर 1–2 ग्राम चूर्ण शहद के साथ चाटने से खाँसी में लाभ होता है जुकाम में हल्दी के धुएँ को शाम के समय सूँघते हैं इसके बाद कुछ देर तक पानी नहीं पीते है इससे जल्दी आराम मिलता है। हल्दी के चूर्ण को दूध में उबालकर एवं गुड़ मिलाकर सेवन करने से भी सर्दी–जुकाम में लाभ होता है।

जोगीलट्टीः– इसकी खीर में घी मिलाकर खाने से अनिद्रा रोग दूर होता है। इसके चूर्ण की खीर बनाकर खाने से दुर्बलता मिटती है इसका कंद गरम राख में भूनकर प्रसूता को खिलाने से कमजोरी दूर होती है।

इन्द्रावनः– सर्प के काटने पर इन्द्रावन के जड़ को खिलाने से जहर उतर जाता है। इसके फल का गूदा खाने से बिच्छू का जहर उतरता है।

चित्तावरः– ज्वर में इसकी जड़ के चूर्ण को सोंठ, काली मिर्च और पीपल के साथ समान मात्रा में सेवन करने से लाभ होता है। नकसीर में इसके चूर्ण को शहद के साथ चाटने से नकसीर बंद होती है।

सुरतेलीः– सुरतेली के पत्ते तथा फूल दोनों समभाग लेकर बनाए गये काढ़े से गरारे करने से सभी प्रकार के दाँत के रोगों में लाभ होता है। घाव में इसके फूलों का चूर्ण लगाने से घाव भर जाता है।

भटकटियाः–

1. भटकटिया के फूलों के चूर्ण को शहद के साथ चटाने से बच्चों की सभी प्रकार की खाँसी दूर हो जाती है।
2. तपेदिक, कफ, ज्वर, दमा, छाती का दर्द इत्यादि रोगों में इसका प्रयोग होता है। जब छाती में कफ भरा हुआ हो तब इसका काढ़ा बनाकर सेवन करने से ज्वर समाप्त हो जाता है और शरीर की पीड़ा भी कम हो जाती है।

किरकिचः–

1. किरकिच की टहनी का दातुन करने से एवं इसके तेल को दाँतों में घिसने से दाँतों के सभी रोग दूर होकर दाँत मजबूत बनते है।
2. इसके बीजों को पानी में उबाल कर जब चौथाई भाग पानी बचे तो इसे पीने से कुक्कुर खाँसी में लाभ होता है।

लजनीः–

1. इसकी जड़ को गले में बॉधने से खाँसी मिटती है यह एक विचित्र एवं चमत्कारिक प्रयोग है।
2. इसकी जड़ और पत्ते दोनों का एक चम्मच चूर्ण दूध में मिलाकर सुबह–शाम देने से बवासीर में लाभ होता है।

मकैयाः– इसके पत्ते एवं नरम–नरम टहनियों की भाजी खाने से भूख वृद्धि होती है। इसकी जड़ों का काढ़ा बनाकर उसमें गुड़ मिलाकर पीने से अनिद्रा में लाभ होता है।

गंगरूआः– गंगरूआ के एक भाग और पानी तीन भाग मिलाकर काढ़ा बनाकर पीने से आँव दस्त बन्द हो जाते है। अदरक और गंगरूआ को पीसकर शहद के साथ चाटने से भी दस्त की बीमारी में लाभ होता है।

थूहरः– थूहर के नरम–नरम कोपलों में नमक हल्दी और मिर्ची मिलाकर पत्ते में दबाकर अंगार में पकाकर सेवन करने से खाँसी एवं कफ दमा में लाभ होता है।

टेसू (परसा):–

1. इसकी जड़ों को पीसकर उसका रस चार–पाँच बूँद नाक में टपकाने से मिर्गी का दौरा बंद हो जाता है।
2. पलाश की ताजी जड़ों का अर्क एक बूँद आँखों में डालते रहने से सब प्रकार के नेत्र रोग नष्ट होते है।

तीन पत्तियाँः– इसे एकजरिया नाम से भी जाना जाता है इसकी जड़ को पूर्णिमा के दिन इसकी पूजा करके खोदकर लाकर टुकड़े–टुकड़े करके रख लेते हैं फिर जहाँ हड्ड़ी में दर्द हो वहाँ इस जड़ी को बाँध देते हैं एक या दो दिन में हड्ड़ी का दर्द बंद हो जाता है। गोंड़ जनजाति में इसे प्रसव होने के दूसरे दिन पीसकर जच्चा को पिलाते है और खेतों में अपने काम पर निकल जाते हैं। ज्वर आने पर इसकी जड़ को पानी में पीस कर पिलाया जाता है।

अकवनः– अकवन इसकी रूई के बिछौना पर नवजात शिशु को सुलाने से उसे बात कफ की शिकायत नहीं होती। इसकी जड़ की छाल का काढ़ा तेल में पकाकर मालिश करने से लकवा एवं कंपन रोग में लाभ होता है यदि इसकी जड़ को बकरी के दूध में पीस कर मिरगी रोग के रोगी की नाक में डाला जाय तो मिरगी रोग दूर हो जाता है। छाती एवं जोड़ों के दर्द में इसके पत्तों में घी लगाकर सेंक करने से दर्द नष्ट होता है।

गंधर्रीः– यह बबूल की प्रजाति का पेंड़ है इसके तने और पत्तियों से तेज गंध आती है इसी कारण जनजातीय लोग इसे गंधर्री कहते हैं इसकी पतली–पतली शाखाओं टहनियों से रस्सी निकालकर उसे बँटकर ज्वर एवं हैजा के रोगियों को गले में पहनाते हैं तथा आश्चर्यजनक रूप से इसमें लाभ होता है।

बाईबिरंजिन (मूसरबुगली)ः– इस वृक्ष के छिलकों से कुत्ते के काटने का इलाज किया जाता है। इसके छिलके का चूर्ण बनाकर समभाग गुड़ मिलाया जाता है तथा जिस व्यक्ति को कुत्ते ने काट लिया है उसे तीन खुराक इस औषधि का सेवन कराने से आशातीत लाभ होता है।

हडुवाः– हडुवा पेंड़ की छाल एवं छींदी की जड़ को कूट पीस कर पानी में इसे अच्छी तरह उबाल कर प्रसूता को नहलाते हैं एवं वही पानी पीने को देते हैं इससे उसकी कमजोरी दूर हो जाती है एक सप्ताह तक इसे सेवन करने से जच्चा एवं बच्चा दोनों स्वस्थ्य रहते हैं। जनजाति लोग हडुवा की छाल छींदी की जड़ तथा बड़ी ओखत को कूट कर पानी में उबालकर प्रसूता को पिलाने एवं इसी पानी से नहलाने से उसे शीत (ठण्ड) कभी नहीं होती है।

खिरसारी (सहरूआ)ः– खिरसारी पेंड़ की पत्तियों को तोड़ कर बारीक चटनी की तरह पीसकर और उसमें गुड़ मिला कर बेर के आकार के तीन गोली बना लेते है और रोज एक–एक गोली खाने से पीलिया रोग ठीक हो जाता है।

रूहीनाः– प्रसव के बाद प्रसूता को रूहीना पेंड़ की छाल को पानी में उबालकर उससे स्नान कराते हैं। तथा उसी पानी का सेवन भी किया जाता है इस से दुर्बलता दूर होती है।

हड़जुड़ीः– हड्डी टूटने पर हड़जुड़ी की पत्तियों का पेस्ट बनाकर उस स्थान पर बाँधने से कुछ ही दिनों में हड्ड़ी जुड़ कर ठीक हो जाती है।

कुरकुटः– शरीर के किसी भाग में चोट लगने पर कुरकुट के पत्तों को पीसकर पेस्ट को चोटिल स्थान लेप कर देने से उस स्थान का घाव भर जाता है।

अमटा (अमरू):– लाल रंग के इसके फूलों को सुखाकर रख लेते हैं जनजातीय लोग कोदो की फसल के साथ इसे बोते है। इसका शर्बत लू लगने पर पीते हैं। इसके फूल की चटनी खाने से पेशाब की जलन में राहत मिलती है।

आमः– आम की गिरी को काले नमक के साथ खाने से आँव दस्त में लाभ होता है आम की छाल को कूट पीस करने के बाद उसके रस से पीलिया रोग को झाड़ने से आराम मिलता है।

जरिया (बेरी):– आँख आने पर जरिया की पत्ती को चबाकर आँख में फूकने से आँख का दर्द ठीक हो जाता है। मूत्र विकार में जरिया पौधे की ढ़ाई पत्ती चबाकर निगलने से पेशाब की जलन ठीक हो जाती है।

गुलवंशाः– इसकी जड़ अथवा कंद को पीस कर शक्कर के साथ पीने पेशाब के जलन दूर हो जाता है। सभी प्रकार के मूत्र विकारों में इसका प्रयोग किया जाता है।

बड़ी दवाईः– बडी दवाई एक औषधि वृक्ष है इसके छाल को प्रसूतिका महिलाओं के लिए उपयोग मे लाया जाता है इसके छिलके को अच्छी तरह से कूट कर पानी में उबलाते हैं पकने के बाद इसका रंग लाल हो जाता है इस पानी से प्रसूतिका स्त्री को नहलाया जाता है यही पानी पीने के लिये भी दिया जाता है इससे उसकी कमजोरी और दुर्बलता दूर होती है।

इसके अतिरिक्त अनेक ऐसी औषिधियाँ इन जनजातीय क्षेत्रों में पाई जाती है जिन पर शोधकार्य की आवश्यक्ता है। उपरोक्त वनोषौधियाँ आधुनिक चिकित्सा वैज्ञानिकों द्वारा उपेक्षित रही हैं जिसके फलस्वरूप रोगों को नष्ट करने में इनकी पूरी क्षमता का उपयोग नहीं हो पाया वहीं दूसरी ओर इन

पौधों को पर्याप्त संरक्षण नहीं मिल सका है। मानवीय उपेक्षा एवं प्राकृतिक आपदा के कारण ये महत्वपूर्ण औषधियाँ लुप्त होती जा रही हैं। औषधियाँ अधिकतर शाल वृक्ष के जंगलों में ही पाई जाती हैं। शाल वृक्ष के जंगलों के कटने से वहाँ की भूमि औषधि विहीन होती जा रही हैं। शासन को वनों की अंधाधुंध कटाई पर प्रतिबंध लगानी होगी तथा इन औषधीय पौधों–वृक्षों के संरक्षण एवं संवर्धन की आधुनिक तकनीक का उपयोग अत्यंत आवश्यक है अन्यथा आने वाली पीढ़ीयाँ इन बहुउपयोगी वन औषधी वृक्षों से लाभान्वित नहीं हो सकेंगी।

मानवीय स्वास्थ्य एवं दीर्घायु जीवन के लिये जिन वनस्पतियों को शारीरिक तत्वों की पूर्ति के लिये आवश्यक समझा गया उनका भोज्य पदार्थों के रूप में वनोषधियों का सेवन प्रारंभ किया गया जिनमें विभिन्न प्रकार की भाजियाँ जैसे– चकौड़ा, चेंचभाजी, सरूताभाजी, केवलार भाजी, पकरी भाजी के रूप में गोंड़ जनजाति के लोग आज भी ग्रहण करते है। मानव को सुपाच्य भोजन एवं जल की आवश्यक मात्रा शरीर में पहुँचाने हेतु चावल, रोटी, के अलावा तरल पेय पदार्थ जिसे पेज कहा जाता है गोंड़ जनजाति का नायाब भोजन है।

संदर्भ सूची

1. श्री गुलाब सिंह मरावी, ग्राम रयपुरा डिण्डौरी, साक्षात्कार दिनांक 18.05.2012।
2. श्री बाबू लाल मरावी, ग्राम भालूचूहा, डिण्डौरी, साक्षात्कार दिनांक 17.06.2012।
3. श्री शिव कुमार मरकाम, ग्राम बोंदर, डिण्डौरी, साक्षात्कार दिनांक 03.04.2012।
4. श्री अमर सिंह नेताम, ग्राम बोंदर, डिण्डौरी, साक्षात्कार दिनांक 10.08.2013।
5. श्री जसवन्त सिंह, ग्राम बोंदर, डिण्डौरी, साक्षात्कार दिनांक 28.06.2011।
6. श्री जुम्मन सिंह, ग्राम धमनगाँव, डिण्डौरी, साक्षात्कार दिनांक 17.07.2010।

----- 000 ----

18

गोंड़ जनजाति में प्रचलित आखेट की प्राचीन विधाएँ

गोंड़ जनजाति चाहे मंडला एवं डिण्डौरी जिले के बैगा चक या अन्य पहाड़ी क्षेत्रों की निवासी हो या छत्तीसगढ़ के बस्तर, सरगुजा या झाबुआ क्षेत्रों की। शिकार करने की तकनीकी एवं तरीके लगभग सभी जगह एक से हैं। शिकार के प्रारूप अनुसार उपकरणों का प्रयोग अलग–अलग किया जाता है। जानवर पर प्रत्यक्ष आक्रमण से लेकर तीर कमान, जाल बिछाना एवं अन्य शिकारी विधाओं से परिपूर्ण गौंड़ जनजाति के लोगों का शिकार अत्यंत रोचक एवं रोमांचकारी होता है। अदम्य साहस, बाहुबल, बुद्धि विवेक तथा तात्कालिक निर्णय लेने की क्षमता एवं सूझ–बूझ से वनराजा शेर का शिकार भी आसानी से कर लेने वाले गोंड़ जनजातीय लोगों में कड़ी संकल्प शक्ति व आत्म निर्णय कूट–कूट कर भरा होता था।

गढ़ मंडला साम्राज्य के गोंड़ राजवंश के प्रतापी शासक महाराजा संग्राम शाह शिकार के अत्यंत शौकीन थे। उनका ज्येष्ठ पुत्र कुँवर दलपित शाह परमवीर थे। शेरों का शिकार करना उनका शौक था उनकी वीरता के चर्चे चहुँ ओर फैले हुऐ था उनकी वीरता से प्रभावित होकर समीपवर्ती राज्य के महाराजा कीर्तिसिंह ने अपनी पुत्री राजकुमारी दुर्गावती का विवाह कुँवर दलपति शाह के साथ किया था।

देश काल और परिस्थितियों के अनुसार आदि मानव में सभ्यता के गुणों काविकास हुआ तथा उसके रहन–सहन खान–पान के तौर तरीकों में परिवर्तन हुआ चूँकि शिकार करना गोंड़ जनजाति को विरासत में मिला अतः

बदलते परिवेश के बाद भी प्रकृति की गोद में बसी गोंड़ जनजाति का जन्मजात रूप से शिकार का एक शौक हमेशा से रहा है।

हजारों वर्ष पूर्व आदि मानव वनों के कंदमूल–फल एवं जंगली जानवरों के शिकार से अपनी उदर क्षुधा को शाँत करता था। कृषि उत्पादों से अछूता मानव जंगली जानवारों को अपना अधिकृत आहार मानता था। इनके द्वारा मंडला, डिण्डौरी जिले में शिकार के लिये अपनाई जाने वाली पद्धतियों एवं शिकार में प्रयोग में लाए जाने वाले उपकरणों का संक्षिप्त विवरण निम्नानुसार है:–

जाल बाँधना (बागुर जाल) :–

गोंड़ आदिवासी जानवरों के शिकार के लिये पारंपरिक प्रचलित पद्धति अपनाते थे। सबसे सहज और आम पद्धति है जाल बाँधना। यह छोटे जानवरों के शिकार के लिये प्रयोग में लाई जाती थी। मजबूत और बारीक धागों का जाल शिकार के क्षेत्र में बिछा दिया जाता था। कहीं–कहीं इन्हें खड़ा भी लगा दिया जाता था जानवर विचरण करते हुए जैसे ही जाल के ऊपर पैर रखता था जाल शिकंजे की तरह पैरों में फँस जाता था। शिकारी अपनी तेज निगाहें जमाए रखते थे जैसे ही जानवर जाल में फँसता था उसे भाले और बरछी से मार गिराया जाता था। कभी–कभी सामूहिक हाँको के जरिये जनवरों को हाँकाकर बिछे हुए जाल की दिशा में मोड़ दिया जाता था ताकि वे भागते हुए जाल मे फँस जाएँ जाल पद्धति में खरगोश, लोमड़ी आदि जानवर तथा तीतर, बटेर जैसे पक्षियों का शिकार छोटे–मोटे व्यवसायी शिकारी आम तौर पर करते हैं।

फाँदा :–

मजबूत धागे या घोड़े की पूँछ के बाल से बनाए जाने वाला फन्दा जिसे चिड़ियों के चुगने या पानी पीने के स्थान पर आती हैं चिड़ियों का सिर फन्दे में फँस जाता है।

मचान बाँधना :–

खतरनाक एवं तेज तर्रार जानवर शेर, चीता आदि के शिकार के लिये मचान बाँधकर शिकार किया करते थे। लगभग 10 से 16 फिट ऊँची मचान बाँध कर शिकारी उसमें बैठ कर जानवर का इन्तजार करते थे। कभी–कभी गारा बाँध कर शिकार को हाँका द्वारा गारे की ओर लाया जाता था हाँके में ढोल एवं अन्य उपकरण तथा मुहँ से आवाजें लगाकर शिकार को हाँका जाता था। गारे के पास पहुँचकर जानवर गारे पर आक्रमण कर देता था ठीक उसी समय मचान पर बैठे हुए व्यक्ति भरमार बंदूक का प्रयोग कर शिकार को मार डालते थे।

तीर कमान (बिसार) :–

गोंड़ जनजातियों का शिकार के लिये सर्वाधिक प्रचलित हथियार तीर कमान होता था जो उन्हें उनके पूर्वजों के माध्यम से मिला। जो आज उनकी पहचान बनकर रह गया है। हजारों वर्ष पूर्व घटित महाभारत के युद्ध को बड़ी श्रद्धा से देखा व सुना जाता है। महाभारत के पात्रों में एक प्रमुख नाम हमारी जनजातियों के पूर्वज वीर एकलव्य का आता है जो तत्कालीन धनुर्धरों में सर्वश्रेष्ठ स्थान पाता है। अपने प्रिय शिष्य अर्जुन के मोह एवं धर्म संकट में फँस कर गुरू द्रोणाचार्य ने एकलव्य से दान में अँगूठा माँग कर एक सर्वश्रेष्ठ प्रतिभा को नष्ट किया। ऐसे विलक्षण तीरंदाज का वंश आज गोंड़ आदिवासियों के रूप में हमारे प्रदेश में एवं जिलो में बसे हुए हैं। ये लोग शिकार के लिये विशेष तकनीक से बनाए गए नुकीले चौड़े फलक वाले विष बुझे तीरों का उपयोग करते थे जो लगने के बाद आसानी से शरीर के बाहर नहीं निकलते। तीर कमान का प्रयोग प्रायः ऊँचे स्थानों तथा मचान में बैठ कर किया जाता है।

गढ़ मंडला की गोंड़ रानी वीरांगना दुर्गावती एक निपुण शिकारी थीं। उस वीरांगना को क्षेत्र में कहीं भी शेर के आने की खबर होती थी तो वह तब तक अन्न जल ग्रहण नहीं करती थी जब तक कि उस शेर का शिकार न कर लेती थीं।

गोफना (फत्ता) :–

मंडला एवं डिण्डौरी जिले के गोंड़ जनजातीय लोगों की शिकार पद्धतियों मे एक पद्धति गोफना पद्धति भी है। तीन रस्सियों के सहयोग से बनाया जाने वाला यह शिकारी शस्त्र जिसमें सीके की शक्ल में बीच में तीनों रस्सियों को बाँधकर उसमें पत्थर रखकर घुमाकर जोर से निशाने में फेंका जाता है जो खेत में चिड़ियों को उडाने से लेकर शिकार के लिये उपयोग किया जाता है।

सामान्य हाँका :–

शिकार की इस विधि में जानवरों को उस ओर हाँकते हैं जहाँ शिकारी पूर्व नियोजित ढ़ग से शिकार के आने की ताक में बैठे रहते हैं जैसे ही जानवर पास आते हैं बंदूक से मार गिराया जाता था। इस विधि में बरछी और भाले का उपयोग किया जाता था।

कुत्तो की मद्‌द से सुअर का शिकार :–

शिकार के लिये कुत्तों का इस्तेमाल भी किया जाता था जिसमें कुत्ते सुअर का पीछा करते थे और उसे घेर लेते थे जिससे भागने में बाधा होती थी तब तक पीछा करने वाले शिकारी उसके पास पहुँचकर भाला फेंक कर सुअर का शिकार करते थे।

कटन :–

जंगलों में कुछ स्थान ऐसे होते हैं जहाँ प्रायः अधिकांश जानवर चारागाह से उस स्थान से होकर निकलते हैं। रास्ते में शिकारी बैठकर आने वाले जानवरों की राह देखता रहता था जैसे ही जानवरों के आने का अनुमान लगता वैसे ही वह अपने बिसार (बिष बुझे तीर) या बंदूक से शिकार कर लेता था।

झिरिया अथवा पनवा लगाना (वाटर होल) :–

जंगलों में कुछ स्थान ऐसे होते हैं जहाँ गर्मी के दिनों में भी पानी नहीं सूखता है जिसे झिरिया कहते हैं। यहाँ शिकारी ताक में बैठे रहते थे प्यासा

जानवर चीतल, साम्हर, सुअर, घुटरी आदि जैसे ही झिरिया के पास आता था वे इसका शिकार अपने शिकार संसाधनों से कर लेते थे।

कुसियारी :–

यह प्राचीनतम् शिकार की पद्धति है जिसमें दिन के समय सोते या छुपे हुए खरगोश को धोखे से मारा जाता है। इस पद्धति में एक व्यक्ति एक लम्बे बाँस में रंगीन कपड़ा लपेट कर बैठे हुए खरगोश के पास से हिलाते हुए निकलता है छिपा हुआ खरगोश टकटकी लगाकर उसे देखता रहता है इतने में पीछे से आकर दूसरा व्यक्ति डण्डे से उसे मार देता है।

सम्मोहन एवं मूठ भेदना :–

प्राचीनतम् पद्धतियों में से एक है यह पद्धति शिकारी की शिकार करने की यह तांत्रिक पद्धति है। इसके जानकार बहुत कम लोग होते थे। यह आश्चर्य जनक है किन्तु इसमें सच्चाई है। शिकार की इस विधि में तांत्रिक पुरूष सम्मोहन एवं मूठ चलाकर जहाँ चाहे वहाँ शेर को रोक देते थे। इसके बाद उसका शिकार कर लिया जाता था।

लमहा खेदा (खरगोश का शिकार) :–

बागुर फांदा को लगाकर खरगोश को भगाते हैं भागकर खरगोश फन्दे में फँस जाता है उसे कुल्हाड़ी से मार देते थे। शिकारी व्यक्तियों एवं बागुरों की संख्यानुसार मांस के हिस्से किये जाते थे। इसी प्रकार जिसके हाथ से खरगोश मारा जाता था उसे एक हिस्सा अलग से दिया जाता था माघ महीने से लेकर जेठ महीने तक खरगोश का शिकार किया जाता था।

मछली मारना (मत्स्याखेट) :–

जनजातियों में मत्स्याखेट के भिन्न–भिन्न तरीके हैं। झोकनी या झिटका को पानी की धार में लगा दिया जाता है इसमें मछलियाँ फँस जाती है। कुमनी से भी मछली फँसते है मैन्हर के फल तथा कूरी वृक्ष की छाल को कूटकर मंजाव बनाते हैं। अगहन से जेठ माह तक मंजाव डालते हैं। नदी या तलाब में इस मंजाव को डाल दिया जाता है। गोहड़वार वृक्ष की जड़ को

मूलहठी की जड़ तथा पत्ती के साथ भी मंजाव के रूप में डालते हैं। ऐसा करने से पानी मछलियों के लिये जहरीला हो जाता है और मछलियाँ मर जाती है। इस मत्स्याखेट में सभी लोगों का सहयोग रहता है। मंजाव इकठा करने में ज्यादा लोगों की आवश्यकता होती है। इस कारण सब आपस में बाट लेते है।

मछलियाँ पानी के छोटे–छोटे डबरों में रहते है। अतः लोगों द्वारा मिलजुल कर इन डबरों को पत्थर और मिट्टी से चारों ओर इस प्रकार बाँधते है कि डबरे में बाहर से पानी नहीं आ सकता। तत्पश्चात सब पानी ''मोरा'' की सहायता से निकाल दिया जाता है। मछली पकड़ने की इस विधि को ''सीचना'' कहते है। सीचने का कार्य अगहन से जेठ माह तक किया जाता है।

जंगली जानवरों के बढ़ते हुए संहार से चिंतित होकर सरकार ने न केवल जंगली जानवरों के शिकार को प्रतिबंधित किया वरन शिकार करने पर दंडात्मक कार्यवाहियों का कानूनी रूप दिया। अंग्रेजी सरकार ने सर्वप्रथम 1853 में प्राकृतिक संसाधनों का राष्ट्रीकरण और वनों पर से जनजातियों के अधिकार छीने गए। समय–समय पर अनेक वन नीतियाँ आती रही और इन नीतियों से जनजातियों का जीवन प्रभावित होता रहा है। 1865 में प्रथम वन कानून के द्वारा जनजाति समाज को वनों के उपयोग से नियंत्रित किया गया। 1878 में वनों में प्रवेश व वन्य पशु पालन को दण्डनीय अपराध घोषित किया गया। सन् 1927 से वन अधिकारियों को गिरफ्तारी व पशुओं की जब्ती के अधिकार दिये गए। सन् 1952 की वन नीति के तहत वन प्रबंधन वन ह्रास को रोकना तथा पर्यावरण में वृद्धि के लक्ष्य रखे गए। 1988 की राष्ट्रीय वन नीति में वन प्रबंधन व वनाच्छादन पर जोर दिया गया। वन भूमि पर अवैध कब्जा, कृषिभूमि, झूमकृषि से होने वाली हानि को रोकने के लिये प्रावधान किये गए।

शिकार की उपर्युक्त वर्णित विधियों एवं उनमें प्रयुक्त होने वाले उपकरणों का संक्षिप्त विवरण प्रस्तुत किया गया परन्तु वन्य पशुओं की तेजी से लुप्त हो रही जातियों को संरक्षित रखने एवं प्राकृतिक सुन्दरता को यथावत रखने कारण शिकार पर प्रतिबंध लगाया गया है। प्रतिबंधों के बावजूत कभी चोरी छिपे शिकार की परंपरा जिले में आज भी जीवित है जिसे जनजातियों के बीच जाकर देखा व सुना जाता है।

संदर्भ ग्रंथ सूची

1. भारत के आदिवासी विकास की समस्याएँ–पी.आर. नायडू पृष्ठ 446, राधा पब्लिकेशन्स दिल्ली
2. बारह भाई बिझवार – डॉ. ठाकोर लाल भाणा भाई नायक पृष्ठ 36, हिन्दी ग्रंथ अकादमी भोपाल
3. भारतीय जनजातियाँ : संरचना एवं विकास – डॉ हरिश्चन्द्र उप्रेती, राजस्थान हिन्दी ग्रंथ अकादम

----- 000 ----

19

अनुसूचित जनजाति के लिये संवैधानिक प्रावधानः एक समाजशास्त्रीय अध्ययन (म.प्र. राज्य के पूर्वांचल जिलों के संदर्भ में)

डिण्डौरी जिले का सक्षिप्त परिचयः–

भारत के हृदय स्थल में स्थित मध्यप्रदेश क्षेत्रफल की दृष्टि से देश का दूसरा तथा जनसंख्या की दृष्टि से सातवॉ बड़ा प्रदेश है। इसका कुल क्षेत्रफल 3,08,245 वर्ग किमी तथा 2011 की जनगणना के अनुसार इसकी जनसंख्या 72,66,809 तथा घनत्व 196 व्यक्ति प्रतिवर्ग किलोमीटर है। छत्तीसगढ़ राज्य के गठन के पूर्व इसमें 61 जिले सम्मिलित थे। किन्तु नवंबर 2000 में छत्तीसगढ़ राज्य का अस्तित्व में आने पर 16 जिले अलग हो गये। वर्तमान में 51 जिले म.प्र. में आते हैं।

सन् 1997 में मध्यप्रदेश शासन द्वारा 16 नये जिलों की स्थापना के साथ ही यह जिला अस्तित्व में आया। इससे पूर्व यह मण्डला जिले का हिस्सा था। इसका कुल क्षेत्रफल 6128 वर्ग किमी. तथा 2011 की जनगणना के अनुसार इसकी कुल जनसंख्या 7,04,524 है। जिले में 3,51,913 पुरूषों एवं 3,52,611 महिलाओं की जनसंख्या है। डिण्डौरी जिला जबलपुर संभाग के अंतर्गत आता है। यह चारो ओर से क्रमशः शहडोल, बिलासपुर, मण्डला तथा जबलपुर जिलों से घिरा हुआ है। कुल जनसंख्या में लगभग दो तिहाई से अधिक जनसंख्या अनुसूचित जनजाति तथा अनुसूचित जाति की है।

यह जिला भूमध्य रेखा से 22′17 से 23′22 उत्तरी अक्षांश तथा 80′35 से 80′58 पूर्वी देशान्तर के मध्य स्थित है। समुद्र तट से इसकी ऊंचाई 885

मी. से 1100 मी. तक है। इसका ढाल पूर्व से पश्चिम की ओर है। जिसमें नर्मदा नदी तथा उसकी सहायक नदियां खरमेर, मचरार, चकरार, आदि बहती हैं। सतपुड़ा श्रेणियों तथा नर्मदा बेसिन के मध्य नव निर्मित डिण्डौरी जिला प्राकृतिक सौंदर्य तथा वन संपदा से संपन्न किंतु आर्थिक दृष्टि से अत्यंत पिछड़ी है।

यहॉ पर ग्रीष्मकालीन तापमान सामान्य तथा शीतकालीन तापमान से कम रहता है। वार्षिक वर्षा का औसत 125 सेंमी. है। जिले के विभिन्न भागों में काली पीली तथा पहाड़ी किस्म की कंकडीली मिट्‌टी पाई जाती है। जिले के सभी भागों में जल स्तर लगभग नीचा है।

जिले के कुल भू–भाग का 30% भू–भाग वनों से ढका हुआ है। यहां के प्रमुख वृक्ष साल तथा सागौन है। यहां पर वनों से कीमती लकड़ी तेंदूपत्ता, बांस, चारा, गोंद, साल, बीज, महुआ, ऑवला, हर्रा, बहेरा, चिरौंजी, महुलायन पत्ता, शहद तथा औषधि जड़ी बूटियां वनोपज के रूप में प्राप्त होती है। शहपुरा तहसील के अंतर्गत फासिल्स बिखरे पड़े हैं। जिले में पुरातात्विक दृष्टि से कुकर्रामठ, लक्ष्मण मंड़वा, अमोल, देवनाला, देवहारगढ़ दर्शनीय स्थल हैं।

जिले के लगभग 59% भू–भाग पर कृषि की जाती है। कृषि पूर्णतः वर्षा पर निर्भर है तथा भूमि का अधिकांश भाग भर्रा एवं पथरीला है। यहॉ पर रबी तथा खरीफ दोनों फसलें उगाई जाती है। मुख्य उपजों में गेंहू, अरहर, चना, मसूर, रमतीला, राई, सरसों, कोदो, कुटकी, सांवा तथा मक्का आदि है। जिले में खनिज तथा शक्ति के साधन नगण्य हैं। यहॉ पर पाई जाने वाली खनिजें रेत, पत्थर, गिट्‌टी, बाक्साईड आदि हैं।

यहाँ यातायात व्यवस्था सड़के हैं जो कि पहाड़ो को काटकर बनाई गई हैं। सड़के टेढ़ी–मेढ़ी घुमावदार तथा काफी कष्ट साध्य है। मुख्यालय डिण्डौरी से जबलुपर की दूरी 145 किमी., मण्डला की दूरी 104 किमी. तथा शहडोल लगभग 100 किमी. दूर है। जिला मुख्यालय से विकासखण्ड पक्की सड़कों से जुड़े हैं तथा शेष अंदरूनी क्षेत्र कच्ची सड़कों तथा दुर्गम क्षेत्र पगडंडियों से जुड़े हैं। जहाँ पैदल ही पहुँचना संभव होता है। इस जिले में

तीन तहसीलें, डिण्डौरी, शहपुरा एवं बजाग हैं तथा अमरपुर, समनापुर, बजाग, करंजिया, मेंहदवानी, शहपुरा तथा डिण्डौरी आदिवासी विकासखण्ड चिन्हित हैं।

डिण्डौरी जिले की जनसंख्या 2011 के अनुसार

क्रमांक	विकासखण्ड	क्षेत्रफल प्रति वर्ग किमी.	जनसंख्या	जनसंख्या घनत्व प्रति वर्ग किमी.
1	डिण्डौरी	1259	154250	122
2	अमरपुर	623	74239	119
3	समनापुर	806	86577	107
4	बजाग	865	85611	98
5	करंजिया	674	68802	128
6	शहपुरा	1137	137394	118
7	मेंहदवानी	764	82651	108

डिण्डौरी जिले में अनुसूचित जनजाति की जनसंख्या

जिला/ तहसील	विकासखण्ड	कुल	पुरूष	स्त्री	ग्रामीण	नगरीय	कुल जनसंख्या से अनु.ज.ज. का प्रतिशत
जिला डिण्डौरी		455789	225699	230090	448420	7369	**64.69**
तहसील	**विकासखण्ड**						
1. डिण्डौरी	1. डिण्डौरी	85189	42214	42965	79697	5482	55.20
	2. अमरपुर	50128	24658	25470	50128	-	67.52
	3. समनापुर	54798	27145	27653	54798	-	53.29
योग तहसील		190105	94017	96088	184623	5482	**59.76**
2. बजाग	4. बजाग	55338	27523	27815	55338	-	54.64
	5. करंजिया	64507	32039	32468	64507	-	74.32
योग तहसील		119845	59562	60283	119845		**69.51**
3. शहपुरा	6. शहपुरा	82447	40801	41646	80560	1887	61.35

जिला / तहसील	विकासखण्ड	कुल	पुरूष	स्त्री	ग्रामीण	नगरीय	कुल जनसंख्या से अनु.ज. ज. का प्रतिशत
	7. मेंहदवानी	63392	31319	32073	63392	-	76.70
योग तहसील		145839	72120	73719	143952	1887	**67.19**

मण्डला जिले का परिचयः–

मध्यप्रदेश राज्य की कुल जनसंख्या 72626809 (2011 की जनगणना के अनुसार) है अनुसूचित जनजाति की जनसंख्या 12233474 निवास करती है जो कि मण्डला जिला जबलपुर संभाग के अंतर्गत आता है, जिसकी कुल जनसंख्या 1054905 (2011 की जनगणना के अनुसार) इसमें से अनुसूचित जनजातियों की जनसंख्या 2225850 है। मण्डला जिले का क्षेत्रफल लगभग 877 वर्ग कि.मी. है। इस जिले में बिछिया, निवास, मवई, बीजाडांडी, घुघरी, नैनपुर, मोहगाँव, नारायणगंज आदिवासी विकासखण्ड चिन्हित है–

मण्डला जिले की जनसंख्या 2011 के अनुसार

विकाखण्ड	जनसख्या
नारायणगंज	170822
मोहगांव	65702
नैनपुर	79060
बिछिया	114411
मवई	148518
निवास	129320
बीजाडांडी	62151
घुघरी	79060

स्त्रोतः– सांख्यिकी विभाग डिण्डौरी, 2011 के जनगणना के अनुसार।

भारत विभिन्न संस्कृतियों, समाज और धर्म का विशिष्ट संगम स्थल के रूप में विश्व समुदाय में विख्यात है। भारत की ऐतिहासिक पृष्ठभूमि से पता

चलता है कि जब जब भारत में बाह्य आक्रमण हुए, बाह्य जाति या समुदाय ने अपना प्रभुत्व बनाने का प्रयास किया तो उसने सारे समुदाय को दो भागों में बांटा एक वह जो उनका समर्थन करता था, दूसरा वह भाग जिन्होंने बाह्य समुदाय को अस्वीकार किया और स्वयं को इस बाह्य जाति या समुदाय से अलग कर अपने अस्तित्व और अपनी संस्कृति को बचाये रखने का अदम्य प्रयास किया।

भारत में आर्यो के आगमन से विशाल समुदाय दो भागों आर्य एवं अनार्य में बंट गया। ऐसी मान्यता है कि अनार्य ही वह समुदाय है जिसने आर्यों की सत्ता व समाज को अस्वीकार कर अपने को इन से दूर कर लिया और वनों तथा दुर्गम स्थलों को अपनी शरण स्थली बनाकर निवास करने लगा। इस प्रकार क्षेत्र विशेष में रहने वाले समुदाय ने स्वयं ही एक संस्कृति का विस्तार किया। भौतिकवाद के चकाचौंध से दूर यह समुदाय जनजाति के नाम से जाना गया।

साधारणतया जनजाति का तात्पर्य एक ऐसे मानव समूह से समझ लिया जाता है जिसके रीति – रिवाज और रहन – सहन बहुत आदिम प्रकृति के हों। जनजातियों को आदिवासी शब्द से भी संबोधित किया जाता है क्योंकि वे मानव के आदिकालीन संस्कृति की प्रतिनिधि हैं। शताब्दियों से विभिन्न सामाजिक सांस्कृतिक आर्थिक तथा राजनैतिक अधिकारों से वंचित रहने के कारण यह वर्ग धीरे – धीरे इतना निर्बल हो गया कि उससे अपना विकास स्वयं करने की उम्मीद नहीं की जा सकती यह सच है कि दुनिया का प्रत्येक समाज सदैव से अनेक उच्च और निम्न वर्गों जैसे सामंत और गुलाम, भूमि स्वामी और भूमिहीन मजदूरों अथवा पूँजीपतियों और श्रमिकों आदि में विभक्त रहा है, इसके बाद भी भारतीय समाज की विडम्बना यह रही है कि समाज का जो वर्ग जीवन के प्रत्येक क्षेत्र में शोषित और उपेक्षित रहा उसका कारण व्यक्तिगत दोष न होकर कुछ ऐसी सामाजिक, सांस्कृतिक व्यवस्थाएँ रही है, जिनके प्रभाव से समाज में एक बड़े वर्ग का जीवन धीरे – धीरे चेतनाहीन और असहाय बनता गया। इस प्रकार एक विशेष सामाजिक व्यवस्था के अंतर्गत भारत में जो वर्ग तरह – तरह के शोषण उत्पीड़न अत्याचारों और अभावों में जीवन व्यतीत कर रहे हैं। उन्हीं को हम दुर्बल वर्ग अथवा कमजोर वर्ग के नाम से जानते हैं। अनुसूचित जातियाँ, अनुसूचित जनजातियाँ, अन्य पिछड़ा वर्ग तथा स्त्रियां दुर्बल वर्ग के मुख्य उदाहरण हैं। भारतीय संविधान अनुच्छेद

366 (25) के अनुसार "अनुसूचित जनजाति से तात्पर्य उन जनजातियों अथवा जनजाति समुदाय या इस प्रकार की जनजातियों अथवा जनजाति समुदाय के अंशों अथवा समूहों से है, जो कि संविधान के अनुच्छेद 342 के अन्तर्गत राष्ट्रपति के द्वारा आम सूचना से अनुसूचित जनजाति उल्लिखत किये गये हों।"

गिलिन के अनुसार–

"जनजाति एक ऐसा स्थानीय समुदायों का समूह है जो एक सामान्य भू–भाग में रहता है। एक सामान्य भाषा बोलता है और एक सामान्य संस्कृति का व्यवहार करता है।"

डी.एन. मजूमदार, ने जनजाति की व्यापक परिभाषा दी है– "कोई जनजाति परिवारों तथा पारिवारिक वर्गों का एक ऐसा समूह है, जिसका एक सामान्य नाम है, जिसके सदस्य एक निश्चित भू–भाग पर निवास करते हैं, एक सामान्य भाषा का प्रयोग करते हैं, जिन्होंने एक आदान प्रदान संबंधी पारस्परिक कर्त्तव्य विषयक एक निश्चित व्यवस्था का विकास किया है। साधारणतया एक जनजाति अंतर्विवाही के सिद्धांत का समर्थन करती है और उसके सभी सदस्य अपनी ही जनजाति के अंतर्गत विवाह करते हैं।"

अतः स्पष्ट है कि एक जनजाति वह क्षेत्रीय मानव समूह है जो भू–भाग, भाषा, सामाजिक नियम और निषेध आर्थिक कार्य आदि विषयों में सामान्यतया एक सूत्र में बंधा होता है।

जनजाति की प्रमुख विशेषताएँ–

- जनजाति परिवारों अथवा परिवारों के समूह का एक संकलन होता है।
- प्रत्येक जनजाति की अपनी एक विशिष्ट भाषा होती है।
- प्रत्येक जनजाति का अपना एक विशिष्ट नाम होता है।
- जनजाति एक निश्चित भू–भाग पर निवास करती है। सामान्य भू–भाग के आधार पर सामुदायिक भावना भी दृढ़ होती है।
- एक जनजाति अंर्तविवाही समूह होता है।

- जनजाति गोत्र समूह में विभाजित करती है। एक जनजाति गोत्र बर्हिविवाही समूह होता है।
- प्रत्येक जनजाति में कुछ सामान्य नियम एवं निषेध पाये जाते हैं जिसके कारण सदस्यों के व्यवहारों में नियंत्रण होता है।
- एक जनजाति की एक सामान्य संस्कृति होती है। जनजाति की स्वयं की न्याय व्यवस्था एवं दण्डविधान होता है।
- प्रत्येक जनजाति का एक राजनैतिक संगठन होता है।
- जनजाति में नातेदारी का बहुत अधिक महत्व पाया जाता है।
- जनजाति एक आत्मनिर्भर समुदाय है।
- जनजाति प्राकृतिक संसाधनों पर ही निर्भर रहती है।

इन जनजातियों को सूचीबद्ध करने का कार्य भारत में स्वतंत्रता के बाद 1950 में किया गया। जनजातियों को पहचान कर सर्वप्रथम 212 आदिवासी जातियों को सूचीबद्ध करके अनुसूचित जनजाति आदेश जारी किया गया। उसके बाद से आज दिनांक तक अनुसूचित जनजातियों में आवश्यकतानुसार संशोधन भी होते रहे हैं। राज्यों के पुनर्गठन के बाद इनकी सूची प्रत्येक राज्य में बनायी गयी। संविधान में अनुसूचित होने से जनजातिय भारत के इतिहास में एक नये युग का सूत्रपात हुआ।

गोड़ जनजाति सदियों से निर्जन वनों एवं पहाड़ी इलाकों में सभ्यता से परे रहकर जीवन व्यतीत करती आ रही हैं। यह जनजाति जैसे प्रकृति का एक अंग बनकर रहती है। अतः इसे "प्रकृति पुत्र" कहना अतिश्योक्ति नहीं होगी।

एक लंबे अरसे से अगम्य वनों और पर्वतीय क्षेत्रों में निवास करने के कारण गोड़ जनजाति का संपर्क उन क्षेत्रों में समाप्त हो गया था जो सभ्यता और संस्कृति की उथल पुथल, संघर्ष, समन्वय, और सामंजस्य की एक दीर्घकालीन प्रक्रिया में से होकर गुजरे परिणाम यह हुआ है कि यह जनजाति राष्ट्र की मुख्यधारा से अलग थलग पड़ गई और उन प्रथाओं, परंपराओं तथा जीवन शैली से जुड़ी रही जो मौलिक थी और उन्हीं के अनुरूप अगम्य क्षेत्रों की भौगोलिक परिस्थितियों में संघर्ष करते हुए अपनी एक विशिष्ट जीवन शैली का निर्माण किया। स्थिति यह हुई कि कालान्तर में यह जनजाति समकालीन एवं तथाकथित सभ्यता और संस्कृति में आने से वंचित रह गई। इस प्रकार

हमारे देश की भौगोलिक संरचना सभ्यता और संस्कृति में बहुत ही गहरा प्रभाव पड़ा है। गोंड़ जनजाति की संस्कृति भिन्न है तथा संस्कृति की जड़े बहुत गहरी हैं।

वर्षों से पिछड़ेपन की सीमाओं में कैद गोंड़ आदिवासी समाज को विकसित करने की दिशा में वास्तव में स्वतंत्रता प्राप्ति के उपरान्त ही पहल हो सकी। राज्य के पुनर्गठन के साथ जनजातियों को विकसित करने की दिशा में नियोजित प्रयत्नों का सोपान आरंभ हुआ। इस दिशा में आवश्यकता के महत्व को स्वीकार करते हुए अनेक योजनाएँ राज्य एवं केन्द्र सरकार द्वारा कार्यान्वित की जा रही है। इन प्रयासों के बावजूद भी ऐसा आभास होता है कि इस वर्ग विशेष की उन्नति के लिये योजनाओं की कार्यशीलता के बावजूद भी अपेक्षित परिणामों का अभाव है।

आज देश को आजादी मिले 70 वर्ष पूर्ण होने जा रहे हैं। लेकिन इतने प्रयास के बाद भी विभिन्न प्रकार के विकास कार्यक्रमों में जितनी धन राशि व्यय हुई है, मानव शक्ति लगाई जा रही है, उनको ध्यान में रखते हुए इन विकास कार्यक्रमों को जितनी सफलता मिलनी चाहिए थी, उतनी नहीं मिली है। इन योजनाओं से लाभान्वित जनजाति के व्यक्तियों का प्रतिशत संतोषजनक नहीं है।

जनजातियों के विकास के लिये सरकार दृढ़ संकल्प के साथ कोशिश कर रही हैं। संविधान के नीति निर्देशक सिद्धांतों एवं संवैधानिक व्यवस्थाओं में इनके लिये किये जा रहे कल्याण कार्यों का उल्लेख है। देश को कल्याणकारी राज्य भी घोषित किया गया है। जिसके अन्तर्गत जनजातियों के अधिकाधिक कल्याण के लिये कल्याणकारी योजनाओं को चलाने हेतु करोड़ो अरबों रूपये खर्च किये जा रहे हैं। इसके बाद भी इन जनजातियों का जीवन अनेक प्रकार की समस्याओं से घिरा हुआ है। इनमें से कुछ समस्याओं का संबंध जनजाति समाजों में पाये जाने वाले पिछड़ेपन से है और कुछ समस्याएँ उनकी बाहरी सभ्य समाजों के साथ संपर्क होने के फलस्वरूप उत्पन्न हुई है। अतः जनजाति कल्याण कार्य की नीति शासकीय और गैर शासकीय स्तर पर खूब सोच–समझकर बनाई गई जिसका संक्षिप्त विवरण निम्नवत है–

अनुसूचित जनजातियों के लिये संवैधानिक व्यवस्थाएँ

भारतीय समाज में अनुसूचित जातियों अनुसूचित जनजाति तथा अन्य कमजोर वर्गों के शैक्षिक और आर्थिक हितों को प्रोत्साहन देने तथा सामाजिक निर्योग्यताओं को दूर करने के लिये संरक्षण की व्यस्थाएँ की गई हैं। सवंधिान के अनुच्छेद 341 एवं 342 की व्यवस्थाओं के अनुसार राष्ट्रपति द्वारा जारी आदेश में अनुसूचित जनजातियों का विवरण दिया गया है। संविधान में इन जनजातियों के लिये विशेष व्यवस्थाएँ की गई हैं, उनका विवरण निम्न प्रकार है–

(1) अनुसूचित जनजातियों की शैक्षणिक तथा आर्थिक हितों की रक्षा की जाए और इन्हें सभी शोषण तथा सामाजिक अन्याय से बचाया जाए। (अनुच्छेद 46)

(2) सरकार द्वारा संचालित अथवा सरकारी कोष से सहायता पाने वाले शिक्षालयों में उनके प्रवेश पर कोई रूकावट न रखा जाए। (अनुच्छेद 29,2)

(3) दुकानों, सार्वजनिक भोजनालयों, होटलों और सार्वजनिक मनोरंजन के स्थानों का उपयोग करने पर लगी रूकावटें हटाई जाए, जिनका पूरा या कुछ व्यय सरकार उठाती है अथवा जो जनसाधारण के निमित्त समर्पित है। (अनुच्छेद 15,2)

(4) हिन्दुओं के सार्वजनिक स्थानों के द्वार कानून द्वारा समस्त हिन्दुओं के लिये खोल दिय जाएँ। (अनुच्छेद 25 ख)

(5) लोकसभा तथा राज्यों की विधानसभाओं में अनुसचित जनजातियों के प्रतिनिधियों के लिए जनसंख्या के आधार पर 25 जनवरी, 2026 तक के लिए निश्चित सीटें सुरक्षित कर दी जाएँ। (अनुच्छेद 324,330 तथा 342)

(6) यदि सार्वजनिक सेवाओं या सरकारी नौकरियों में अनुसूचित जनजातीय लोगों का पर्याप्त प्रतिनिधित्व न हो तो सरकार को उनके लिए स्थान सुरक्षित रखने का अधिकार देना और सरकारी

नौकरियों में नियुक्यिों के समय अनुसूचित जातियों और अनुसूचित जनजातियों के दावों पर विचार करना। (अनुच्छेद 16 और 335)

(7) जनजातियों के कल्याण तथा हितों के प्रयोजन से राज्यों में जनजाति सलाहकार परिषद् तथा पृथक विभागों की स्थापना की जाए और केन्द्र में एक विशेष अधिकारी की नियुक्ति की जाए। (अनुच्देद 161,338 तथा पॉचवी अनुसूची)

(8) अनुसूचित जनजाति क्षेत्रों के प्रशासन तथा नियंत्रण के लिए विशेष व्यवस्था की जाए। (अनुच्छेद 224 और पाँचवा तथा छठी अनुसूचियॉ।)

(9) अनुच्छेद 244 (2) अनुसार असम की जनजातियों के लिए जिला और प्रादेशिक परिषद (District and Regional Counsil) स्थापित करने का विधान है।

(10) संविधान के भाग 6, अनुच्छेद 164 में असम के अतिरिक्त बिहार, उत्त रप्रदेश, मध्य प्रदेश और ओडिशा में जनजातीय मंत्रालय स्थापित करने का विधान है।

(11) संविधान के भाग 4, अनुच्छेद 46 में जनजातियों की शिक्षा की उन्नति और आर्थिक हितों की सुरक्षा की ओर विशेष ध्यान देना राज्य का विधान है।

(12) अनुसूचित जनजातियों के हित में भारत में स्वतंत्रतापूर्वक आने–जाने, रहने और बसने तथा, सम्पत्ति खरीदने, रखने और बेचने के आम अधिकारों पर राज्य द्वारा उचित प्रतिबंध लगा सकने की कानूनी व्यवस्था (अनुच्छेद 19,5)

सांस्कृतिक व शैक्षणिक अधिकार

अनुच्छेद 29 (2), अनुच्छेद 15 के खण्ड के द्वारा नियंत्रित है जिसका संविधान में समावेश प्रथम संशोधन अधिनियम, 1951 के द्वारा किया गया है। इससे अनुच्छेद 15 व 29, अनुच्छेद 16(4), 46 व 340 के समरूप आ गये।

इसने सरकार को शासकीय शैक्षणिक संस्थानों में पिछड़े वर्गों के नागरिकों को सीटों के आरक्षण के लिए सवैंधानिक अधिकार दिया।

अनुच्छेद 29 के अनुसार, सांस्कृतिक अथवा भाषायी अल्पसंख्यकों के अपनी भाषा अथवा संस्कृति को सुरक्षित बनाए रखने का अधिकार है। यह अनुच्छेद अनुसूचित जनजाति समुदायों को अपनी भाषाओं, बोलियों तथा संस्कृतियों को बनाये रखने के लिए सुरक्षा प्रदान करता है। सरकार कोई अन्य वस्तु अथवा भाषा कानून द्वारा उन पर नहीं लाद सकती।

आरक्षण की व्यवस्था

संविधान के निर्माताओं ने प्रशासन में इनकी सहभागिता सुनिश्चित करने के लिए पर्याप्त प्रावधान किए हैं। संविधान के अनुच्छेद 16(4) तथा 335 के अनुसार लोक सेवाओं में अनुसूचित जातियों व अनुसूचित जनजातियों के लिए आरक्षण का प्रावधान है। अनुच्छेद 16(4) के अनुसार, राज्य द्वारा ऐसे पिछड़ा वर्ग के लोगों के पक्ष में नियुक्तियों व पदों का आरक्षण करने का प्रावधान है जिनका राज्य की सेवाओं में पर्याप्त प्रतिनिधित्व नहीं है। अनुच्छेद 335 के अनुसार लोक सेवाओं की नियुक्तिओं में अनुसूचित जनजातियों तथा अनुसूचित जनजातियों के दावों पर प्रशासनिक दक्षता के मापदंड को ध्यान में रखते हुए विचार किया जायेगा। इन दोनो अनुच्छेदों के बीच मूल अंतर यह है कि अनुच्छेद 335 "प्रशासनिक दक्षता" मापदण्ड की पूर्व शर्त के साथ आरक्षण प्रदान करता है, जबकि अनुच्छेद 16(4) इस प्रकार की कोई शर्त अथवा सीमा नहीं लगाता। हालांकि, न्यायिक व्याख्या के अनुसार अनुच्छेद 16(4) के तहत् प्रावधान अनुच्छेद 335 द्वारा नियंत्रित है।

अनुसूचित जातियों एवं अनुसूचित जनजातियों को आरक्षण के संबंध में सीधी भर्ती व पदोन्नति आदि भी सरकार ने इन्हें कई छूट प्रदान की है। इनमें से कुछ मुख्य निम्नलिखित हैं–

- आयु में छूट
- शुल्क में छूट
- साक्षात्कारों के लिए यात्रा भत्ता

- नियुक्ति में आरक्षण
- दैनिक भोगी स्टाफ मे अनुसूचित जातियों एवं अनुसूचित जनजातियों के लिए आरक्षण
- स्थानांतरण अथवा प्रतिनियुक्ति से भरे जाने वाले पदों की नियुक्तियों में अनुसूचित जातियों एवं अनुसूचित जनजातियों का प्रतिनिधित्व

आरक्षित पदों की भर्ती के लिए मापदण्डों में छूट तथा लिए गए अन्य कदम

- उपयुक्ता के मानों में छूट
- 'अनुभव' योग्यता में छूट
- आरक्षित रिक्तियों के लिए मांग
- आरक्षित रिक्तियों के विज्ञापन के लिए प्रक्रिया
- आकाशवाणी द्वारा आरक्षित रिक्तियों की घोषणा तथा निदेशक, राज्य समाज कल्याण/हरिजन व जनजाति कल्याण को अधिसूचना।
- अनुसूचित जाति/जनजाति के प्रत्याशियों के लिए अलग से साक्षात्कार
- आरक्षणों को आगे ले जाना तथा अनुसूचित जातियों एवं अनुसूचित जनजातियों के बीच आरक्षण को आपस में बदलना
- गैर–तकनीकी एवं अर्द्ध–तकनीकी तृतीय एवं चतुर्थ श्रेणी के पदों के मानदण्डों में अतिरिक्त छूट
- वैज्ञानिक एवं तकनीकी पद

पदोन्नति द्वारा भरे जाने वाले पदों में अन्य रियायतें

- प्रथम श्रेणी के पदों में चयन द्वारा पदोन्नति
- विभागीय परीक्षा में मानदण्डों में शिथिलता
- पदोन्नति पदों में आयु की छूट

- पदोन्नति में अनुसूचित जातियों एवं अनुसूचित जनजातियों के प्रतिस्थापन के विरूद्ध सुरक्षा

सरकारी उपक्रमों में आरक्षण के क्रियान्वयन में कोई समानता नहीं है, जबकि बैंको, स्वायत्त निकायों तथा सरकारों सहित अधिकांश सरकारी उपक्रमों में अपनी भर्तियों में अनुसूचित जातियों एवं अनुसूचित जनजातियों के सदस्यों के लिए निर्धारित आरक्षण नीति को सामान्यतः कार्यान्वित करते हैं। कुछ उपक्रम तथा स्वायत्त संस्थाएँ ऐसे भी हैं, जो इसका उल्लंघन करते हैं अथवा इससे बचने के उपाय ढूढ़ते रहते हैं।

संदर्भ ग्रंथ सूची

1. समाजशास्त्र यूनीफाइड ⅠⅠ सेमेस्टर रवीन्द्रनाथ मुखर्जी भरत अग्रवाल पृष्ठ 155
2. जनजातीय समाजशास्त्र डॉ श्री नाथ शर्मा पृष्ठ 167
3. जनजातीय भारत डॉ. ए.आर.एन. श्रीवास्तव
4. श्रोतः– जनगणना 2011 जिला कार्यालय डिण्डौरी
5. म.प्र. की जनजातियाँः समाज एवं व्यवस्था डॉ. शिवकुमार वितारी एवं डॉ. श्रीकमल शर्मा पृष्ठ 93
6. इन्टरनेट आधारित पाठ्य सामग्री के अनुसार जनसंख्यिकी आंकड़े
7. सामाजिक सांस्कृतिक मानव विज्ञान, रमेश चौबे, वंदना शर्मा पृष्ठ 171
8. गढ़ा मण्डला के गोंड़ राजा, रामभरोसे अग्रवाल
9. जनजातीय भारत, डॉ ए.आर.एन. श्रीवास्त, म.प्र. हिन्दी ग्रंथ अकादमी

----- 000 ----

20

जनजातीय समाजः मुद्दे एवं समस्याएँ
(विशेष रूप से डिण्डौरी जिले के संदर्भ में)

हमारे देश की भौगोलिक स्थिति का सभ्यता एव संस्कृति में गहरा प्रभाव पड़ा है। बड़ी –बड़ी नदियाँ, पर्वत देश को अनेक भागों में बाँटने में सहायक हुए हैं। देश के हृदय स्थल मध्यप्रदेश में बसा डिण्डौरी जिला आदिवासी बाहुल्य जिला है। इस जिले का क्षेत्रफल 7470 वर्ग किलोमीटर है एवं यह जिला पूर्व में छत्तीसगढ़ राज्य की सीमा पश्चिम में जबलपुर उत्तर में उमरिया शहडोल जिला एवं दक्षिण में मण्डला जिले से घिरा हुआ है। डिण्डौरी जिले में वनों की अधिकता है। यहां की जलवायु समशीतोष्ण है। जिले के मैदानी भागों में अधिक गर्मी पड़ती है। इस जिले में अनेक आदिम जातियाँ निवास करती हैं, जैसे गोंड़, बैगा, कोल, परधान आदि। जिले की कुल जनसंख्या 7,04,524 है, इसमें से कुल जनजातीय जनसंख्या 5,79,312 है। कुल जनजातीय जनसंख्या मे से अत्यन्त पिछड़ी जनजाति बैगा की 23,443 जनसंख्या है।

स्वतंत्रता प्राप्ति के पश्चात भारत वर्ष के राज्यों का पुनर्गठन किया गया। नवम्बर 1956 को म. प्र. राज्य का गठन किया गया। वर्ष 1998 के पूर्व तक म. प्र. राज्य में 45 जिले थे। वर्ष 1998 में पुनः 16 नये जिलों का गठन किया गया, जिसमें 25 मई 1998 को मंड़ला जिले से पृथक होकर डिण्डौरी जिला अस्तित्व में आया। मध्यप्रदेश राज्य पुनर्गठन एक्ट 2000 के तहत 01 नवम्बर 2000 को मध्यप्रदेश राज्य का पुनर्गठन किया गया। मध्यप्रदेश के 61 जिलों में से छत्तीसगढ़ अंचल के 16 जिलों को मिलाकर पृथक छत्तीसगढ़ राज्य की स्थापना की गई। तत्पश्चात वर्ष 2003 में तीन नवीन जिले अनूपपुर, अशोकनगर, बुरहानपुर बनाये गए। मई 2008 में अलीराजपुर और सिंगरौली

जिले बनाये गये तथा 2013 में आगर मालवा जिला अस्तित्व में आया। इस प्रकार वर्तमान मध्यप्रदेश राज्य में 51 जिले हैं। हमारा जिला वर्तमान मध्यप्रदेश राज्य के दक्षिण पूर्वी सीमा पर स्थित है।

सतपुड़ा श्रेणियों तथा नर्मदा बेसिन के मध्य नवनिर्मित डिण्डौरी जिला प्राकृतिक सौंदर्य तथा वन सम्पदा से संपन्न किन्तु आर्थिक दृष्टि से अत्यंत पिछड़ी है। यह जिला भूमध्य रेखा से 22 अंश 17 से 23 अंश 22 उत्तरी अक्षांश तथा 80 अंश 35 से 80 अंश 58 पूर्वी देशान्तर के मध्य स्थित है। समुद्र तट से इसकी ऊँचाई 885 मीटर से 1100 मीटर तक है। इसका ढाल पूर्व से पश्चिम की ओर है, जिसमें नर्मदा नदी तथा उसकी सहायक नदियां, खरमेर, मचरार, चकरार आदि बहती हैं।

यहां पर ग्रीष्मकालीन तापमान सामान्य तथा शीतकालीन तापमान सामान्य से कम रहता है। वार्षिक वर्षा का औसत 125 से.मी. है। जिले के विभिन्न भागों में काली, लाल, पीली तथा पहाड़ी किस्म की कंकरीली मिट्‌टी पाई जाती है जिले के सभी भागों में जल स्तर लगभग नीचा है।

जिले के कुल भू–भाग का 38 प्रतिशत भू–भाग वनों से ढ़ँका हुआ है। यहां के प्रमुख वृक्ष साल तथा सागौन हैं। यहां पर वनों से कीमती लकड़ी, तेन्दूपत्ता, बांस, चार गोंद, सालबीज, महुआ, आँवला, हर्रा, बहेरा, चिरोंजी, महुलायन पत्ता, शहद तथा औषधि जड़ी–बूटियां बनोपज के रुप में प्राप्त होती हैं। शहपुरा तहसील के अंतर्गत ग्राम घुघवा में राष्ट्रीय जीवाश्म (फॉसिल्स) उद्यान है, जहां पर करोड़ों वर्ष के फॉसिल्स बिखरे पड़े हैं। जिले में पुरातात्विक दृष्टि से कुकर्रामठ, लक्ष्मण मड़वा, अमोल, देवनाला, देवहारगढ़ दर्शनीय स्थल हैं।

जिले के लगभग 59 प्रतिशत भू–भाग पर कृषि की जाती है। कृषि पूर्णतः वर्षा पर निर्भर है तथा भूमि का अधिकांश भाग भर्रा एवं पथरीला है। यहां पर रबी तथा खरीफ दोनों फसलें उगाई जाती हैं। मुख्य उपजों में गेहूं, अरहर, चना, मसूर, रमतिला, राई, सरसों, कोदो, कुटकी, सांवा, तथा मक्का, धान, आदि हैं। खनिज तथा शक्ति के साधन नगण्य है। यहां पर पाई जाने वाली मुख्य खनिजें रेत, पत्थर, मिट्‌टी, बॉक्साईड आदि हैं।

प्रशासनिक दृष्टि से यह जिला तीन विधान सभा क्षेत्रों, तीन तहसीलों सात जनपद पंचायतों तथा दो नगर पंचयातों में विभक्त है। 2011 की जनगणना के अनुसार जिले की आबादी 7,04,524 है, जो कि प्रदेश की आबदी का 0.97 प्रतिशत है। इसमें 3,51,913 पुरुष तथा 3,52,611 महिलाएं हैं। यहां पर जनसंख्या वृद्धि की दर 21.32 प्रतिशत है। जिले में जनसंख्या का धनत्व 94 प्रति वर्ग किलोमीटर तथा लिंगानुपात 1002 है। जिले की कुल साक्षरता का प्रतिशत 63.90 प्रतिशत जिसमें पुरुष साक्षरता 75.47 प्रतिशत तथा महिला साक्षरता 52.41 प्रतिशत है। कुल जनसंख्या का 95.41 प्रतिशत अर्थात 6,72,206 ग्रामीण जनसंख्या है तथा नगरीय जनसंख्या 32,318 है। जिले में जनजातियों की जनसंख्या 5,79,312 है, जिसमें पुरुषों की संख्या 2,90,572 तथा महिलाओं की संख्या 2,88,740 है। यहां कोल, भरिया, अगरिया, गौंड़, बैगा, परधान आदि निवास करते हैं। जिसमें गोंड़ जनजाति की जनसंख्या सर्वाधिक 64.5 प्रतिशत है।

जिले में यातायात का मुख्य साधन सड़कें हैं। विकासखण्ड स्तर तक के नगर व ग्राम कच्ची–पक्की सड़कों से जुड़े हैं तथा ग्रामीण अंचल कच्चे मार्ग तथा पगडंडियों से जुड़े हैं। जिले में बड़े उद्योगों का अभाव है। यहां पर कुटीर तथा लघु उद्योग ही पाए जाते हैं। यहां का मुख्य व्यवसाय कृषि पशुपालन तथा वनोपज एकत्रित करना है। जिले के अन्य सहायक धंधों में ईंट बनाना, बांस से टोकरियाँ तथा चटाई बनाना, दोना–पत्तल बनाना, कोयला बनाना, लकड़ी एवं लोहे की वस्तुएं तथा औजार तैयार करना, तेल निकालना, गिट्टी बनाना, सीमेंट के पाइप बनाना इसके अतिरिक्त कस्बाई क्षेत्रों के आसपास के क्षेत्रों में सब्जी उगाना तथा दुग्ध–उत्पादन आदि हैं।

जनजातियाँ आज परिवर्तन के दौर से गुजर रही हैं। वे ऐसे दोराहे पर हैं जहाँ एक ओर अपने सामाजिक अस्तित्व को बनाये रखना चाहती हैं। अपने समूह की विशिष्टता सामाजिक और सांस्कृतिक लक्षणों को संजोयें रखना चाहती हैं और दूसरी ओर भारतीय समाज की मुख्यधारा में अपने आपको जोड़ना चाहती हैं । एकीकरण की ये प्रक्रियाएं परस्पर विरोधी होते हुए भी एक सीमा तक परस्पर पूरक हैं। आजादी से पहले जनजातियों की जो समस्यायें थीं, वे आज नहीं हैं। सात दशक पूरे होने को है, इसमें जो परिवर्तन हुए हैं, उनके परिणाम स्वरूप आदिवासियों के सामने कुछ ऐसी समस्याएं आई हैं, जो

पहले उनके सामने नहीं थीं। आज आदिवासियों के सामने जो समस्याएं है, उनमें अधिकांश समस्यायें नवीन संपर्क और संचार से सम्बंधित हैं। जनजातियों के जीवन पद्धति इनके जीवनयापन के साधन पर आधारित है, जो शिकार से लेकर भोजन एकत्र करने तक है। आज भी जनजातियों का एक बहुत बड़ा भाग वनों पर आश्रित है। जनजातीय समाज, जंगलों और पहाड़ों दुर्गम स्थलों में हजारों वर्षों से जीवनयापन कर रहा है। आधुनिक समाज से इनका संपर्क आकस्मिक ही होता है। 19 वीं सदी से औद्योगीकरण, संचार साधनों, यातायात के साधनों के विकास के कारण जनजातीय समाज अन्य समाजों के संपर्क में आने लगा है। आधुनिक समाज के व्यापारियों प्रशासन तंत्र का जनजातीय समाज के साथ संपर्क होने से इनका शोषण प्रारंभ हुआ। ये अपनी आत्मनिर्भता खोने लगे है। जिससे वनों, पर्वतों और दुर्गम स्थानों पर प्रकृति के सान्निध्य में निवास कर रही जनजातियों के जीवन स्तर, जीवन शैली, सांस्कृतिक और सामाजिक अस्मिताओं, संसाधनों की कमी संबंधी समस्याओं का उदय हुआ। इनमें से कुछ समस्याएं तो ऐसी हैं, जिन्हें जनजातियों ने स्वयं जन्म दिया है।

जनजातियों की समस्याएं सीधी और सरल नहीं हैं। ये समस्याएं बहुत ही विस्तृत और जटिल है और उनके आचार–विचार, रहन सहन, रीति–रिवाज, सभ्यता और संस्कृति, धर्म, ललित कला आदि से संबंधित है। जनजातियों की समस्याओं के मूलतः दो स्वरूप हैं, प्रथम तो वे समस्याएं जो नवीन कानूनों एवं व्यवस्थाओं के कारण एवं दूसरी वे जो स्वयं उनके द्वारा निर्मित व्यवस्थाओं के कारण पनपी हैं।

वर्तमान समय में जनजातियों की समस्याएं एवं विकास से संबंधित जो तथ्य सामने हैं उनमें दुर्गम स्थानों में रहते हैं, उनकी स्वयं के द्वारा उत्पन्न समस्याएं है परंतु जो आदिवासी नगरों के पास रहते हैं उनकी समस्याएं आज अलग हैं। सरकार की विकास योजनाओं का लाभ दुर्गम स्थानों पर रहने वाले आदिवासियों की तुलना में नगर या नगर के पास रहने वाले गांव के आदिवासियों को अधिक मिला है परंतु इनकी समस्याओं में भी बढ़ोत्तरी हुई हैं। आदिवासियों में भी एक अभिजात वर्ग बनता जा रहा है, जो अपने ही समूह का शोषण करता है, उनकी जमीनों को सस्ती दर में खरीद कर उन्हें भूमिहीन बनाने में कोई कसर नहीं छोड़ता। साथ ही इस अभिजात वर्ग के माध्यम से बाहरी तत्व इनका शोषण करते हैं। गैर जनजातीय समूह के व्यक्ति

भी अपने विश्वसनीय आदिवासी वर्ग के व्यक्ति के नाम जमीनें खरीद कर इनका शोषण करते हैं और वे धीरे–धीरे भूमिहीन होते जा रहे हैं। परिणामस्वरूप प्रारंभ होता है भुखमरी एवं दरिद्रता का जीवन चक्र जिसके कारण विवश होकर ये नगरों की ओर पलायन करते हैं।

इस प्रकार कुछ समस्याएं स्वयं उनके रीतिरिवाजों के परिणास्वरूप उत्पन्न हुई हैं तथा कुछ बाहरी जगत के साथ संपर्क एवं प्रशासनिक नियंत्रण के फलस्वरूप उत्पन्न हुई हैं। जनजातीय अध्ययनों से जनजातीय समस्याओं का ज्ञान हुआ, जिसे यहां निम्नानुसार विवेचित किया जा रहा है–

गरीबी की समस्या–

निर्धनता, जनजातियों की मौलिक समस्या है। निर्धनता से आशय है मनुष्य के पास आधारभूत आवश्यकताओं रोटी, कपड़ा, मकान के साथ–साथ स्वास्थ्य एवं शिक्षा पाने के लिये पर्याप्त आय का न होना। जब कोई व्यक्ति अपनी न्यूनतम आवश्यकताओं की पूर्ति करने में सक्षम नहीं होता तो उसे गरीब माना जाता है। गरीबी कल तक नगरों एवं गांवों की समस्या थी। जनजातीय क्षेत्र को गरीबी में सम्मलित नहीं किया जाता था क्योंकि जनजातीय समाज की जीवनोपयोगी आवश्यकताएं अत्यंत सीमित थीं। ये सीमित आश्यकताओं में जीवन–यापन करते थे एवं इनमें संग्रहण की प्रवृत्ति भी नहीं है। इसलिये प्रशासकों ने जनजातीय क्षेत्र को गरीबों से दूर रखा था। लेकिन आज सभी को गरीबी में सम्मलित किया जा रहा है।

जनजातीय समाज में गरीबी एक बहुत बड़ा पहलू है। गरीबी के कारण जहां इनकी पारिवारिक स्थिति दयनीय होती जा रही है, वहीं ये अपनी कृषि में उन्नत तकनीक नहीं अपना पाते। फलस्वरूप कृषि उत्पादन बहुत कम होता है। वहीं अशिक्षा और जागरूकता की कमी के चलते इन्हें वनोपज, बांस, शहद, इमली, तंदूपत्ता, गोंद, महुआ के फूल, महुआ के बीज, आंवला, चार, चिरौंजी आदि इनके द्वारा बनाये उत्पादों, झाड़ू, टोकनी, खटिया, मचिया आदि का उचित मूल्य नहीं मिल पाता है। शिक्षा के अभाव में शासन की अधिकांश कल्याणकारी योजनाओं से भी वे लाभान्वित नहीं हो पाते हैं। भ्रष्टाचार के कारण भी मनरेगा जैसी कल्याणकारी योजनाओं का इन्हें पूर्ण लाभ न मिलने

से भी इनकी आर्थिक स्थिति सुदृढ़ नहीं हो पा रही है। जिसके चलते जनजातीय समाज गरीबी का दंश झेल रहा है।

अशिक्षा की समस्या–

साक्षरता किसी भी जाति की सामाजिक आर्थिक एवं सांस्कृतिक प्रगति का घोतक है। शिक्षा का संस्कृति के साथ अनूठा संबंध है। शिक्षा संस्कृति पर निर्भर है। जनजातीय समाज की अपनी एक विशिष्ट सांस्कृतिक विशेषता होती है। जनजातियां जिन–जिन स्थानों से संबंधित होती हैं उनमें वहां वे महत्वपूर्ण सांस्कृतिक अंतर विद्यमान होते हैं जो कि शैक्षिक नियोजन एवं दृष्टिकोण से महत्वपूर्ण होते हैं। आज किसी भी समाज के लिये शिक्षा एक महत्वपूर्ण संकेतक के रूप में जानी जाती है।

जनजातियों में अशिक्षा की समस्या एक ज्वलंत समस्या है। शासन के अथक प्रयासों के बाद भी जनजातीय समाज से अशिक्षा समाप्त नहीं हो सकी है। अशिक्षा समाप्त न होने का प्रमुख कारण उनके क्षेत्रों में संचालित किये जा रहे स्कूली कार्यक्रमों की अनुपयुक्तता है। यहां पर स्थापित किये गये शिक्षण संस्थानों के कार्यक्रम इनके अनुकूल नहीं हैं। इनके यहाँ शिक्षणकाल को इनकी दिनचर्या के अनुरूप नहीं बनाया है, जिससे इनके लिये स्कूल की परीक्षा देना और पढ़ना उतना महत्वपूर्ण नहीं होता है। जितना कि अपने छोटे भाई–बहिनों को संभालना, महुआ बीनना, मवेशी चराना आदि। जनजातीय समाज में बच्चों को एक आर्थिक परिसंपत्ति माना जाता है। इनके लिये अपने बच्चों को स्कूल भेजना आर्थिक हानि उठाने के समान है। कृषि के मौसम में बच्चे माता–पिता के साथ खेतों में काम करके सहयोग करते हैं अन्य मौसमों में वन उत्पाद, ईधन लकड़ियों आदि का संग्रहण करते हैं। जनजाति समाज में दी जा रही शिक्षा उनकी आवश्यकताओं के अनुकूल नहीं है। जो शिक्षा जनजातियों को प्रदान की जा रही है, उनकी आर्थिक, सामाजिक आवश्यकताओं को पूरा नहीं कर पाती हैं, जिससे अशिक्षा इस समाज में एक समस्या का रूप धारण किये हुए हैं।

ऋणग्रस्तता की समस्या–

गरीबी और ऋणग्रस्तता एक दूसरे पर आश्रित समस्याएं है। जनजातीय समाज में निर्धनता के बाद सबसे गंभीर समस्या ऋणगस्तता है। गरीब व्यक्ति साहूकारों महाजनों से ऊँची दर पर ऋण प्राप्त करता है। ऋण और ब्याज न दे पाने की स्थिति में व्यक्ति ऋण के भँवरजाल में फंसता चला जाता हैं। एक बार ऋण के मकड़जाल में फंसने के बाद व्यक्ति को तरह–तरह के शोषण ओर उत्पीड़न का सामना करना पड़ता है। अधिकांश जनजातीय लोग अपनी सामाजिक, सांस्कृतिक आवश्यकताओं की पूर्ति के लिये ऋण लेते हैं। विवाह संस्कार, मृत्यु संस्कार, पर्व–त्यौहार आदि के अवसरों पर ये ऋण लेते हैं।

भौगोलिक परिवर्तनों के चलते आज कृषि कार्य एक अंधा जुआ है। मौसम की अनिश्चिता के कारण पर्याप्त उत्पादन न होने से एवं फसल के नष्ट होने के कारण किसानों पर ऋण की राशि निरंतर बढ़ती जाती है, जिसे न दे पाने के कारण जनजातीय लोग सूदखोरों एवं महाजनों के चंगुल में फंसकर शोषण का शिकार हो रहे हैं।

जनजातीय समाज की अशिक्षा और भोलेपन का लाभ उठाकर बाह्य लोगों ने इनका सर्वाधिक शोषण किया है। साहूकारों के शोषण का शिकार होने के कारण जनजातीय समाज ऋणों के बोझ से दबा हुआ है। जनजातीय समाज में ऋणग्रस्तता का मूलकारण निर्धनता, भुखमरी और कमजोर आर्थिक व्यवस्था है।

जनजातीय अध्ययनों से ज्ञात हुआ है कि बाह्य जगत के संपर्क के पूर्व ये निर्धन अवश्य थे परंतु ऋणग्रस्त नहीं थे। वनों पर आधिपत्य होने के कारण ये आर्थिक रूप से आत्मनिर्भर थे लेकिन वन्य नीतियों तथा बाह्य जगत के हस्तक्षेप एवं आर्थिक विकास की योजनओं के क्रियान्वयन से जनजातीय क्षेत्रों में विकास कार्यों के प्रारंभ होने से जनजातीय समाज की आर्थिक स्थिति दयनीय होने लगी।

बेरोजगारी की समस्या–

बेरोजगारी अर्थात् जिसके पास जीवनयापन का कोई साधन न हो। रोजगार का अर्थ सभी काम चाहने वालों को उनकी योग्यता एवं क्षमता के अनुरूप उत्पादक कार्यों में काम उपलब्ध हो सके।

समान्यतः बेरोजगारी से आशय उस अवस्था से है, जिसमें काम करने वाली आयु के योग्य एवं समर्थ व्यक्ति होते हैं। जो काम तो करना चाहते हैं लेकिन उन्हें प्रचलित मजदूरी में काम नहीं मिल पाता है।

अधिकांश जनजातियों का मुख्य व्यवसाय कृषि है लेकिन वर्षा पर निर्भर होने के कारण कृषि उत्पादकता बहुत ही कम है। ऊबड–खाबड़ भूभाग और दुर्गम–दुरूह आदिवासी क्षेत्रों में सुनिश्चित सिंचाई सुविधा ज्यादातर उपलब्ध नहीं है। जनजातियों के कृषि कार्य ऐसे होते हैं जो वर्ष में कुछ खास दिनों में ही चलते हैं और शेष अवधि में बंद रहते हैं। मौसमी व्यवसाय बंद हो जाता है तो वहां पर कार्यरत कृषक एवं श्रमिक बेरोजगार हो जाते हैं।

शोषण की समस्या–

जनजातीय ग्रामों में बाजार न होने के कारण तथा परिवहन के साधन उपलब्ध न होने के कारण अपने कृषि उत्पाद को दलाल एवं बिचौलियों के पास बेचने पड़ते हैं। अपने उत्पादन लागत से भी कम कीमत पर इनकी चीजों का सौदा कर लिया जाता है। जिसके चलते जनजातीय समाज निरंतर शोषित हो रहा है। जनजातियों के अशिक्षित होने के कारण शासकीय योजनाओं का भी लाभ बिचौलियों द्वारा ले लिया जाता है। जनजातियों के ग्रामों में शोषक वर्ग का प्रवेश हो गया है, अनेक छोटे–छोटे व्यापारी जनजातीय क्षेत्रों में आकर बस गये हैं। ये व्यापारी भोले–भाले जनजातीय लोगों को अपने जाल में फंसा लेते हैं और उनकी संपत्ति एवं भूमि का अधिग्रहण कर लेते हैं। व्यापारियों के साथ–साथ आज जनजातीय क्षेत्रों में महाजन और साहूकारों का प्रवेश बढ़ रहा है। ये महाजन, साहूकार जनजातियों को किसी न किसी बहाने से कर्ज के मकड़जाल में फंसाकर इनकी भूमि एवं पशु छीन लेते हैं। जनजातियां महाजन के ऋण से मुक्त नहीं हो पाती तथा जीवनभर महाजन के यहां बेगारी करते रहते हैं।

स्वास्थ्य की समस्या–

जनजातियां पर्याप्त एवं पौष्टिक भोजन के अभाव में कुपोषण का शिकार हैं, वहीं अस्वास्थ्यप्रद स्थानों में रहने, इनका आवास एवं पालतू जानवरों का आवास पास–पास होता है। जिससे अस्वस्थ्य वातावरण के कारण इनके सम्मुख स्वास्थ्य की जटिल समस्या रहती है। जनजातीय क्षेत्रों में दूषित पेयजल, असंतुलित भोजन, पर्यावरणीय असंतुलन, धूम्रपान एवं मदिरापान के कारण रोगों का प्रसार अधिक है। रोग की साधारण या शुरूआती स्थिति में घरेलू उपचार एवं गुनिया पंडा के द्वारा झाड़–फूंक कराये जाते हैं। जब स्थिति बिगड़ जाती है, तब अस्पताल की शरण ली जाती है। कई बार केस इतना बिगड़ जाता है कि रोगी को लाभ पहुंचाना लगभग असंभव हो जाता है। ऐसे में निर्धन जनजातीय परिवार को रोगोपचार में निरर्थक व्यय करना पड़ता है तथा असावधानी के कारण परिवार का सदस्य असमय बिछुड़ जाता है।

निम्न स्वास्थ्य के कारण व्यक्ति रोजगार भी नहीं कर पाता तो आय का स्तर निम्न बना रहता है। अतः निर्धनता की स्थिति बन जाती है जिससे संपूर्ण परिवार का स्वास्थ्य निम्नस्तरीय बना रहता है।

कुपोषण की समस्या–

जनजातीय क्षेत्रों में स्वास्थ्य के प्रति जागरूकता का घोर अभाव होता है। खासकर महिलाओं की स्वाथ्य संबंधी समस्याओं की अनदेखी की जाती है जिससे महिलाएं तथा उनके गर्भस्थ शिशु में छोटे–मोटे तथा कभी–कभी असाध्य रोग का खतरा उत्पन्न हो जाता है।

कुपोषण की बढ़ती समस्या को सरकार ने गंभीरता से लिया है। जिस पर और अधिक कारगर नीतियां तैयार की जा रही है परंतु सरकारी प्रक्रिया के अतिरिक्त सामुदायिक चेतना की भी आवश्यकता होती है। अतः आंगनबाड़ी केन्द्रों में विभिन्न विभागों के द्वारा चलाए जा रहे कार्यक्रमों को और अधिक जनोन्मुखी एवं पारदर्शी बनाने की आवश्यकता है ताकि पोषाहार जैसे कार्यक्रम मुख्य रूप से गरीब आदिवासी महिलाओं एवं बच्चों के पोषण में उपयोग किये जाएं। इसकी कालाबाजारी एवं दुरूपयोग पर पूर्ण रोक जरूरी है।

अंधविश्वास की समस्या–

जनजातीय समाज की एक मूल विशेषता उनका धर्म एवं जादू–टोना है, जो उन्हें उनकी जड़ों से जोड़े रखता है। आदिम जादू–टोना स्थानीय बीमारियों एवं उनके उपचार के साथ अभिन्न रूप से जुड़ा रहता है। चिकित्सीय ज्ञान रखने वाले व्यक्ति इस भ्रांति के शिकार हैं कि हम इस विद्या को किसी को बता देंगे तो इसका प्रभाव समाप्त जाएगा। जिससे यह विद्या जानकार के साथ ही नष्ट हो जाती है। साथ ही नई पीढ़ी इस ज्ञान को हासिल करने में रूचि नहीं रखती है।

फिर भी जनजातीय समाजों में जादू–टोने पर विश्वास विद्यमान है। यद्यपि सांस्कृतिक संपर्क, शिक्षा के प्रचार एवं प्रसार के फलस्वरूप जादू–टोने संबंधी विश्वास में अवश्य कभी आई है लेकिन फिर भी यह न्यूनाधिक मात्रा में वर्तमान में भी सर्वत्र विद्यमान है।

जंगल संबंधी समस्याएं–

'वन' आदिवासियों का जीवन आधार है। वन इनकी आजीविका निर्वाह का प्रमुख साधन है लेकिन वनों की रक्षा एवं पर्यावरण संतुलन के कारण कठोर वन अधिनियम से आदिवासी समाज के सम्मुख आजीविका का संकट पैदा हो गया है। वहीं जंगल के ठेकेदार भी जनजातियों से कम मजदूरी पर दुस्कर कार्य करवाते हैं। श्रम का उचित मूल्य न देना, वनोपनज सस्ते दामों में खरीदने आदि के कारण इनकी अर्थ व्यवस्था निम्न होती जा रही है।

धर्मांतरण की समस्या–

डिण्डौरी जिले के जनजातीय क्षेत्रों में पिछले कई दशकों से इसाई मिशनरियों की गतिविधियां बढ़ती जा रही हैं। जहां शासन सुविधाएं मुहैया नहीं करा पाता वहां ये मिशनरियां प्रलोभन का जाल बिछाकर धर्म परिवर्तन के लिये प्रेरित करती हैं। प्रचारक की नियुक्ति स्थानीय लोगों से की जाती है।

धर्म परिवर्तन ने भी जनजातीय लोगों के लिये अनेक समस्याएं उत्पन्न कर दी हैं वैसे ये मिशन सेवाकार्य की भावना को लेकर जनजातीय क्षेत्रों में स्थापित किये गये थे तथा जनजातीय लोगों को शिक्षित बनाकर सुधार करना

उनका प्रकट उद्देश्य था परंतु जनजाति के लोगों को धर्म परिवर्तन कर इसाई बनाने पर सर्वाधिक ध्यान दिया गया। स्वेच्छा से धर्म परिवर्तन अपराध नहीं है किन्तु प्रलोभन एवं बलात कराये जाने वाले धर्म परिवर्तन अपराध की श्रेणी में आते हैं। धर्म परिवर्तन एक सामाजिक समस्या का रूप तब धारण करता है जब समाज का एक बड़ा भाग इस कृत्य का प्रतिकार करता है।

भूमि पृथक्करण की समस्या–

भूमि जनजातियों की आजीविका का प्रमुख साधन है और प्रारंभ से ही वे इस पर निर्भर हैं, लेकिन वर्तमान में जनसंख्या वृद्धि एवं विकास योजनाओं के कारण भूमि की मांग में भी वृद्धि होने से भूमि पृथककररण की समस्या उत्पन्न हुई है। भूमि के प्रति जनजातियों का विशेष लगाव होता है। भूमि इनकी आजीविका का एक मात्र साधन है और इस पर ये सदियों से निर्भर हैं। आरंभ में भूमि पर जनसंख्या का कम दबाव होने और जंगल की खाली पड़ी हुई जमीन पर जनजातियाँ किसी भी तरह की खेती करने के लिये स्वतंत्र थी। पृथक एवं दुर्गम स्थल के कारण सरकार द्वारा भी इनके जीवन यापन के तौर तरीकों पर कोई ध्यान नहीं दिया जाता था। लेकिन ब्रिटिश शासन के द्वारा सर्वप्रथम सन् 1916 में एक कानून बनाया गया, जिसका उद्देश्य जनजातीय समाज को गैर जनजातीय समाजों से अलग करके इनके द्वारा भूमि के उपयोग की स्वतंत्रता पर प्रतिबंध लगाना और वन क्षेत्रों में इनके लिये पृथक–पृथक से गांवों को बसाना था ताकि वन परिक्षेत्रों की वन संपदा प्राप्त की जा सके। अंग्रेज सरकार ने वन अधिनियम के अंतगर्त झूम या स्थानांतरित कृषि को प्रतिबंधित कर दिया। स्थानांतरित कृषि के प्रतिबंधित किये जाने से जनजातीय समाज के सामने कृषि हेतु भूमि की समस्या उत्पन्न होने लगी। वहीं धीरे–धीरे बाहरी समूहों द्वारा जनजातीय क्षेत्रों में प्रवेश करने से यहां की भूमि पर इनका स्वामित्व होने लगा एवं इसके साथ ही साथ बाहरी लोगों ने जनजातियों की गरीबी, सरलता और ईमानदारी का फायदा उठाते हुए इनकी भूमि को हड़पने के तरीके निकालना आरंभ कर दिये और यहीं से जनजातीय समाज में भूमि पृथ्क्करण ने एक समस्या के रूप में जन्म ले लिया।

विकास के नाम पर अनेक स्थानों पर जनजातियों को विस्थापित होना पड़ा है। विकास के नाम पर बांधों का निर्माण, सेंचुरी पार्क सड़क का निर्माण

आदि कारणों से डिण्डौरी जिले में भी बड़ी संख्या में जनजातियों का विस्थापन हुआ है। डिण्डौरी जिला के शोभापुर ग्राम में नर्मदा बांध परियोजना के कारण सैकड़ों आदिवासी परिवार प्रभावित हो रहे हैं। दो जिलों अनूपपुर और डिण्डौरी के बीच बनने वाले इस बांध के लिए 2,451 हेक्टयर भूमि लगना है जिसमें 538 हेक्टयर भूमि शासकीय है। वहीं 1567 हेक्टयर भूमि डिण्डौरी तथा 1385 हेक्टयर भूमि अनूपपुर जिले की शामिल की गई। इस परियोजना के कारण सैकड़ों आदिवासी परिवार अपने पैतृक भूमि से अलग हो रहे हैं। जिससे निश्चित तौर पर जल, जंगल, जमीन पर परंपरागत हक समाप्त हो रहा है परंतु वन अधिकार कानून के आने से जनजातीय समुदाय को अपने हक और अधिकारों की सुरक्षा का अस्त्र मिल गया है। इससे जनजातियों का विस्थापन रोकने तथा इन्हें अपना हक पाना आसान हो गया है, बस इन्हें वनाधिकार कानून 2005 के बारे में संगठित एवं जागरूक करने की आवश्यकता है।

तकनीकी परिवर्तन एवं अस्तित्वगत समस्याएं–

वर्तमान समय में तकनीकी परिवर्तन से जनजातियों के समक्ष अस्तिवगत चुनौती खड़ी हो चुकी है। आज उनका परंपरागत आजीविका का साधन छिन गया है। इससे सबसे बड़ी समस्या रोजगार की उत्पन्न हो गई है। इसके अतिरिक्त गुणवत्तापरक शिक्षण व प्रशिक्षण संस्थाओं का अभाव, स्वास्थ्य सेवाओं का अभाव, कच्चामाल व उत्पादित वस्तुओं हेतु बाजार की दिक्कत, सरकारी कल्याण कार्यक्रमों में अव्यवस्था भ्रष्टाचार व लापरवाही, जनजातीय समुदाय में अंधविश्वास व सामाजिक कुरीतियां, शराब का अत्यधिक सेवन, वन क्षेत्र में बसे गांवों को वनविभाग द्वारा हटाये जाने की समस्या, घर निर्माण एवं रसोई हेतु ईधन, वन उत्पादन का अभाव आदि चुनौतियां हैं। पूरा जनजातीय समुदाय समस्याओं के भंवरजाल में फंसा हुआ है।

दूरस्थ क्षेत्रों में होने के कारण जनजातीय समुदाय आज भी पिछड़ा हुआ है। जनजातीय समुदाय अपनी पुरानी ढांचागत व्यवस्था एवं साधनों पर निर्भर है। जनजातीय क्षेत्रों में विद्यालय है तो शिक्षक नहीं, सड़क है तो मरम्मत नहीं, अस्पताल है तो दवा व डॉक्टर नहीं, जिससे जनजातीय समुदाय में विकास का रथ अवरूद्ध है।

पलायन की समस्या–

आजादी के बाद भारत ने देश के आर्थिक विकास को बढ़ावा देने के उद्देश्य से छोटे–बड़े उद्योगों की स्थापना का अभियान चलाया। जिसका सहज परिणाम शहरीकरण के विस्तार के रूप में सामने आया। हालांकि कृषि के विकास पर भी बराबर जोर दिया जाता रहा है लेकिन परिवार बढ़ने पर कृषि भूमि छोटी होती गई तथा लोगों का पेट पालने में कृषि क्षेत्र असमर्थ होता गया। नवीन वन्य नीतियों के कारण रोजगार के अवसर निरंतर घटते गये। कृषि भूमि लगातार घटती गई तथा आबादी बढ़ने के कारण कृषि श्रमिकों के सामने रोजी–रोटी की समस्या बढ़ने से रोजगार की तलाश में शहरों कस्बों में ये मेहनतकश जनजातियां पलायन करती हैं। इस प्रकार गांवों में रोजगार की अपर्याप्ता शहरों की ओर पलायन करने के लिये विवश करती है।

पलायन किसी एक कारण से होने वाले घटक का परिणाम नहीं है। यदि पलायन के विविध कारकों को खोजें तो ज्ञात होता है कि यह विवाह परंपरा, रोजगार की आवश्यकता व अवसर शिक्षा की उपलब्धता तथा मानव विकास के लिये विभिन्न प्रकार की आर्थिक, सामाजिक, राजनीतिक सुरक्षा का कारण इत्यादि को एकाकी एवं समग्र रूप से माना जा सकता है। जनजातियों को दलाल बिचौलिये और ठेकेदार ज्यादा मजदूरी मिलने का सब्जबाग तथा नगरों की चकाचौंध भरी आकर्षक जिन्दगी का सपना दिखाकर पलायन के लिये प्रेरित करते हैं। जनजातियों का शहरों की ओर पलायन रोकने और उन्हें गांव में ही रोजगार मुहैया कराने के लिये केन्द्र सरकार की ओर से विभिन्न योजनाएं चलाई जा रही है। इसके बाद भी जनजातियों में पलायन की समस्या बहुतायात में देखी जा रही है।

जनजातियों की समस्याओं के समाधान हेतु सुझाव

(क) आर्थिक समस्याओं हेतु सुझाव–

जनजातियों की आर्थिक दशा सुधारने के लिए निम्नलिखित उपाय अपेक्षित हैं–

- जनजातियों के प्रत्येक परिवार को कृषि के लिए पर्याप्त भूमि दी जानी चाहिए और साथ ही अच्छी खेती करने के तरीकों की शिक्षा भी दी जानी चाहिए।
- कृषि संबंधी अंधविश्वासों से छुटकारा दिलवाने के लिए जनजातियों में समुचित प्रचार किया जाना चाहिए।
- कृषि के लिए खाद, बीज और अन्य कृषि उपकरण सुलभ किए जाने चाहिए, आवश्यकतानुसार आर्थिक सहायता भी दी जानी चाहिए।
- स्थानान्तरित कृषि का अन्त किया जाना चाहिए।
- वनविभाग को चाहिए कि वह वन्य संपत्ति के श्रेष्ठतम प्रयोग के संबंध में जनजातियों की उचित शिक्षा दे।
- जनजातियों को लघु उद्योग धंधों तथा गृह उद्योग धंधों की उचित शिक्षा दी जानी चाहिए ताकि वे इनके कार्यों को भली प्रकार कर सकें और भरण पोषण के लिए आवश्यक धनोपार्जन कर सकें। इन उद्योग–धन्धों के लिए भी सरकार द्वारा आर्थिक सहायता दी जानी चाहिए।
- जनजातीय क्षेत्र के श्रमिकों की स्थिति को सुधारने की ओर विशेष ध्यान दिया जाना चाहिए। यहां काम के घण्टे और वेतन निश्चित किया जाना चाहिए तथा काम करने की अच्छी दशाओं की ओर भी ध्यान देना चाहिए।
- बजार विस्तार करना चाहिए ताकि उन्हें उनकी वस्तुओं का उचित मूल्य प्राप्त हो सके एवं वे ठेकेदारों व्यापारियों, बिचौलियों के शोषण से बच सकें।

- ठेकों से प्राप्त होने वाले ऋणों की प्रक्रिया को सरल बनाया जाना चाहिए।
- सिंचाई सुविधाओं का निर्माण एवं उनमें वृद्धि की जाए जिससे न केवल संचाई सुविधाएं प्राप्त होगी बल्कि इन जनजातियों के लिए पेयजल की व्यवस्था में सुधार होगा।
- वितरण प्रणाली में परिवर्तन की आवश्यकता है। शासन ने अनेक योजनाएं और समितियां बनाई हैं। सस्ती और उचित मूल्य दुकानें चलाई जा रही है परंतु इनका लाभ ये जनजातियाँ नहीं उठा पा रही हैं। इसका प्रमुख कारण यातायात साधनों की कमी, समितियों का दूर स्थापित होना है।
- इनके जीवीकोपार्जन के मुख्य दो स्त्रोत है– भूमि और जंगल। भूमि के संबंध में जनजातियों के हित के लिये नयी पट्टेदारी व्यवस्था बनानी चाहिए तथा जनजातियों की आवश्यकताओं को देखकर देश की नवीन राष्ट्रीय जंगल नीति बनानी चाहिए। भूमि व जंगलों पर जनजातियों के अधिकार को मानना चाहिए।

सामाजिक समस्याओं हेतु सुझाव–

- सामाजिक चेतना के प्रसार और सामाजिक कुरीतियों के निवारण के लिए जनजातीय क्षेत्रों में उदार और धैर्यवान कार्यकर्ता भेजे जाने चाहिए।
- जनजातीय समुदाय का अपनी प्रतिभा के अनुसार ही विकास होना चाहिए ये उनके ऊपर थोपना नहीं चाहिए।
- जनजातियों के सदस्यों को अपना प्रशासन व विकास संभालने के लिये प्रशिक्षित करना चाहिए।
- जनजातीय क्षेत्रों के ऊपर प्रशासन को कठोर होने से बचना चाहिए। विकास योजनाओं के माध्यम से हो रहे कार्य उनकी अपनी संस्कृति व संस्थाओं के माध्यम से पूरे किये जाने चाहिए।

स्वास्थ्य संबंधी समस्याओं हेतु सुझाव–

- जनजातीय क्षेत्रों में चल चिकित्सालयों की व्यवस्था की जानी चाहिए।
- छोटी–छोटी दवाओं का ज्ञान जनजातीय लोगों को दिया जाना चाहिए साथ ही पौष्टिक तत्वों का ज्ञान दिया जाना आवश्यक है।
- चलित औषधालयों का अधिक से अधिक विस्तार किया जाना चाहिए।
- अधिकांश जनजातीय लोग रोगों का उपचार झाड़–फूंक, मंत्र–तंत्र तथा देवी–देवताओं की मनोतियों से करते हैं। अतः यह अत्यधिक जरूरी है कि उन्हें अस्पताल का महत्व, सफाई का महत्व एवं आहार का ज्ञान देना।

शिक्षा संबंधी समस्याओं हेतु सुझाव–

- जनजातियों को उनकी अपनी भाषा के माध्यम से शिक्षा दी जानी चाहिए। प्रादेशिक भाषा का स्थान गौंण होना चाहिए।
- किताबी शिक्षा के साथ–साथ दस्तकारी अथवा अन्य पेशों संबंधी प्रशिक्षण भी दिए जाने चाहिए ताकि जनजाति के लोग भविष्य में उपयुक्त पेशे चुनाव कर सकें और अपने परिश्रम का मूल्य समझ सकें।
- आमोद–प्रमोद के साधनों का उचित प्रबंध होना चाहिए। नृत्य, संगीत, खेल तथा विभिन्न जनजातीय मनोरंजन सुलभ होने चाहिए।
- जनजातीय क्षेत्रों के स्कूलों की छुट्टियां साप्ताहिक बाजार के दिन तथा जनजातीय त्यौहारों के अनुकूल होनी चाहिए।
- जनजातीय स्कूल दो प्रकार के होने चाहिए, प्राथमिक एवं व्यवसाय संबंधी। इनमें कृषि कार्य, मछली पकड़ने, पशुपालन आदि के संबंध में व्यवहारिक शिक्षा दी जानी चाहिए।
- अशिक्षा एवं अंधविश्वास को प्रसार साधनों एवं शिक्षा के द्वारा दूर किया जाना चाहिए।

सांस्कृतिक समस्याओं का समाधान

- जनजातियों को उनकी भाषा में ही शिक्षा दी जानी चाहिए इससे भाषा संबंधी समस्या के समाधान के साथ–साथ उनमें अपनी संस्कृति के प्रति लगाव की भावना उत्पन्न होगी।
- शिक्षा जनजातीय सांस्कृतिक पृष्ठभूमि के अनुसार होनी चाहिए।
- जनजातीय ललित कलाओं को प्रोत्साहित किया जाना चाहिए। एलविन का सुझाव है कि पश्चिमी अफ्रीका के अकीमोटा कॉलेज की भाँति भारत में भी जनजातीय ललित कलाओं की रक्षा हेतु कॉलेज होना चाहिए।
- शिक्षा द्वारा जनजातीय धार्मिक कट्टरता को एक वैज्ञानिक स्तर पर लाने का प्रयत्न किया जाना चाहिए।

सन् 1951 से जब से विकास योजनाएं शुरू हुईं हैं, आज तक लगभग बारहवीं पंचवर्षीय योजना समाप्त होने वाली है। इन योजनाओं में आदिवासी जनजीवन को विकसित करने के लिए करोड़ों रूपयों की धनराशि व्यय की जा चुकी है। आजादी के सात दशक पूरे होने को हैं एवं लगभग इतनी ही विकास योजनाओं की अवधि और करोड़ों रूपयों का व्यय तथा मानव शक्ति के बावजूद इनका विकास तो नहीं हुआ केवल इतना कहा जा सकता है कि इन्हें विकास के पथ की प्रारंभिक सीढ़ी में बढ़ने के लिये खड़ा कर दिया गया है। सरकार इन जनजातियों के व्यक्तियों के सर्वतोन्मुखी उन्नति के लिये कृत संकल्प है तथा विभिन्न प्रकार के विकास योजनाओं में बहुत बड़ी धनराशि खर्च कर रही है। इनके कल्याणार्थ जितना समय, धन एवं मानव शक्ति लगाया जा चुका है, उनको ध्यान में रखते हुए इन विकास योजनाओं को जितनी सफलता मिलनी चाहिए थी, उतनी नहीं मिली है। नियोजित सामाजिक परिवर्तन के अंतर्गत चलाये जा रहे विकास कार्यक्रमों का इन जनजातियों पर कोई विशेष प्रभाव नहीं पड़ा है और न ही इनमें अपेक्षित जागृति आ पाई है।

जनजातियों की समस्याएं आम भारतीयों की समस्याओं से भिन्न हैं। यह कोशिश कि उन्हें मूलधारा में शामिल करके ही उनका उत्थान संभव है, सर्वथा मिथ्या धारणा है। किसी को भी उसकी जड़ों से काट कर पोषित किया

जा सके ऐसा संभव नहीं है। आवश्यकता इस बात की है कि उनके मूल अस्तित्व को बनाये रखते हुए उनके पुनर्वास का प्रयास किया जाये। यह मुश्किल अवश्य है परंतु असंभव नहीं। प्राथमिकताओं का निर्धारण करके परिणाम शीघ्रतः प्राप्त किये जा सकते हैं।

संदर्भ ग्रंथ सूची

1. भारतीय समाज की समस्याएं एवं चुनौतियाँ दिवाकर शर्मा, अमन प्रकाशन सागर मध्यप्रदेश
2. मध्यप्रदेश की जनजातीय संस्कृति– शिवकुमार तिवारी मध्यप्रदेश हिन्दी ग्रंथ अकादमी
3. आदिवासी अस्मिता और विकास हीरालाल शुक्ल मध्यप्रदेश हिन्दी ग्रंथ अकादमी
4. कुरूक्षेत्र दिसम्बर 2005
5. कुरूक्षेत्र नवम्बर 2010
6. दैनिक समाचार पत्र 19 जनवरी 2016

----- 000 ----

चित्र

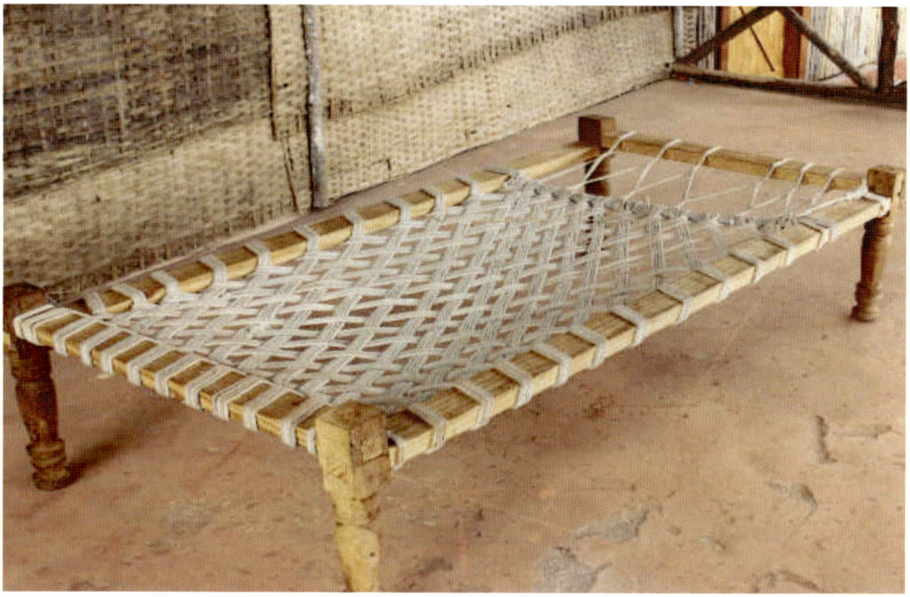

चित्र-1 : खटिया

चित्र-2 : मचिया

चित्र-7 : मुर्गियों की ढ़कने की झापी

चित्र-8 : ढूटी

चित्र-9 : कजलिया विसर्जन

चित्र-10 : नवरात जवरा विसर्जन

चित्र-16 : बॉस की डलिया

चित्र-17 : सूप और दोरी